BAEDEKER

W0206509

BRÜSSEL

www.baedeker.com

Verlag Karl Baedeker

Top-Sehenswertes

Mit Brüssel verbindet man vor allem Manneken Pis und das Atomium. Es wäre aber schade, würde man nur diese beiden Top-Sehenswürdigkeiten von einem Aufenthalt mitnehmen – wir haben für Sie zusammengestellt, was Sie auf keinen Fall versäumen dürfen.

1 ★★ Atomium

Einst optimistisches Symbol des Atomzeitalters und eines der berühmtesten Wahrzeichen der Stadt **Seite 160**

2 ★★ Centre Belge de la Bande Dessinée

Wer Comics liebt, kommt um das belgische Comicmuseum nicht herum. Und wer bislang nicht so viel mit Comics anfangen konnte, kommt hier vielleicht auf den Geschmack. **Seite 169**

3 ★★ Galeries Saint-Hubert

Ein Ort des Luxus, der Moden und der schönen Cafés – und das seit 1847! **Seite 175**

2

3

4

5

4 ★★ Grand'Place

Viel mehr als ein Marktplatz – die »gute Stube« der Stadt ist ein herrliches Bauensemble und erstes Ziel jedes Brüssel-Besuchers. **Seite 177**

5 ★★ Jugendstil

In Brüssel wurde der Jugendstil »erfunden«. Die ganze Stadt war um die vorige Jahrhundertwende ein großes Experimentierfeld junger Architekten. **Seite 195**

6 ★★ Manneken Pis

Man kann von ihm halten, was man will – aber jeder schaut ihn sich an. Wenn man Glück hat, trägt der kleine Mann vielleicht sogar gerade eines seiner zahlreichen Kostüme. **Seite 208**

7 ★★ Musées Royaux des Beaux-Arts de Belgique

Eine Gemäldesammlung von Weltrang: von Werken der besten altniederländischen Meister wie Rogier van der Weyden über Brueghel und Rubens bis zu den Symbolisten Ensor und Magritte. **Seite 228**

8 ★★ Notre-Dame du Sablon

Einer der schönsten spätgotischen Kirchenbauten Belgiens mit einer für wundertätig gehaltenen Marienfigur. **Seite 237**

9 ★★ Parc du Cinquantenaire

Erholungspark, Architekturmonument und außerdem Standort dreier hochinteressanter Museen. **Seite 245**

10 ★★ Musées Royaux d'Art et d'Histoire

Europäische und außereuropäische Kunst, Kunsthandwerk, Archäologie aus der ganzen Welt und noch vieles mehr findet sich im Parc du Cinquantenaire. **Seite 246**

11 ★★ Saint-Michel

Das schönste, prächtigste und geschichtsträchtigste Gotteshaus der Stadt mit einer fantastisch geschnitzten Kanzel, herrlichen Glasfenstern und einer wunderbaren Schwalbennestorgel. Sie ist die Krönungskirche der belgischen Könige. **Seite 266**

12 ★★ Waterloo

Hier wurde vor rund 200 Jahren Weltgeschichte geschrieben – mit großen Verlusten.Danach hat man Europa wieder einmal neu sortiert. **Seite 276**

Lust auf …

… Brüsseler Eigenheiten ganz nach Ihrer speziellen Interessenlage? Hier finden Sie einige Anregungen.

ART DÉCO

- **Hôtel communal de Forest**
  Das Rathaus des Stadtbezirks zählt zu den architektonischen Juwelen. **Seite 174**
- **Palais des Beaux-Arts**
  Victor Hortas spätes Meisterwerk. **Seite 217**
- **Musée van Buuren** ►
  Beste Designer schufen das kostbare Interieur für Meisterwerke der Kunst. **Seite 219**
- **Villa Empain**
  Der Bau von Michel Polak ist ein Traum aus Marmor und Mosaik, Edelhölzern und vergoldetem Schmiedeeisen. **Seite 275**

GÄRTEN

- ◄ **Abbaye de la Cambre**
  Die älteste historische Anlage der Stadt ist ein schönes Beispiel des symmetrischen französischen Stils. **Seite 193**
- **Mont des Arts**
  Die Meisterleistung von René Pechère schwebt geradezu zwischen den Prachtbauten – und enthält ein Geheimnis. **Seite 214**
- **Parc de Bruxelles**
  Der Grundriss dieses Parks aus dem späten 18. Jahrhundert weist eindeutig Freimaurersymbole auf. **Seite 244**
- **Parc Tournay-Solvay**
  Mit faszinierender Landschaft demonstrierte Jules Buyssens hier 1911 seinen »neuen pittoresken Stil«. **Seite 252**

KLASSISCHE MUSIK

- **Flagey**
  Ausgefallene Konzerte in den prächtigen Art-déco-Sälen im Alten Funkhaus **Seite75**
- **Concours Reine Elisabeth**
  Der anspruchsvollste und angesehenste Musikwettbewerb der Welt **Seite 97**
- **Midis-Minimes** ▸
  Eine Stunde Musikgenuss zur Mittagszeit in den Sommermonaten – das Vergnügen kostet demokratische 4 Euro. **Seite 99**
- **Palais des Beaux-Arts**
  Die besten Interpreten schätzen die Top-Akustik des eiförmigen Konzertsaals. **Seite 217**

BOUTIQUEHOTELS

- **Be Manos**
  Hier kommt Luxus in Schwarz, Weiß und Silber daher. **Seite 129**
- ◂ **Le Dixseptième**
  Gediegener Luxus in denkmalgeschütztem Gebäude unweit der Grand'Place **Seite 131**
- **Hotel Bloom!**
  Junge europäische Künstler haben die Zimmer dekoriert, von hübsch bis extravagant, mal abstrakt, mal surrealistisch. **Seite 135**

SCHOKOLADE

- **Laurent Gerbaud**
  Beste veredelte Schokolade, tolle Kinderecke **Seite 104**
- **Zaabär** ▸
  Kräuter und Gewürze – vereint mit Schokolade. Sehen Sie, wie's gemacht wird. **Seite 104**
- **Bed & Breakfast »The Little Maples«**
  Wohnen bei Chocolatier Marc Lindekens **Seite 133**
- **Marcolini**
  (Mindestens) einmal im Leben sollte man seine Grand-cru-Schokoladen kosten. **Seite 190**

HINTERGRUND

Stein gewordene Pracht: die Häuser rund um die Grand'Place

ERLEBEN & GENIESSEN

Die köstlichen Waffeln locken fast jeden Brüssel-Besucher.

TOUREN

SEHENSWERTES VON A BIS Z

PREISKATEGORIEN
Restaurants
(Preis für dreigängiges Menü)
€€€€ = über 75 €
€€€ = 55 – 75 €
€€ = 35 – 55 €
€ = unter 35 €
Hotels (Preis für ein DZ)
€€€€ = über 320 €
€€€ = 220 – 320 €
€€ = 120 – 220 €
€ = bis 120 €

Hinweis
Gebührenpflichtige Servicenummern sind mit einem Stern gekennzeichnet: *0800 ...

PRAKTISCHE INFORMATIONEN

nachdenken • klimabewusst reisen
atmosfair

Skulpturenpracht am Rathaus

HINTERGRUND

Brüssel hat viele Gesichter: Die belgische und europäische Hauptstadt bietet Moderne und Tradition, kulinarische Höhenflüge und bodenständige Kost, neueste Mode und edle Antiquitäten, trendige Stadtviertel und stille Parks – hier findet jeder seine persönliche Lieblingsecke.

Fakten

Bevölkerung · Politik · Wirtschaft

Brüssel ist kompliziert: 19 Stadtbezirke, eine Region und nach Sprachenproporz aufgeteilte Regional- und Gemeinschaftsräte. Verständlicher wird dieses nahezu undurchschaubare Geflecht, wenn man sich den historischen und ökonomischen Hintergrund vor Augen führt.

Bevölkerungsentwicklung

Brüssel war schon im Spätmittelalter ein Ballungsraum, lebten doch im 15. Jahrhundert bereits 45 000 Menschen in der brabantischen Hauptstadt. Während des Freiheitskampfes der Niederlande und der spanischen bzw. österreichischen Erbfolgekriege stagnierte die Bevölkerungszahl bei 70 000. Erst nach 1830, als Brüssel Hauptstadt des neuen Königreichs Belgien geworden war, stieg die Einwohnerzahl deutlich an: 1831 zählte man in der Stadt rund 100 000 Einwohner, in der Umgebung 140 000 Menschen. Nur durch die beiden Weltkriege unterbrochen, wuchs die Bevölkerung weiter stetig, bis in den 1970er-Jahren mit über 150 000 Einwohnern in der Kernstadt und knapp einer Million in der Agglomeration ein Höchststand erreicht war. Nach einer Stadtfluchtwelle, wie sie auch in anderen europäischen Großstädten einsetzte, leben in der gesamten Region **derzeit rund 1,15 Mio. Menschen**, für 2020 sagen Demografen einen Anstieg auf ca. 1,3 Mio. vorher. Diesen Anstieg verursachen sowohl hohe Geburtenraten bei ärmeren Migranten als auch der ständige Zuzug hochqualifizierter junger Belgier und EU-Bürger, die in einer der zahlreichen internationalen Institutionen arbeiten.

Bevölkerungsverteilung

Lange gab es eine schematische Einteilung: In einem breiten Streifen um Kanal und Eisenbahn leben ärmere Leute, die meisten mit Migrationshintergrund. In den Stadtbezirken nördlich und westlich davon lebt die belgische untere Mittelschicht, die zum Teil im 19. und frühen 20. Jh. aus Flandern zugezogen, heute aber weitgehend französiert ist. Südlich und östlich des Streifens wohnen besser situierte Belgier und Expatriots (kurz: Expats; hochqualifizierte ausländische Arbeitnehmer auf Zeit). Sie stellen inzwischen auch die Mehrheit in den geografisch anschließenden grünen und gepflegten Gemeinden Linkebeek, Sint-Genesius-Rhode, Hoeilaart, Overijse, Tervuren, Wezembeek-Oppem und Kraainem (im flämischen Landesteil, aber zum Teil offiziell zweisprachig), Waterloo, Lasne, La Hulpe und Rixensart (im wallonischen Landesteil). In dem Streifen um Kanal und Eisenbahn ändert sich die Bevölkerungsstruktur in den letzten Jahren allerdings merklich durch die **Gentrifizierung:** Verfallene

Europa flaggt vor dem Berlaymont-Gebäude der EU-Kommission.

Brüssel auf einen Blick

Lage:
Mittelbelgien, am Flüsschen Senne
Höhe: 15–100 m ü. d. M.

Fläche:
161,4 km²

Einwohner: **1,15 Mio.** (2011)
Im Vergleich:
London 8,0 Mio.
Berlin 3,45 Mio.
Paris 2,2 Mio.

Bevölkerungsdichte:
7016 Einwohner/km²
Ausländischer Bevölkerungsanteil:
300 000 = 28,1 %
Bevölkerungsreichste Stadtbezirke:
Bruxelles (158 800), Schaerbeek (121 000)

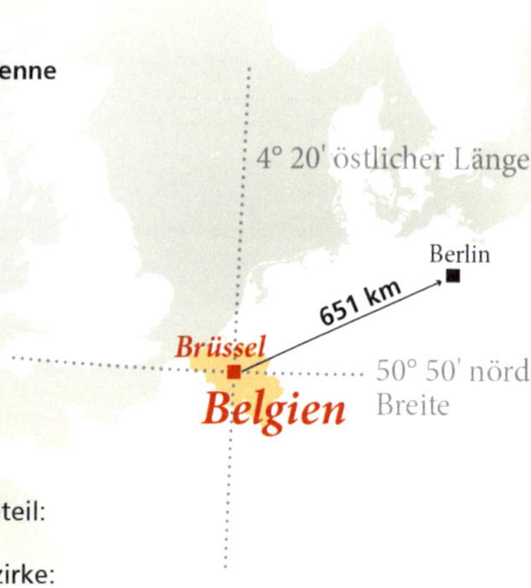

©BAEDEKER

▶ Sprache

Die Region Brüssel ist offiziell zweisprachig, wobei im Alltag das Französische mit ca. 95 % der Sprecher gegenüber dem Niederländischen überwiegt; ca. 35 % beherrschen Englisch.

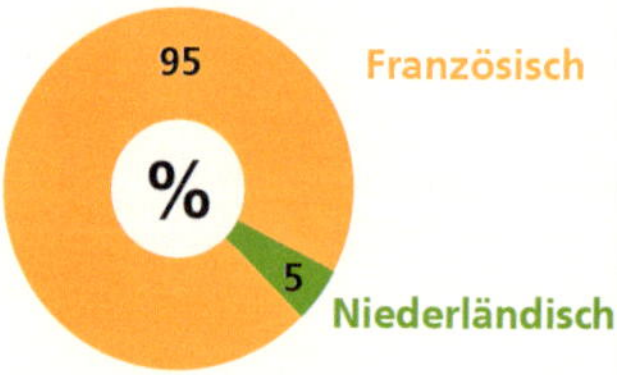

Das Wappen der Gemeinde Brüssel zeigt den Erzengel Michael.

Die Hauptstadtregion Brüssel hat sich eine stilisierte Lilie als Symbol gegeben.

▶ Naturgeografische Lage

Im 10. Jahrhundert gegründet auf einer Sandbank inmitten eines trockengelegten Sumpfgebiets. Die strategisch günstig gelegene Siedlung entwickelt sich schnell dank des Flusshafens.

▶ Politischer Status und Verwaltungsstruktur

Hauptstadt des Belgischen Königreichs

Eigenständige Region Bruxelles Capitale/Brussels-Hoofdstad

19 selbstständige Stadtbezirke ohne gemeinsames Stadtoberhaupt

▶ Internationale Organisationen

Sitz von EU-Kommission, EU-Ministerrat, EU-Parlament, EU-Regionalausschuss sowie Wirtschafts- und Sozialausschuss
Sitz von Eurocontrol, Sitz der Westeuropäischen Union,
Sitz der NATO

Klima

Feucht-gemäßigtes Klima, freundlich im Frühjahr und Sommer, oft windig und regnerisch im Herbst und Winter, kaum Schneefall.

Religion

Überwiegend Katholiken

Wirtschaft

Beschäftigtenstruktur:
89 % Dienstleistung/Handel/ Finanzen, 11 % Industrie und Bau

Pro-Kopf-Einkommen
(in Brüssel Steuerpflichtige, 2010): 23 972 €

Arbeitslosenquote (2010): 23,5 %

Tourismus

4,8 Mio. Besucher (2010)

Klimastation Brüssel

Durchschnittstemperaturen

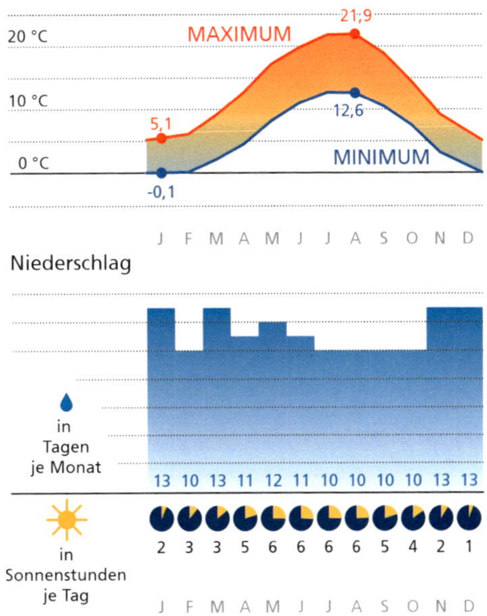

Afrika in Brüssel

In Brüssel leben insgesamt 61 417 Einwohner mit afrikanischen Wurzeln (2008). Die Einwanderer kommen zum Großteil aus folgenden Staaten:

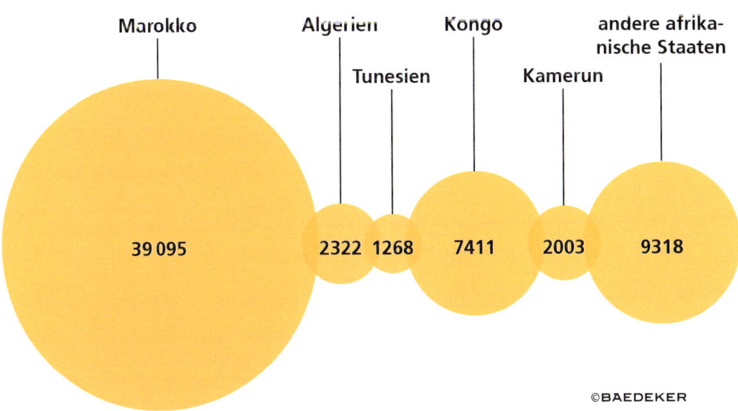

©BAEDEKER

Blick von der »königlichen« Oberstadt über den Mont des Arts hinab auf die »bürgerliche« Unterstadt mit dem Rathausturm

Fabriken und Lagerhäuser wurden zu schicken Lofts umgebaut, alte Blöcke mit Arbeiterwohnungen weichen modernsten Passivbauten, in die junge Leute gerne einziehen, aber auch ältere Belgier und Expats, die aus den Villenvororten zurückkehren. Angesichts ständig steigender Immobilienpreise emigrieren sozial Schwächere zunehmend in die alte Industriegegend um Charleroi und La Louvière.

Brüssel ist eine multikulturelle Stadt

Brüssel wirkt kosmopolitisch wie kaum eine andere europäische Stadt – das ist allerdings kein Wunder bei einem Ausländeranteil von mehr als 28 Prozent, der höchsten Rate in Europa. Die ausländischen Brüsseler zerfallen aber in zwei sozial ausgesprochen unterschiedliche Gruppen.

Auf der einen Seite stehen die **Arbeitsimmigranten**. Nach dem Zweiten Weltkrieg wanderten zuerst Italiener, Griechen, Spanier und Portugiesen ein. Sie sind inzwischen zum größten Teil sozial aufgestiegen. Nach dem Abschluss entsprechender Staatsverträge kamen von 1964 bis zur Ölkrise 1973 – 1976 »Gastarbeiter« aus Marokko und der Türkei, anschließend zogen deren Familienangehörige nach. Die Integration der zweiten und dritten, nunmehr in Brüssel geborenen Generation gestaltet sich nach wie vor teilweise schwierig. Seit dem Fall der Berliner Mauer 1989 werden viele Arbeitsplätze, insbesondere im Baugewerbe (und oft schwarz), von Polen, Rumänen und Menschen aus Ex-Jugoslawien besetzt. Parallel dazu haben Bürgerkriege und schiere existenzielle Not Schwarzafrikaner, vor allem aus dem früheren Belgisch-Kongo, dem Mandatsgebiet Ruanda und den ehemaligen französischen Kolonien, nach Brüssel verschlagen, wo sie auf bessere Lebensbedingungen hoffen.

Zahlenmäßig stärker sind die **»immigrés de luxe«**, die bei den EU-Institutionen, der NATO, Botschaften, Verbänden, Vertretungen, NGOs und multinationalen Firmen beschäftigt sind – ein Heer von etwa 65 000 Menschen, zu denen noch Familienangehörige kommen. Unabhängig davon hat sich eine internationale »creative industry« entwickelt. In den ersten Jahrzehnten lebten diese Zuwanderer weitgehend in Ghettos. Inzwischen haben sie sich stark in die Umgebung der Stadt integriert. Brüssels Wirtschaft profitiert von den Spitzenverdienern, die allerdings auch die Immobilienpreise und Mieten in die Höhe treiben und damit zur Verdrängung sozial Schwächerer beitragen.

Ausländer nach Zahlen

Die wichtigsten Ausländergruppen sind (2011): Franzosen (47 000), Marokkaner (40 000), Italiener (27 000), Spanier (20 000), Polen und Portugiesen (je 16 000), Türken (11 000), Briten und Deutsche (je 9000), Griechen und Kongolesen (je 8000).

POLITIK UND VERWALTUNG

Ein Blick auf Belgien

Die Brüsseler Verwaltungsstruktur ist eine komplizierte Angelegenheit und ohne einen Blick auf **das föderale Belgien** kaum zu verstehen (▶ Baedeker Wissen S. 32). Sie basiert auf insgesamt vier Säulen: Zunächst gibt es **vier Sprachgebiete** (flämisch/niederländisch, französisch, deutsch und das zweisprachige Gebiet Brüssel). Diesen Gebieten entsprechen die **vier Gemeinschaften** (wiederum flämisch, französisch, deutsch und Brüssel), deren Gremien – die Gemeinschaftsräte – kulturelle Aufgaben wahrnehmen. Die **drei Regionen** Flandern, Wallonien (zu der das Gebiet der deutschsprachigen Gemeinschaft gehört) und Brüssel wiederum sind u. a. in der Wirtschafts-, Arbeits-, Wissenschafts- oder Energiepolitik autonom. Jede der Regionen wählt ein Parlament, den Regionalrat. In Flandern allerdings sind Gemeinschafts- und Regionalrat zusammengelegt. Regional- und Gemeinschaftsräte (auch der deutsche Gemeinschaftsrat) entsenden insgesamt 21 Senatoren in den Senat, die zweite Kammer des belgischen Parlaments (40 Senatoren werden direkt gewählt, 10 können die Parteien nach Belieben kooptieren). Die 150 Abgeordneten der Abgeordnetenkammer, der ersten Kammer des Parlaments, werden ausnahmslos direkt gewählt. Verbindende Elemente sind der **König als Staatsoberhaupt** und die **obersten Gerichte** (Verfassungsgericht, Kassationshof, Staatsrat).

Brüssel: ein kompliziertes Geflecht

Vor diesem Hintergrund ist die Brüsseler Verwaltungsstruktur das Ergebnis einer jahrelangen Kompromisssuche zwischen Flamen, die im Umkreis von Brüssel die Mehrheit stellen, und Wallonen, die in Brüssel selbst wiederum deutlich in der Mehrzahl sind.

Region Brüssel • Stadtbezirke

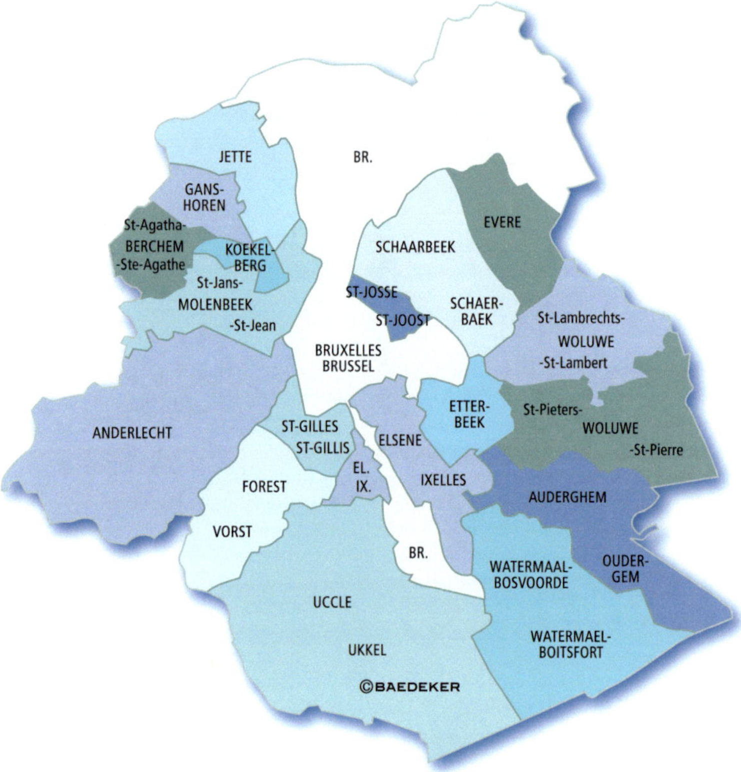

Die Region Brüssel besteht aus **neunzehn Stadtbezirken**. Der älteste und größte ist Bruxelles-Ville (Brussel-Stad), der auch das Zentrum umfasst. Jeder Stadtbezirk hat eigene Rechtspersönlichkeit, daher auch einen eigenen Gemeinderat und einen Bürgermeister. In der täglichen Arbeit spiegelt sich das Zusammenwachsen des Gebiets im 19. Jahrhundert wider. Seit der Zwischenkriegszeit regeln die Stadtbezirke beispielsweise auch die Notdienste gemeinsam.
Die deutschen Besatzer, die Belgien im Mai 1940 innerhalb kurzer Zeit überrannt hatten, ersetzten bis 1944 die Stadtbezirke durch die gleichgeschaltete Einheitsstruktur Groß-Brüssel, die bei der Bevölkerung verhasst war und nach der Befreiung umgehend rückgängig gemacht wurde.

Region Brüssel

Die neunzehn Stadtbezirke bilden seit 1989 neben Flandern und Wallonien die dritte **eigenständige Region** im belgischen Bundesstaat. Das Parlament der Région Bruxelles-Capitale bzw. Gewest Brussel-Hoofdstad besteht aus 75 Abgeordneten, die aus ihrer Mitte einen Ministerpräsidenten bestimmen. Dieser muss eine Mehrheit bei beiden Sprachgruppen besitzen; sollte dies nicht zu erreichen sein, genügt ihm die einfache Mehrheit. Der Ministerpräsident steht an der Spitze einer streng nach dem Sprachenproporz zusammengestellten Regierung. Die Region ist insbesondere für Regionalwirtschaft (einschließlich Arbeitsmarkt), Verkehrspolitik, Stadt- und Raumplanung (einschließlich Wohnungsbau) und Umweltschutz zuständig. Ihre gezielten Maßnahmen haben die »Bruxellisation« (▶ S. 48) definitiv gestoppt, die Region wieder attraktiver gemacht und dadurch die Rückkehr bzw. den Zuzug von Bewohnern bewirkt.

Gemeinschaftsebene

Auch auf Gemeinschaftsebene wird Brüssel verwaltet. Sowohl das Parlament der Französischen Gemeinschaft COCOF (mit 19 Brüsseler Mitgliedern) als auch das Parlament der Flämischen Gemeinschaft VGC (mit 17 Brüsseler Mitgliedern) entscheiden in Kulturpolitik- und Schulpolitik für ihre jeweilige Klientel; für gemeinsame Einrichtungen gibt es den **Gemeinsamen Gemeinschaftsausschuss** COCOM. All diese Parlamente, Ausschüsse und Gremien arbeiten seit 1989 und haben sicher nicht zum Abbau der Bürokratie beigetragen, doch scheint es angesichts des Zwists zwischen Flamen und Wallonen mindestens derzeit keine andere Lösung zu geben.

WIRTSCHAFT

Wirtschaftszentrum mit Tradition

Bereits im 11. Jahrhundert blühte in Brüssel, Endpunkt der Senne-Güterschifffahrt und wichtige Station am mittelalterlichen Fernhandelsweg Brügge–Köln, der Handel. Die Stadt produzierte mit Tuchen, Gobelins und Spitzen begehrte **Gebrauchs- und Luxusgüter**, sodass sie im 14. Jahrhundert zu einer der Wirtschaftsmetropolen Westeuropas avancierte.

Vor allem der Eisenbahnbau und die Anlage des Kanals von Willebroeck in der ersten Hälfte des 19. Jahrhunderts ermöglichten eine **frühe Industrialisierung**. Immerhin verkehrte 1835 die erste Eisenbahn auf dem Kontinent in Belgien, nämlich zwischen Brüssel und Mechelen. 1830 wurde aus der 1822 in Brüssel gegründeten Société Générale des Pays-Bas die Société Générale de Belgique. Das war eigentlich der erste echte Mischkonzern der Welt, denn seine Tätigkeit erstreckte sich in so gut wie alle damaligen Wirtschaftszweige. Der Konzern, der einst immerhin ein Drittel der belgischen Wirtschaft beherrschte, wurde in den Jahren 1988 bis 2003 Schritt für Schritt zerschlagen.

Willkommen im Alltag

Brüssel einmal tatsächlich abseits der Touristenströme erleben und ganz »normale« Leute treffen – dazu gibt es hier ein paar Tipps und Möglichkeiten der besonderen Art.

BED & BREAKFAST

Mitten im Modeviertel oder neben den Trendplätzen, in der Nähe der großen Museen oder der Universität, in volkstümlichen oder bürgerlichen Wohngegenden, romantischen Häusern oder cool gestylten Lofts – die Auswahl an B&Bs ist groß. Die Gastgeber sind immer kommunikativ und geben gute Tipps, was man denn so unternehmen könnte und wo die ihrer Ansicht nach hübschesten Plätzchen in Brüssel zu finden sind.

Adressen siehe S. 132

PERSÖNLICHE LIEBLINGSORTE

Brüsseler, die ihre Stadt kennen und lieben, zeigen Besuchern ihr Viertel, andere Stellen der Stadt, die sie besonders mögen, und Lieblingsadressen. Gerne gehen sie auf Wünsche ein. Jeden Tag stehen sie Einzelpersonen oder kleinen Gruppen von max. 6 Personen von 8.00 bis 22.00 Uhr zur Verfügung, und zwar kostenlos (sie dürfen noch nicht einmal Trinkgeld annehmen). Sie sprechen Englisch, Französisch oder Niederländisch, manchmal auch Deutsch.

Brussels Greeters, 16, Rue Louis Hap, Tel. 02 6 46 66 51, www.brussels.greeters.be

AN EINEM TISCH

1990 hatte der junge Brüsseler Gastronom Alain Coumont eine Idee. In der Rue Antoine Dansaert, mitten im Modeviertel, machte er ein rustikal eingerichtetes Caféhaus auf und servierte »wie auf dem Bauernhof« kräftige Biokost an einem großen Gemeinschaftstisch. Das kommunikationsfördernde Konzept in den schicken Vierteln der Stadt schlägt heute noch an – und ist höchst erfolgreich exportiert worden.

Le Pain quotidien, 16A, Rue Antoine Dansaert (Trend-Modeviertel); 11, Rue du Sablon (Viertel der feinen Antiquitätenläden); 479, Chaussée de Boondael (Universitätsnähe); 124, Avenue Louise (elegante Einkaufsstraße); 515, Chaussée de Waterloo (Yuppie-Gegend), www.painquotidien.com

BEGEGNUNGEN

Von Juni bis September treffen sich junge und ältere Leute, Alleinstehende und Familien, Brüsseler und Expats jeden Freitag ab 17.00 Uhr auf einem schönen Platz oder in einem angenehmen Park der Stadt zum Apéritif und Schwatz. Wer danach noch nicht heim möchte, kann ab 23.30 Uhr bei einer After-Party in den Diskotheken K-Nal oder Jeux d'Hiver weiterfeiern.

Les Apéros urbains, 47, Rue de l'Acqueduc, www.aperos.be

FREMD – UND DOCH DAHEIM

Über 100 europäische Expatriots sind bereit, Besuchern ihre liebsten Ecken in Brüssel zu zeigen. Sie arbeiten durchweg bei EU-Institutionen, Verbänden oder NGOs. Viele sind auch in den »comités de quartier« aktiv, die sich für Denkmalschutz, Grünanlagen, Fahrradwege und andere Maßnahmen zur Verbesserung der Lebensqualität einsetzen.

Brussels Tof People, 119, Avenue Coghen, Tel. 02 3 44 12 14, http://brusselstof people.eu

BRÜSSEL EN DETAIL

Der Kunsthistoriker und Autor Yves Jacqmin führt Besucher auch in entlegenere Stadtbezirke und zeigt besondere Details oder ganz einfach das Alltagsleben. So lernt man Auderghem, Watermael-Boitsfort, Uccle, Forest, Berchem-Sainte-Agathe oder Jette näher kennen (Frz.).

Les Chemins de Traverse – Parcours culturels, 40, Avenue Georges Eeckhoud, Tel. mobil 0494 07 23 02, yvesjacqmin@telenet.be

Einstiger Finanzplatz

Von 1870 bis 1914 war Brüssel neben London und Paris **der wichtigste Finanzplatz Europas**. Die Großbanken regelten nicht zuletzt die Reparationszahlungen Frankreichs (5 Milliarden Goldfranken) nach dem Krieg 1870/71 und finanzierten einen Gutteil des Aufbaus der russischen Schwerindustrie oder des Verkehrsnetzes in Ägypten und China.

Industrie

Auch heute ist Brüssel das Zentrum eines der aktivsten Wirtschaftsräume in Westeuropa. Die Industrie spielt zwar keine so große Rolle mehr wie noch vor wenigen Jahrzehnten, aber doch eine sehr wichtige: Brüssel ist immer noch nach Antwerpen **der zweitgrößte Industriestandort Belgiens**. Die Fabriken, überwiegend am Kanal von Charleroi bzw. Willebroeck im Westen der Stadt angesiedelt, erzeugen unter anderem Maschinen, Metallwaren, Textilien, chemische Produkte, Nahrungsmittel und Druckwerke. Allerdings ist der größte industrielle Arbeitgeber das Audiwerk im Stadtbezirk ▸ Forest bzw. Vorst. Die sogenannten Zukunftstechnologien haben sich vor allem in Evere niedergelassen, wo im Brüsseler »Silicon Valley« intensiv geforscht, entwickelt und produziert wird.

> **? BAEDEKER WISSEN**
>
> *Schiffbar*
>
> Brüssel besitzt den zweitgrößten Binnenhafen Belgiens. Er liegt im Nordwesten der Stadt und kann von Antwerpen aus via Schelde sogar von Seeschiffen bis 4500 BRT angelaufen werden. Über den Canal de Charleroi ist er wiederum mit dem Süden des Landes verbunden.

Dienstleistungen

Mittlerweile jedoch ist der Dienstleistungssektor der mit Abstand größte Arbeitgeber in Brüssel. Ausschlaggebend dafür ist an erster Stelle die Ansiedlung großer internationaler Organisationen wie der **EU** (▸ Baedeker Wissen S. 260) und der **NATO**. Dies und die verkehrsgünstige Lage haben mittlerweile fast 2000 international ausgerichtete Firmen bewogen, ihr Europa-Hauptquartier in Brüssel einzurichten, um als Lobbyisten am Ort des Geschehens zu sein und bei Gesetzesvorhaben, die ihre Belange betreffen (könnten), ihre Voten abgeben zu können. Hinzu kommen die Vertretungen von Städten und Regionen, Nichtregierungsorganisationen (NGOs) und allen möglichen Verbänden. In deren Kielwasser entstand eine Vielzahl kleinerer Servicedienste vom Sekretärinnendienst bis zum Kopierladen, die wiederum Arbeitsplätze schufen – allein von der EU leben heute direkt oder indirekt ca. 100 000 Menschen in der Region Brüssel. Es verwundert daher nicht, dass Brüssel eine große Rolle als Messe- und Kongressstadt spielt. Die Messen auf dem Ausstellungsgelände Heysel ziehen jährlich Hunderttausende von Fachbesuchern an. Brüssel ist die **erste Kongressstadt Europas,** noch vor Paris und Wien, und nach Singapur die zweitgrößte der Welt.

Zu den größten und wichtigsten Arbeitgebern in Brüssel gehören die europäischen Institutionen.

Tourismus

Dass Brüssel ohne Zweifel eine interessante und sehenswerte Stadt ist, beweist die Statistik. Jährlich besuchen knapp 5 Mio. Gäste die belgische Hauptstadt. Die meisten Touristen kommen aus den Niederlanden, der Bundesrepublik Deutschland, Großbritannien, Frankreich, den USA, Italien und Spanien. Dazu tragen die verschiedenen europäischen Institutionen bei, die mit Besucherzentren dem Interesse des Volks Rechnung tragen, aber auch diverse Festivals und andere kulturelle Veranstaltungen.

Stadtgeschichte

Hauptstadt Belgiens und Europas

Aus einer kleinen Siedlung am Flüsschen Senne wurde in nicht ganz 500 Jahren eine der glanzvollsten Städte des Kontinents. Hier scheint sich Geschichte zu wiederholen, ist Brüssel heute doch die Hauptstadt des geeinigten Europas.

DIE HERZÖGE VON BRABANT

979	Stadtgründung
1040	Bau der Burg auf dem Coudenberg
1229	Brüssel erhält die Stadtrechte.
1303	Aufstand der Zünfte
1356	Unter der Führung von Everard 't Serclaes vertreiben die Brüsseler die Truppen Ludwigs von Flandern.
1359	Erster »Ommegang«

Die Siedlung in den Sümpfen

Zwar taucht der Name »Bruocsella«, was »Siedlung in den Sümpfen« bedeutet, in einer Urkunde Ottos I. 966 erstmals auf, als offizielles Stadtgründungsdatum gilt aber das Jahr 979. Herzog **Karl von Niederlothringen**, der Brabant seit dem Vertrag von Verdun (843) regiert, lässt in diesem Jahr auf der Senne-Insel St-Géry (westlich des heutigen Börsenplatzes) eine Burg mit einer dem hl. Géry (ndl. Gorik) geweihten Kapelle errichten. In deren Schutz entwickelt sich eine Siedlung mit Flusshafen, deren Handel mit London schon für die vorige Jahrtausendwende belegt ist. In die Kapelle werden 984 die Gebeine der 712 gestorbenen hl. Ursula aus dem Geschlecht der Pipiniden überführt. Um 1010 beginnt der Bau für einen Festungswall.

Zweiter Siedlungskern

Karls Nachfolger **Lambert II. Balderic Graf von Leuven** beginnt 1040 mit der Errichtung einer Burg auf dem Coudenberg. Damit entsteht der zweite Brüsseler Siedlungskern. In den Jahrzehnten darauf, unter Heinrich II. und Gottfried I., lassen sich vermehrt Handwerker und Händler nieder; am Osthang des Sennetals entsteht ein Markt. 1047 werden die Reliquien der hl. Gudula in die Kirche des hl. Michael, der heutigen Kathedrale ▸Saint-Michel, überführt.
Nachdem die Grafen von Leuven seit 1190 den Titel der Herzöge von Brabant führen, konsolidiert sich Brüssel im Lauf des 12. Jh.s als bedeutende Station an der Handelsstraße zwischen dem rheinischen Köln und dem flandrischen Brügge. Um die Mitte dieses Jahrhunderts zählt die Stadt 30 000 Einwohner und wird von einem bürger-

An die Glanzzeit Brüssels erinnert der »Ommegang«.

Heute ist sie ganz versteckt: An der Senne entstand einst Brüssel.

lichen »Amann« als Vertreter des Fürsten regiert. **Im 13. Jahrhundert erreicht das Tuchmacherhandwerk seine volle Blüte**. 1229 erhält Brüssel die Stadtrechte. Bereits 1221 wird die herzogliche Tuchhalle, 1282 die Tuchmacherzunft erstmals urkundlich erwähnt. 1226 beginnt man mit dem Bau der dem hl. Michael und der hl. Gudula geweihten Kathedrale anstelle der alten Kirche. Die Macht in der Stadt halten sieben Patrizierfamilien in den Händen.

Unter dem Eindruck des Sieges der Brügger Zünfte über ein französisches Ritterheer in der **Sporenschlacht von 1302 bei Kortrijk** erheben sich 1303 auch die Brüsseler Zünfte gegen die Herrschaft von Patriziern und Adel und übernehmen die Regierung der Stadt. Sie werden erst 1306 in der **Schlacht von Vilvoorde** geschlagen. Nun herrscht wieder die alte Ordnung, bis 1356 nach dem Tod Johanns III. von Lothringen Graf Ludwig von Flandern der Herzogin Johanna von Brabant ihr Erbe streitig macht, in Brabant einfällt und sich in Brüssel festsetzt. Nach zwei Monaten vertreiben ihn die von **Everard 't Serclaes** angeführten Brüsseler Stadttruppen und Bürger. Davon beeindruckt, erlässt Herzogin Johanna zu ihrem Amtsantritt die **»Charte de la Joyeuse Entrée«**, die die Rechte der Brüsseler Bürger und die Pflichten der Herrscher festschreibt.
Die florierende Tuchindustrie und die Residenzfunktion machen Brüssel zur **bedeutendsten Stadt des Herzogtums Brabant**, was sich in Bautätigkeit und feierlichen Anlässen zeigt: 1357 wird der Bau der zweiten Festungsmauer begonnen, 1359 wird erstmals der Ommegang als Fest zu Ehren der hl. Jungfrau vom Sand erwähnt und 1401 wird der Grundstein für das Rathaus gelegt. Ende des 14. Jahrhunderts allerdings zeichnet sich die **Krise der Tuchindustrie** ab, nachdem der bisherige Wolllieferant England die Produktion weitgehend selbst übernommen hat. In jener schwierigen Zeit kommt es unter dem Vorwand der Hostienschändung auch zu einem Pogrom an den Brüsseler Juden. Die Verehrung der »heiligen Hostie« spielt seitdem eine große Rolle in der Kathedrale Saint-Michel.

GLANZZEIT UNTER DEN BURGUNDERN

1406	Brüssel gerät unter burgundischen Einfluss.
1430	Die Stadt wird offiziell burgundisch.
1482	Ende der Burgunderherrschaft mit dem Tod Maria von Burgunds

Philipp der Kühne tritt auf den Plan

Nach dem Tod von Margarete, Erbtochter der Herzogin Johanna, übernehmen im Jahr 1406 die Burgunder in Person Philipps des Kühnen, der seit 1369 mit Margarete verheiratet war, de facto die Herrschaft in Brabant. Damit beginnt **die legendäre Blütezeit Brüssels als Residenz der burgundischen Herzöge**, deren glanzvolle Hofhaltung Adel und Künstler – 1436 wird Rogier van der Weyden Stadtmaler von Brüssel – aus ganz Europa anzieht. Nicht zuletzt deswegen gelingt es im Laufe des 15. Jh.s auch, den wirtschaftlichen Rückgang wegen der Krise der Tuchmacherei durch die Herstellung von Luxusgütern wie Gobelins und Spitzen zu kompensieren.
1421 erhält die Stadt eine Selbstverwaltung unter Beteiligung der Zünfte, die in dieser Form im Wesentlichen bis ins 18. Jh. bestehen bleibt. Erst im Jahr 1430 fallen Brabant und damit Brüssel offiziell an Burgund unter **Philipp dem Guten**, der die Stadt zu seiner bevorzugten Residenz wählt und seit 1459 seinen Palast auf dem Coudenberg prächtig ausbauen lässt. Um diese Zeit hat die Stadt weit über 40 000 Einwohner. Der Tod Karls des Kühnen in der Schlacht von Nancy 1477 läutet das Ende der burgundischen Glanzzeit Brüssels ein. Als dessen Tochter Maria von Burgund, verheiratet mit Kaiser Maximilian I., 1482 bei einem Jagdunfall stirbt, fallen die Niederlande und damit Brüssel an die Habsburger.

UNTER DEN HABSBURGERN

1519	Karl von Brabant wird in Brüssel als Karl V. zum Kaiser des Heiligen Römischen Reichs proklamiert.
1531	Brüssel wird Hauptstadt der Spanischen Niederlande.
1568	Hinrichtung von Egmont und Hoorn auf der Grand'Place
1695	Die Franzosen beschießen die Stadt.
1713	Brüssel fällt an Österreich.
1789	Brabantische Revolution
1815	Schlacht bei Waterloo

Die heimliche Hauptstadt

Maximilian setzt 1494 seinen Sohn Philipp den Schönen zum Regenten ein, der nach dem Tod des Bruders seiner Frau Johanna der Wahnsinnigen den spanischen Thron besteigt. Philipps Sohn Karl, geboren 1500 in Gent, wird 1515 Erzherzog von Brabant und hält auf dem Coudenberg Hof. 1519 wird er als **Karl V.** in Brüssel zum Kaiser des Heiligen Römischen Reiches Deutscher Nation proklamiert. Er hält sich sehr oft in Brüssel auf, das er 1531 zur **Hauptstadt der Spanischen Niederlande** erhebt, die Holland und das heutige Belgien umfassen. Auf Initiative des zum Generalpostmeister ernannten **Johann Baptist von Taxis** wird 1520 die seit 1490 zwischen Mechelen und Innsbruck bestehende Kurierpostverbindung nach Brüssel verlängert. 1550 beginnt der Bau des Kanals von Willebroeck, der Brüssel mit Antwerpen verbindet und 1561 vollendet ist. Brüssel ist die De-facto-Hauptstadt des habsburgischen Weltreichs und reich an Schätzen, wie **Albrecht Dürer** zu berichten weiß, der am 27. August 1520 in Brüssel eingetroffen ist:

»Ich hab gesehen zu Brüssel im Rathaus in der goldenen Kammer die 4 gemalten Materien, die der grosse Meister Rogier gemacht hat. Ich hab gesehen in des Königs Haus zu Brüssel hinten hinaus die Brunnen, Labyrinth, Tiergarten, dass ich lustigere Dinge, mir gefälliger, gleich einem Paradies, nie gesehen hab. [...] Auch hab ich gesehen die Dinge, die man dem König aus dem neuen goldenen Land [Mexiko] gebracht hat: eine ganz goldene Sonne, einen ganzen Klafter breit, desgleichen einen ganz silbernen Mond, auch so gross, desgleichen zwei Kammern voller Rüstungen derselben, desgleichen allerlei Waffen, Harnische, Geschütze, wunderbare Schilde, seltsame Kleidung, Bettwäsche und allerlei wunderbare Dinge zu mannigfachem Gebrauch, die da viel schöner anzusehen sind, denn Wunderdinge. Diese Dinge sind alle köstlich gewesen, dass man sie auf hunderttausend Gulden Wert schätzt. Und ich hab aber all mein Lebtag nichts gesehen, das mein Herz also erfreuet hat als diese Dinge. Denn ich hab dabei gesehen wunderbare kunstvolle Dinge und hab mich verwundert der subtilen ingenia der Menschen in fremden Landen. Und der Dinge weiss ich nit auszusprechen, die ich da gehabt hab.«

Die Geusen erheben sich

1555 dankt Karl V. in Brüssel ab. Brabant und Brüssel werden nun von **Margarete von Parma** als Generalstatthalterin regiert. Unter ihr verschärft sich der Konflikt zwischen den protestantischen, nach Unabhängigkeit strebenden »Geusen« unter der Führung von **Wilhelm von Oranien** und den katholischen Spaniern. 1566 erreichen die Auseinandersetzungen mit dem Bildersturm einen Höhepunkt. Philipp II. von Spanien setzt 1567 **Herzog von Alba** als Statthalter ein, der ein blutiges Regime führt. Ihm fallen auch die **Grafen Egmont und Hoorn**, Weggefährten Wilhelms von Oranien, zum Opfer: Sie werden 1568 auf der Grand'Place hingerichtet. 1577 zieht Wilhelm von Oranien in die Stadt ein, worauf der offene Aufstand gegen die Spanier losbricht. Die nördlichen Niederlande sagen sich unter Wilhelms Führung nach jahrzehntelangem Kampf von Spanien los, doch Alexander Farnese erobert 1585 Brüssel zurück: Die südlichen, überwiegend katholischen Niederlande bleiben spanisch. Die **Infantin Isabella**, Tochter Philipps II., übernimmt mit ihrem Mann

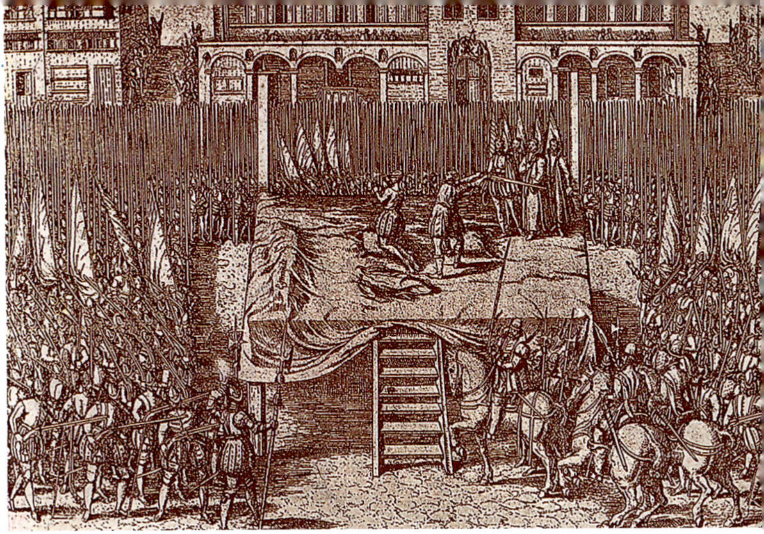

1568 werden die Grafen Egmont und Hoorn, Weggefährten Wilhelm von Oraniens, auf der Grand'Place hingerichtet.

Erzherzog Albert von Österreich die Regentschaft in Brabant und lässt sich 1599 in Brüssel nieder. Zu dieser Zeit hat Brüssel ca. 70 000 Einwohner. Die Stadt blüht wieder auf und erlebt fast das ganze 17. Jahrhundert hindurch ruhige Zeiten – unterbrochen vom Aufstand gegen die Biersteuer 1619 und geprägt von religiösem Eiferertum.

Französische Begehrlichkeiten

Die Eroberungskriege Ludwigs XIV. im ausgehenden 17. Jh. machen auch vor Brüssel nicht halt. Von Marschall de Villeroy geführte französische Truppen schießen 1695 die Unterstadt in Brand. Ca. 4000 Häuser werden zerstört oder beschädigt; die ►Grand'Place ist verwüstet – doch in kaum fünf Jahren bauen die Zünfte sie wieder auf.

Die österreichischen Habsburger

Mit dem Frieden von Utrecht, der 1713 den Spanischen Erbfolgekrieg beendet, gelangen die Spanischen Niederlande und damit Brüssel zu Österreich. Die neuen Herren versuchen die Rechte der Zünfte zu beschneiden, was deren Aufstand hervorruft. Ihr Doyen **Frans Anneessens** wird 1719 enthauptet. 1731 brennt der Palast auf dem Coudenberg ab. 1744 wird Karl von Lothringen Statthalter der österreichischen Erblande und residiert in Brüssel; er lässt von 1768 an die Oberstadt neu gestalten. 1789 kündigt Kaiser Josef II. die »Joyeuse Entrée« auf: Brabant erhebt sich nun gegen Österreich. Die **Vereinigten Belgischen Niederlande** werden proklamiert, die die brabantischen Farben Schwarz-Gelb-Rot führen, heute die Farben der Nationalflagge. Ein Jahr später gewinnen die Österreicher vorübergehend die Herrschaft zurück, bis sie im ersten Koalitionskrieg (1792 – 1794) von den Franzosen vertrieben werden. Belgien und Holland werden nun zur **Batavischen Republik** vereint.

Von Napoleon zu den Holländern

Das Direktorium in Paris schlägt 1795 den belgischen Teil der Batavischen Republik Frankreich zu und macht Brüssel zur Hauptstadt des Départements Dyle. 1799 wird Napoléon Bonaparte Erster Konsul; er hält sich 1803 zehn Tage lang in der Stadt auf. Am 18. Juni 1815 wird er bei Waterloo südlich von Brüssel von englischen, preußischen und österreichischen Heeren endgültig geschlagen (▸Baedeker 3D S. 278) und muss ins Exil.

Bereits im Jahr zuvor, auf dem Wiener Kongress von 1814/15, sind die Länder Holland und Belgien zum **Vereinigten Königreich der Niederlande** zusammengefügt worden. Brüssel wird neben Den Haag nur zweite Hauptstadt des Reichs und zweite Residenz von König Wilhelm I., der im Haus der Generalstände inthronisiert wird. Die holländische Herrschaft behagt den Belgiern allerdings gar nicht. Aber zunächst bleibt es ruhig.

? BAEDEKER WISSEN

Haltet den Dieb!

1817 ruft der Diebstahl der Originalfigur des Manneken Pis, die nur zerbrochen wiedergefunden wird, helle Aufregung hervor. Der Dieb, ein entlassener Sträfling namens Antoine Licas, wird zu Zwangsarbeit verurteilt und auf der Grand'Place gebrandmarkt.

BELGIENS HAUPTSTADT

1830	Belgien erklärt sich zum unabhängigen Königreich.
1835	Eröffnung der ersten Bahnlinie auf dem europäischen Kontinent von Brüssel nach Mechelen
1914–1918	Deutsche Besatzung im Ersten Weltkrieg
1940–1944	Deutsche Besatzung im Zweiten Weltkrieg
1958	Zur Weltausstellung wird das Atomium errichtet.
1959	Brüssel wird Sitz der EWG.
1989	Brüssel erhält den Status einer Region.
1996	»Weißer Marsch«: Brüssel erlebt die größte Demonstration in der Geschichte Belgiens.
2004	Die Erweiterung der EU um zehn Länder bringt Zuwachs für die Brüsseler Eurokratie.

1830: Belgische Unabhängigkeit

Am 25. August 1830 bricht in Brüssel die Revolution los. **Ausgangspunkt ist das ▸ Théâtre Royal de la Monnaie**, wo die sehr patriotische Oper »Die Stumme von Portici« die Gemüter mächtig erhitzt (▸ S. 273). Im Park von Brüssel liefern sich holländische Truppen und Revolutionäre heftige Gefechte. Am 4. Oktober proklamiert die provisorische Regierung das Königreich Belgien mit Brüssel als seiner Hauptstadt. König wird **Leopold von Sachsen-Coburg-Gotha**, der am 21. Juli 1831 in der Stadt eintrifft. Zu dieser Zeit leben im Großraum von Brüssel ca. 140 000 Menschen.

Ausbau zur Hauptstadt

Unter Léopold I. und ab 1865 unter Léopold II. wird Brüssel zur repräsentativen Hauptstadt ausgebaut. Dazu gehören auch die Gründung der Freien Universität durch Theodor Verhaegen 1834, die Eröffnung der ersten Eisenbahnlinie auf dem europäischen Kontinent zwischen Brüssel und Mechelen 1835 – Symbol für die rasche Industrialisierung Belgiens –, die Gründung der Königlichen Bibliothek 1837 und die Eröffnung der ► Galeries St-Hubert 1847. Im selben Jahr vereinigen sich sieben Nachbargemeinden mit Brüssel zur **»Agglomeration von Brüssel«**.

In der zweiten Hälfte des 19. Jh.s erfährt Brüssel einschneidende Veränderungen. Triebfeder ist der Bürgermeister **Jules Anspach,** der ab 1863 die Senne überdeckeln und ab 1871 die großen ► Boulevards der Innenstadt anlegen lässt. Sein Nachfolger Charles Buls veranlasst 1880 die Restaurierung der Grand'Place. 1883 wird der gigantische Palais de Justice vollendet und mit der Fertigstellung des Hôtel Tassel von Victor Horta 1893 fällt der Startschuss zum Aufstieg Brüssels zur **Jugendstilmetropole Europas** (► S. 195). 1880 kann man auf fünfzig erfolgreiche Jahre des belgischen Königreichs zurückblicken und feiert dies mit einer großen internationalen Ausstellung im ► Parc du Cinquantenaire. Bis zum Vorabend des Ersten Weltkriegs entwickelt sich Brüssel zu einer quirligen, liberalen Kapitale der Belle Époque.

Erster und Zweiter Weltkrieg

Am 20. August 1914 besetzen deutsche Truppen die Stadt. Die Regierung flieht nach Le Havre, der König führt von De Panne an der Nordseeküste aus die belgische Armee. Bürgermeister Adolphe Max, der sich den Besatzern nicht fügt, wird deportiert.

Die Zeit zwischen den Kriegen bestimmen drei Daten: 1921 werden drei weitere Nachbargemeinden eingemeindet (womit die Agglomeration Brüssel ihre heutigen Ausmaße erhält), 1932 wird die Zweisprachigkeit in der Verfassung festgeschrieben und im Jahr 1935 findet die Weltausstellung auf dem Messegelände Heysel statt.

Im Zweiten Weltkrieg wird Brüssel 1940 innerhalb weniger Tage abermals von deutschen Truppen besetzt. Das belgische Kabinett flieht nach England, König Léopold III. unterzeichnet am 28. Mai 1940 die Kapitulationsurkunde und wird interniert. Am 3. September 1944 befreien britische Verbände die Stadt.

Brüssel ist ein **Hort der Résistance**. Die Freie Universität schließt 1941 ihre Pforten, viele Professoren und Studenten bilden die bewaffnete Widerstandsgruppe »Groupe G«. Verwaltung und Polizei sabotieren Anordnungen der Besatzer, mutige Bürger verstecken gefährdete Mitmenschen, insbesondere Juden.

Brüssel wird Hauptstadt Europas

Nachdem Léopold III. wegen seiner umstrittenen Haltung im Zweiten Weltkrieg 1950 zugunsten seines Sohnes **Baudouin** auf den Thron verzichtet, macht man sich in Brüssel daran, Hauptstadt Europas zu werden. Die Außenminister Paul-Henri Spaak und Pierre

Unregierbares Belgien?

Kaum ein europäisches Land, von Italien abgesehen, hat seit 1945 so viele Regierungen erlebt wie Belgien. Einer der Hauptgründe dafür ist sicher die föderale Struktur des Landes, in der der Einfluss der Flamen bzw. Wallonen aufs Genaueste austariert ist. Besonders kompliziert ist die Situation in Brüssel, das zwar eine eigene Regierung hat, bei der aber die beiden großen Gemeinschaften kräftig mitmischen.

▶ Belgiens Provinzen

▶ Kompliziert und filigran
Belgiens föderale Struktur

	KOMPETENZBEREICHE
FÖDERALSTAAT	Königreich Belgien
FLÄMISCHE GEMEINSCHAFT UND FLÄMISCHE REGION	Flämische Region (5 Provinzen) + Region Brüssel-Hauptstadt (19 Kommunen)
WALLONISCHE REGION FRANZÖSISCHE GEMEINSCHAFT	Wallonische Region (5 Provinzen, jedoch nicht die 9 deutschsprachigen Kommunen) + Region Brüssel-Hauptstadt (19 Kommunen)
DEUTSCHSPRACHIGE GEMEINSCHAFT	9 deutschsprachige Kommunen
WALLONISCHE REGION	5 Wallonische Provinzen
REGION BRÜSSEL-HAUPTSTADT	19 Kommunen Brüssels

▶ 27 Premierminister seit 1945

■ Flame ■ Wallone

- 12.02.1945–13.03.1946 Achille Van Acker
- 13.03.1946–31.03.1946 Paul-Henri Spaak
- 31.03.1946–03.08.1946 Achille Van Acker
- 03.08.1946–20.03.1947 Camille Huysmans
- 20.03.1947–11.08.1949 Paul-Henri Spaak
- 11.08.1949–08.06.1950 Gaston Eyskens
- 08.06.1950–16.08.1950 Jean Duvieusart
- 16.08.1950–15.01.1952 Joseph Pholien
- 15.01.1952–23.04.1954 Jean Van Houtte
- 23.04.1954–26.06.1958 Achille Van Acker
- 26.06.1958–25.04.1961 Gaston Eyskens
- 25.04.1961–28.07.1965 Théo Lefèvre
- 28.07.1965–19.03.1966 Pierre Harmel
- 19.03.1966–17.06.1968 Paul Vanden Boeynants

Belgiens Regionen und Gemeinschaften

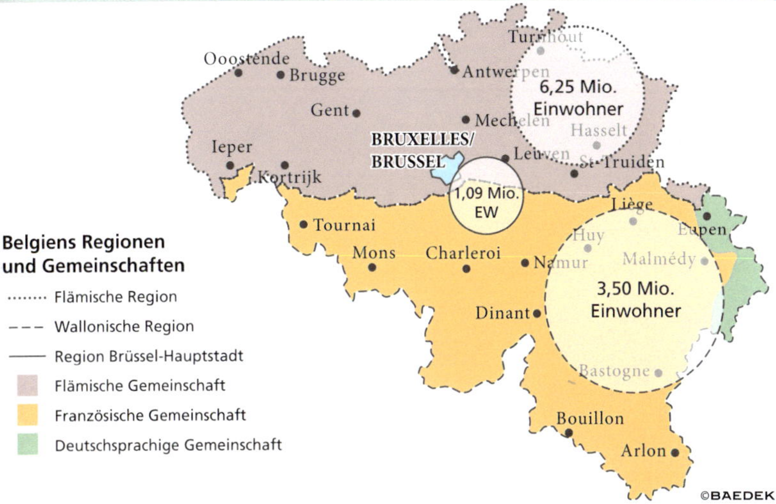

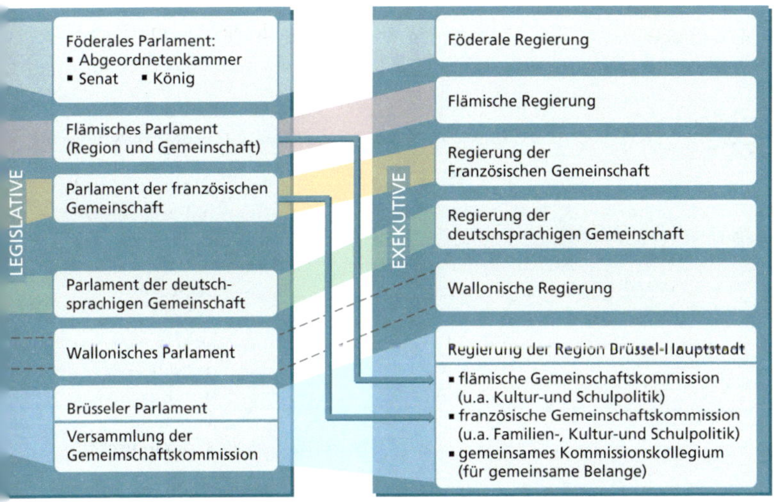

17.06.1968–26.01.1973 Gaston Eyskens
26.01.1973–25.04.1974 Edmond Leburton
25.04.1974–20.10.1978 Leo Tindemans
20.10.1978–03.04.1979 Paul Vanden Boeynants
03.04.1979–06.04.1981 Wilfried Martens
06.04.1981–17.12.1981 Mark Eyskens
17.12.1981–07.03.1992 Wilfried Martens
07.03.1992–12.07.1999 Jean-Luc Dehaene
12.07.1999–20.03.2008 Guy Verhofstadt
20.03.2008–30.12.2008 Yves Leterme
30.12.2008–25.11.2009 Herman Van Rompuy
25.11.2009–06.12.2011 Yves Leterme
06.12.2011–amtierend Elio Di Rupo

Harmel gehören zu den tonangebenden Kräften der Integration. Zunächst schenkt sich die Stadt 1958 mit dem ▸ Atomium im Heysel-Park anlässlich der Weltausstellung ein neues Wahrzeichen. 1959 wird Brüssel Sitz der Europäischen Wirtschaftsgemeinschaft (EWG) und der EURATOM; 1967 verlegt die NATO ihr politisches Hauptquartier von Paris nach Brüssel.
Ab 1959 wird rund um den Rond Point Schuman am **Europaviertel** gebaut. Sein Zentrum ist das Palais Berlaymont, das 1992 wegen Asbestverseuchung geräumt werden muss. Schon 1988 haben im Quartier Léopold die Bauarbeiten für das Europaparlament begonnen. Im Dezember 1992 macht der Gipfel von Edinburgh Brüssel offiziell zum Sitz von EU-Kommission und -Ministerrat, der Ausschüsse für Wirtschafts- und Sozialpolitik und der Regionen. Das Europaparlament bekommt Brüssel als Hauptsitz, an dem insbesondere die Ausschüsse arbeiten, während laut Vertrag zehn Plenarsitzungen in Straßburg stattfinden müssen. 1993 wird Brüssel schließlich Sitz der Westeuropäischen Union. Seit 2001 finden alle **Gipfeltreffen der Staats- und Regierungschefs der EU** ausschließlich in Brüssel statt. Das hat strenge Sicherheitsvorkehrungen, zahlreiche Demonstrationen und gehörige Verkehrsprobleme zur Folge.

Brüssels Sonderrolle in Belgien

Der Gegensatz zwischen Flamen und Wallonen wirkt sich auch auf die jüngere Geschichte Brüssels aus. 1963 wird im Gesetz über den Sprachengebrauch für Verwaltungsangelegenheiten die flämisch-wallonische Sprachgrenze festgelegt, wobei der **Raum Brüssel als zweisprachiges Gebiet** ausgewiesen ist. 1980 erschüttern innenpolitische Schwierigkeiten infolge des anhaltenden Sprachenstreits das Land. Das Parlament gibt daraufhin grünes Licht für die Föderalisierung Belgiens: Flandern und Wallonien erhalten den Status von Regionen; der Raum Brüssel bekommt bis zur endgültigen Verfassungsreform einen Sonderstatus. 1989 wird auch Brüssel zur Region erhoben und 1993 beschließt das Parlament Belgiens endgültige Umwandlung in einen Bundesstaat aus drei Regionen, die auf vielen Gebieten autonom agieren können: Flandern, Wallonien und Brüssel-Hauptstadt. Danach kehrt Ruhe in den flämisch-wallonischen Konflikt ein.
Mitte der 1990er-Jahre erschüttern die Ereignisse um die Verhaftung des Kinderpornohändlers und Kindermörders **Marc Dutroux** sowie die Erkenntnisse über die Ermordung des sozialistischen Spitzenpolitikers André Cools die Menschen. Brüssel erlebt deshalb im Oktober 1996 die größte Demonstration in der Geschichte Belgiens: Über 300 000 Belgier versammeln sich zum **»Weißen Marsch«** auf den Straßen der Hauptstadt.
Insbesondere im **Kultursektor** arbeiten Frankofone und Flamen in Brüssel hervorragend zusammen, wie zum Beispiel das jährliche »KunstenFESTIVALdesArts« für Theater und Tanz beweist. Kultur-

Berichterstattung vor dem Berlaymont-Gebäude der EU-Kommission über die neueste Entwicklung in Europa

schaffende, Wissenschaftler und Studenten organisieren 2007 und 2011 große Demonstrationen, um Druck auszuüben. Ihre Forderung: Die Politiker sollen sich endlich um die echten Anliegen der Bürger wie Arbeitsplätze, Gesundheits- und Schulwesen oder sichere Altersversorgung kümmern.
Nach den Parlamentswahlen vom Juni 2010 muss die alte Regierung das politische Tagesgeschäft kommissarisch übernehmen, weil sich die Wahlsieger über die Regierungsbildung nicht einig werden: Stein des Anstoßes ist neben einer weiteren Reform des belgischen Staats der **Wahlkreis Brüssel-Halle-Wilvoorde**, der sich über die Regionen Brüssel und Flandern erstreckt. Erst nach 535 Tagen können sich die flämischen und wallonischen Parteien auf eine neue Regierung unter der Führung des wallonischen Sozialisten **Elio Di Rupo** verständigen. Er ist der erste frankofone Ministerpräsident seit 1974. Größtes Problem der neuen Regierung ist die Reduzierung der enormen Staatsschulden, wodurch neue Konflikte vorprogrammiert sind.

Brüssel und das Königshaus

Gesellschaftliche Höhepunkte – freudige und traurige – setzt in all diesen Jahren das belgische Königshaus. Glanzvoll begangen wird 1960 die Vermählung von König Baudouin mit der spanischen Adligen Fabiola de Mora y Aragón. Als Baudouin am 31. Juli 1993 überraschend stirbt, wird er in Brüssel zu Grabe getragen. Über eine halbe Million Menschen nehmen im Palais Royal von ihm Abschied – eine stille Demonstration belgischer Einheit. Nachfolger wird sein Bruder **Albert II.** Dessen Sohn Kronprinz Philippe heiratet 1999 in der Kathedrale St-Michel Mathilde d'Udekem d'Acoz. Mit zwei Töchtern und Söhnen ist der Weiterbestand der Dynastie gesichert.

Kunst und Kultur

Kunst- und Architekturgeschichte

Sowohl kunsthistorisch als auch architektonisch weist Brüssel einige Besonderheiten auf und seine (Kunst-)Sammlungen gehören zu den größten und besten weit und breit.

MITTELALTER

Die Anfänge der Stadt

Kaum jemandem, der auf dem Boulevard Anspach steht, ist bewusst, dass er sich hier über einem Fluss, nämlich der **Senne**, befindet. Dieser Nebenfluss der Schelde wurde 1867 bis 1871 überdeckelt, doch war er für Brüssel von großer Bedeutung, denn auf einer der Flussinseln soll sich im 6. oder 7. Jh. der heilige Gorik (franz. Géry), Bischof von Cambrai, eine Klause eingerichtet haben. Noch heute erinnert der Name des Viertels ▸ **Ilôt Sacré** – »heiliges Inselchen« – an den Anfang der Besiedelung. Am Ort der heutigen Kathedrale Saint-Michel stand eine dem Erzengel Michael geweihte Taufkirche.
966 wurde die Ansiedlung **Bruocsella** zum ersten Mal urkundlich erwähnt. Zu jener Zeit gab es eine für den Handel wichtige Brücke über die Senne, weshalb die nächste Kirche dem Schutzheiligen der Kaufleute gewidmet wurde, ▸ Saint-Nicolas. In deren Eingangshalle und Hauptschiff sind noch romanische Bauteile zu sehen, mithin einige der frühesten Architekturzeugnisse Brüssels.

> **! BAEDEKER TIPP**
> *Ein Blick auf die alte Stadtmauer*
>
> Reste des ersten Stadtmauerrings sind in das Foyer des Radisson Blue Royal integriert (47, Rue du Fossé-aux-Loups). Niemand hat etwas dagegen, wenn Sie einen Blick hineinwerfen und die Sache aus der Nähe betrachten.

Stadtbefestigung

Der wachsende Reichtum machte eine Stadtbefestigung notwendig und möglich. Saint-Géry, Saint-Michel und der Coudenberg markieren in etwa diesen ersten, 4 km langen Mauerring mit sieben Toren und 40 Türmen, der zwischen dem 11. und 13. Jh. entstand und von dem **heute noch vier Türme** zu sehen sind: Tour Noire (hinter Sainte-Catherine), Tour d'Angle (Boulevard de l'Empereur), Tour du Pléban (Rue du Bois Sauvage) und Tour de Villers (Rue de Villers). Nach der Verleihung der Stadtrechte 1229 entwickelten sich Vorstädte, sodass Brüssel zwischen 1356 und 1379 erneut ummauert wurde. Diese Befestigung war 8 km lang und beschrieb etwa ein Fünfeck.

Frühklassizismus in Reinkultur an der Place Royale

Das heute **einzige erhaltene mittelalterliche Stadttor Brüssels, die Porte de Hal**, markierte die Südspitze. Hier gewinnt man noch am ehesten einen Eindruck der aufwendigen Wehranlage, auch wenn die gotischen Details, Spitzbogenarkaden und Zinnen von der Restaurierung im 19. Jh. stammen. Im selben Jahrhundert wurde die Festungsanlage geschleift, wodurch die Boulevards extérieurs großzügig angelegt werden konnten. Ähnlich wie in Wien für die Ringstraße nutzte man auch in Brüssel diesen freien Raum für neue stadtplanerische Konzepte. Heute steht der Boulevardgürtel in deutlichem Kontrast zu den engen Straßenführungen der Altstadt.

Romanik

Aus romanischer Zeit ist nur wenig erhalten. In der am Rand des Marollenviertels gelegenen Kirche ▸ **Notre-Dame de la Chapelle** kann man immerhin den Übergang von der Romanik zur Gotik beobachten: Ist die Kapelle Saint-Croix (1215 – 1250) noch vom romanischen Stil geprägt, zeigen Chor und Querschiff schon Elemente des Übergangs und der Rest weist eindeutig gotischen Charakter auf.

Gotik

Die Frühgotik ist in der Kathedrale ▸ **Saint-Michel** am schönsten ausgebildet. Im Chor der ehemaligen Stiftskirche Saints-Michel-et-Gudule griffen die Baumeister zu Beginn des 13. Jh.s Formen der französischen Gotik auf, indem sie einen – im 16. und 17. Jh. wieder abgetragenen – Chorumgang und Kapellenkranz anlegten. Diese aufwendige Chorgestaltung wurde hier zum ersten Mal im niederländischen Raum realisiert und **Vorbild für Brabant**. Auch die Fassade entspricht französischen Vorbildern, wählte man doch mit zwei Türmen die repräsentativste Lösung. Im Allgemeinen wurde in Brabant aber, wie man an Notre-Dame de la Chapelle sieht, ein einzelner Turm vor die Westfassade gestellt. Typisch für die gotische Sakralarchitektur in Brabant ist das Festhalten an den klaren Formen der Hochgotik. So findet man das spätgotische »modische« Netzgewölbe nur selten und eher einfache Rundpfeiler als Bündelpfeiler.

Gotik des 15. Jh.s sieht man in Brüssel in der fünfschiffigen, turmlosen Kirche ▸ **Notre-Dame du Sablon**. In Grundriss und Konstruktion der Hochgotik treu, sind die Schmuckformen schon filigraner und zierlicher. Die flammenartig züngelnden Formen des Maßwerks an den Langhausfenstern verweisen auf den spätgotischen Stil des Flamboyant. Das Äußere wurde allerdings im 19. Jh. überarbeitet.

Im Gegensatz zur sakralen gotischen Architektur war die profane Architektur innovativ. Das **Rathaus von Brüssel** (▸ Grand'Place), Ausdruck des Patrizierstolzes, ist das beste Beispiel für diese sogenannte **Brabanter Gotik**, die durch ihre Verzierungsvielfalt geprägt ist: Die Wände wurden derartig reich mit Figurenschmuck und Ornamentformen bestückt, dass sie sich aufzulösen scheinen.

Überbordender Figurenschmuck am Brüsseler Rathaus

RENAISSANCE

Architektur Die Renaissance setzte sich in den Niederlanden nur sehr zögerlich durch; zunächst wurden lediglich die Schmuckformen aufgegriffen. Auch das ist ein Grund dafür, dass in Brüssel nur wenige Renaissancegebäude erhalten sind. Einen Eindruck der Baukunst dieser Epoche in Brüssel gibt **»Le Pigeon«**, das Zunfthaus der Maler an der Grand'Place, ursprünglich von 1510 bis 1533 im Stil der Hochrenaissance erbaut und nach der Zerstörung von 1695 in den alten Formen wieder errichtet. Die drei Geschosse zeigen in klassischer Reihenfolge von unten nach oben die Säulenordnungen dorisch, ionisch und korinthisch mit der mittleren Fenstergruppe des zweiten Stocks als sogenanntes Serliomotiv: Ein Bogen wird von Säulen getragen, neben denen sich weitere kleine Öffnungen befinden. Typisch für die Niederlande ist, dass in die Fassadengestaltung Masken als Konsolen und Zierelemente einbezogen sind.

Malerei Ab etwa 1415 entstand in den südlichen Niederlanden die sogenannte **altniederländische Malerei**. Die Tafelmaler begannen sich um eine realistische Darstellungsweise zu bemühen und bereiteten damit die Grundlage für die Renaissance-Malerei. Die niederländischen Künstler gestalteten ihre Bildräume rein aus der Erfahrung heraus, während die Italiener die Perspektive geometrisch konstruierten. Arbeiteten in Tournai Robert Campin, in Gent die Brüder van Eyck, in Leuven Dirk Bouts, so ist in Brüssel seit 1436 **Rogier van der Weyden** (um 1400 – 1464, ► Berühmte Persönlichkeiten S. 61) als Stadtmaler belegt. Er gab nicht der realistischen Detailtreue Priorität, ihm kam es auch auf die Psychologisierung der Personen und des Bildinhalts an. So gelangen ihm hervorragende Porträts, wie sie die ► Musées Royaux des Beaux-Arts besitzen.
Nachdem Brüssel 1482 Sitz des Statthalters der habsburgischen Niederlande geworden war, setzte ein kultureller und politischer Aufschwung ein, der durch die religiösen Unruhen, die 1566 im Bildersturm eskalierten, und den Unabhängigkeitskampf der Geusen ein Ende fand. Künstlerische Höhepunkte und zugleich Quellen für das Leben und Lebensgefühl dieser Zeit sind die Werke **Pieter Brueghels des Älteren** (wohl 1525 – 1569), der seit 1563 in Brüssel im Marollenviertel lebte. Seine Kunst zeichnet sich durch die genaue Beobachtung von Mensch und Landschaft seiner unmittelbaren Umgebung aus. Er begründete das Bauerngenre, indem er durch seine Gemälde den Bauernstand, dessen Leibeigenschaft erst im 16. Jh. aufgehoben worden war, auch für bildwürdig erklärte: Bauern bevölkern sowohl seine weltlichen als auch seine religiösen Bilder, Alltag und Feste auf dem Land stellte er gleichermaßen dar. So übersetzte er das Thema »Volkszählung zu Betlehem« (1566; Musées Royaux des Beaux-Arts) in eine reich bevölkerte niederländische Winter-

landschaft. Beim Gemälde »Sturz der Engel« (1562; Musées Royaux des Beaux-Arts) kommt im Erfindungsreichtum surrealistischer Wesen Brueghels Bewunderung für Hieronymus Bosch zum Ausdruck. Im Bild **»Sturz des Ikarus«** (1583; ▸ Musée David et Alice van Buuren), das nach neuesten Erkenntnissen zwar nicht von ihm selbst stammt – übrigens auch nicht die Version des Musée Royaux des Beaux-Arts –, dessen Konzeption aber auf ihn zurückgeht, gibt er sich als gebildeter Humanist zu erkennen: Ikarus kommt in übermütigem Leichtsinn der Sonne zu nahe, das Wachs der Flügel schmilzt und er stürzt jäh ab. Während die Tragödie ihren Lauf nimmt, der maßlose Ikarus im Bildmittelgrund rechts ins Meer fällt, geht im Vordergrund des Bildes ein Bauer unbewegt seiner Arbeit nach und ein Fischer wirft seine Angel aus: Diese »einfachen« Menschen ruhen in sich, ohne nach Übermenschlichem zu streben, denn sie kennen ihre Grenzen – eine einfache Hilfestellung Brueghels zur Interpretation des antiken Stoffes.

In einem Gobelin steckt viel Arbeit.

Gobelins

Vom Ende des 15. bis ins 17. Jh. genoss Brüssel Weltruf für das Wirken von Bildteppichen. Die Werkstätten produzierten besonders sorgfältig gearbeitete, feine Gobelins, reich an Seiden-, Gold- und Silberfäden und von ausufernd fantasievoller Motivwahl: Geschichten aus der Antike, mythologische Szenen, Darstellungen aus dem Alten und Neuen Testament, Allegorien, Schilderungen des Ritterlebens, Jagd- und Genreszenen und dekorative »Grünteppiche«, sogenannte Verdüren mit Laub- und Pflanzenwerk als Motive, später auch mit Landschaftsdarstellungen. Zu den bedeutendsten Werkstätten gehörte die von **Pieter van Aelst**, in der zwischen 1516 und 1519 im Auftrag Papst Leos X. nach den Kartons von **Raffael** die berühmten vatikanischen Teppiche der Apostelgeschichte gewebt wurden. Die Aufträge Kaiser Karls V. führte v. a. die Brüsseler Werkstatt von **Pieter Pannemaker** aus. Der herausragendste Künstler dieser Zeit für die Teppichkartons war der Brüsseler Hofmaler **Bernard van Orley** (um 1488 – 1541). Seine an Raffael orientierten Bildvorlagen für die Wandteppiche zeichneten

Flämische Verzierungslust zeigen die barocken Zunfthäuser an der Grand'Place.

sich durch strengen Bildaufbau, monumentale Figurenkonzeption und tiefenräumliche Wirkung aus. **Peter Paul Rubens** war in der ersten Hälfte des 17. Jh.s der alle überragende Kartonmaler und gab den Teppichen ihre unverwechselbare malerische Qualität: Die Decius-Mus-Folge (Wien), der Eucharistie-Zyklus und die »vatikanischen Teppiche« gehören zu den Epoche machenden Leistungen der Brüsseler Manufakturen. Rubens' Nachfolger David Teniers d. J. spürte bereits die französische Konkurrenz. Die Musées Royaux d'Art et d'Histoire besitzen eine Sammlung höchst wertvoller und außergewöhnlicher Stücke, darunter solche mit Szenen aus der Jakobsgeschichte nach Kartons von van Orley.

BAROCK UND KLASSIZISMUS

Sakrale und profane Architektur

Die kirchlichen Bauherren hielten bis ins 16. Jh. hinein an den gotischen Formen fest. Auch als mit der Gegenreformation der italienische Barock aufgegriffen wurde, entstand noch 1657 bis 1676 mit ▸ **Saint-Jean-Baptiste au Béguinage** eine Kirche, die dem Bautyp der gotischen dreischiffigen Basilika verpflichtet ist; sie stellt aber bereits eine Kombination gotischer mit barocken Formen dar, indem sie an der Fassade das barocke Dekorationsrepertoire voll entfaltet. Ein ebenso interessantes wie malerisches Ensemble des Barock sind

die Zunfthäuser an der ▸ **Grand'Place**, die nach der Beschießung der Stadt 1695 entstanden sind. Teilweise wurden die alten Formen rekonstruiert, meist jedoch neue Fassaden entworfen, sodass heute ein reiches Repertoire an barocken Fassadengestaltungen zu sehen ist. Wie bei der Brabanter Gotik kommt auch im Barock die **flandrische Verzierungslust** zum Tragen: Von den zum Platz gekehrten Giebeln gleicht keiner dem anderen – klassisch anmutende Dreiecksgiebel, Ziergiebel mit Voluten, geschweiften Formen und Giebeltürmchen sind zu finden. Auch die Bauplastik ist variationsreich: Medaillons, Kartuschen, Flachreliefs, Büsten, Ganzfiguren und Hermen beleben die Fassaden. Gesimse, Friese und Gebälk, Balkone und Balustraden dienen als horizontale Gliederungselemente. Farbe und vor allem viel Gold wurde aufgetragen. Noch an anderen Stellen in der Altstadt, etwa an der Place de la Vieille Halle aux Blés, finden sich solche nach 1695 entstandenen barocken Fassaden.
Mit Beginn des 18. Jh.s kam in Brüssel der in Frankreich geprägte Stil des **Louis-Quatorze** auf. Waren im Barock asymmetrische Formen, heftig schwingende Wände und kraftvolle, teigig schwere Ornamente beliebt, suchte diese Sonderform des Barock das Maßvolle, Beruhigte und Repräsentative, wie manches Zunfthaus an der Grand'Place zeigt, so »La Maison des Ducs de Brabant«. In der zweiten Hälfte des 18. Jh.s prägte der Frühklassizismus des **Louis-Seize** die Stadt. Vor allem Rückbesinnung auf die klaren Formen der Antike, Abkehr von der Asymmetrie, Hinwendung zur geraden Linie und sparsamer Dekor sind für diesen Stil kennzeichnend. In der Unterstadt wurde die ▸ **Place des Martyrs** (1775) in diesem Stil angelegt, auf dem Coudenberg die ▸ **Place Royale** (1776 – 1782) mit der königlichen Hofkirche Saint-Jacques sur Coudenberg.
Bis 1830 war der **Klassizismus** tonangebend. Beispiele für diesen retrospektiven Stil sind das ▸ **Théâtre Royal de la Monnaie** (1810 bis 1819), das Palais des Académies (nach 1820) und das Gewächshaus des alten Botanischen Gartens (1826 – 1830), eine frühe, mit ionischen Säulen geschmückte Eisen- und Glasarchitektur.

Malerei und Bildhauerei

In der Malerei gingen die beiden Niederlande im 17. Jh. auch künstlerisch getrennte Wege. Stellten im Norden Bürgerliche die Hauptkäuferschicht, so stammten im Süden die Auftraggeber und Kunden aus Aristokratie und Kirche. Peter Paul Rubens war die bedeutendste Persönlichkeit, die die Malerei des katholischen Südens beherrschte und prägte. Repräsentativer Anspruch und Dramatisierung der religiösen und mythologischen Bildinhalte wurden von ihm stilbildend entwickelt. Künstlerisches Zentrum war aber Antwerpen, wo neben Rubens auch Jacob Jordaens und Adriaen Brouwer arbeiteten. Von dort zog 1651 **David Teniers d. J.** (1610 – 1690) nach Brüssel. Er hatte sich auf Genremalerei spezialisiert, produzierte Alltagsmotive wie Kneipenszenen oder Bauernfeste und arbeitete auch gezielt für den Kunsthandel, wie das Beispiel »Die bäuerliche Kirchweih« (Musées Royaux des Beaux-Arts) zeigt. Mit seiner Kunst zu einem angesehenen und reichen Mann geworden, wurde er Hofmaler und Verwalter der Erzherzoglichen Kunstsammlungen. Als Bildhauer großen Könnens tat sich **Luc Fayd'Herbe** (1617 – 1697) hervor, dem manche Brüsseler Kirche mindestens einen Großteil ihrer Skulpturen verdankt.

19. JAHRHUNDERT

Die Stadt verändert sich

Mit der Staatswerdung begann in Belgien eine wirtschaftliche Blütezeit. Bezeichnend für die Aufbruchstimmung waren die städtebaulichen Veränderungen: Die **Boulevards extérieurs** wurden auf der geschleiften Stadtbefestigung aus dem 14. Jahrhundert angelegt; die **Boulevards du Centre** wurden zum Teil über der Senne geführt und durchbrechen seitdem die Altstadt von Süden nach Norden. Ein weiteres Symbol für Prosperität wurden die ▸ **Galeries Saint-Hubert** (1845 – 1847), die zu den ältesten Ladenpassagen Europas gehören.

Historismus

Das 19. Jh. ist das Jahrhundert des Historismus. Alte Bau- und Dekorationsstile wurden studiert, aufgegriffen und schließlich beliebig kombiniert. Ist Saint-Boniface ein Neubau in neugotischem Stil, so wurden viele bestehende gotische Bauten restauriert und dadurch stark verändert wie Notre-Dame du Sablon oder rekonstruiert wie die Maison du Roi an der Grand'Place. Bei Sainte-Catherine sind eklektizistisch Elemente der Romanik, Gotik und Renaissance gemischt; die Grande Synagogue und Sainte-Marie à Schaerbeek stehen für den romanisch-byzantinischen Stil.

Einen städtebaulichen Paukenschlag stellt der ▸ **Palais de Justice** (1866 – 1883) dar. Er ist der größte Brüsseler Bau des 19. Jh.s und durch seine Lage auf dem ehemaligen Galgenberg, dem höchsten Punkt Brüssels, überragt die Kuppel des riesigen Gebäudekomplexes die Stadt. Wie auch an der Börse (1871 – 1873) wurden am Palais de Justice klassizistische und barocke Elemente gemischt. Die Palette des Historismus griff auch außereuropäische Stile auf, sichtbar am Japanischen Turm und am Chinesischen Pavillon im Parc de Laeken von 1900 und bei den Pavillons in maurischem Stil im ▸ **Parc du Cinquantenaire** (1880). Die Neo-Stile wurden von dem umstrittenen König Léopold II. kräftig gefördert, der Brüssel, notabene Hauptstadt der zweiten Industrienation Europas, mehr »grandeur« verleihen wollte. Dazu trug er persönlich mit der Umgestaltung des Palais Royal und des Château de Laeken – dem die kühnen Gewächshäuser aus Glas und Eisen angegliedert wurden –, der Errichtung des Triumphbogens im Parc du Cinquantenaire und dem schlossähnlichen Bau des Kongo-Museums (heute Musée Royal de l'Afrique Central) bei. Der Weitsicht des »Roi-bâtisseur« verdankt Brüssel allerdings auch Parks und einen Grüngürtel, die heute erst recht von unschätzbarem Wert sind.

Malerei und Bildhauerei

Durch die Industrialisierung entstand auch eine breite Arbeiterschicht und damit soziale Probleme. Ihnen widmete sich in seiner Kunst ab 1880 der zum Realismus hin orientierte **Constantin Meunier** (1831 – 1905). Er steht allerdings mitnichten in direkter Tradition der Bauerngenrebilder von Brueghel und Teniers: Die bis dato vorherrschende belgische Kunst, aus der er sich erst lösen musste, war ganz vom Klassizismus geprägt und ließ nur hehre Themen aus Geschichte und Mythologie und Darstellungen der »besseren« Leute zu. Abgesehen von den neuen Sujets aus der Arbeiterwelt erwies sich auch Meunier als Kind des Klassizismus. Seine Figuren sind nicht realistisch, sondern idealisiert – so verzichtete er etwa beim »Dockarbeiter« 1893 nicht auf das klassische Haltungsschema mit Stand- und Spielbein, den sogenannten Kontrapost. Eine große Anzahl seiner Plastiken und Gemälde sind in seinem Brüsseler Wohnhaus (59, Rue de l'Abbaye, ► S. 193) ausgestellt. Sein »Sämann« steht im ehemaligen Botanischen Garten, der »Schnitter« im Parc du Cinquantenaire. Ansonsten aber drückte der Franzose **Jacques Louis David**, der ab 1815 bis zu seinem Tod 1825 im Brüsseler Exil lebte, dem belgischen Klassizismus seinen Stempel auf. Sein berühmtes Bild **»Der ermordete Marat«** hängt in den ► Musées Royaux des Beaux-Arts.

> **?** BAEDEKER WISSEN
>
> *Traditionsreiche Shoppingmall*
>
> Die Galeries Saint-Hubert sind nach der Burlington Arcade in London (1818) und der Galerie d'Orléans in Paris (1831) die drittälteste Einkaufspassage der Welt. Seit 1847 macht es den Menschen großen Spaß, dort zu flanieren und sich die geschmackvollen Schaufenster anzusehen.

James Ensor (1860 – 1949), ein Wegbereiter der Kunst des 20. Jh.s, richtete sein Interesse auf die menschliche Psyche. Er versucht das Dämonische im Menschen einzufangen. Auf »Les Masques scandalisés« (1883; Musées Royaux des Beaux-Arts) sind zwei Menschen durch Faschingsmasken entstellt; die Begegnung ist unheimlich und entbehrt jeglichen Karnevalshumors. Die Masken, ein häufiges Motiv von Ensor, verbergen nicht, sondern offenbaren das wahre Ich der Gestalten. Sein **Hauptwerk »Der Einzug Christi in Brüssel«** (1888) befasst sich mit dem Aufbrechen der sozialen Gegensätze und ist durchdrungen von Allegorien.
Ensor und Meunier, so unterschiedlich ihre künstlerischen Auffassungen waren, gehörten **»Les XX«** an, einer von 1883 bis 1894 bestehenden, sehr heterogenen Künstlervereinigung. Jedes Mitglied konnte frei seinen Intentionen nachgehen, denn es ging der Gruppe um den geistigen Austausch, um gegenseitige künstlerische Befruch-

tung und nicht um eine einheitliche Kunstauffassung. »Die Zwanzig« waren typisch für das experimentierfreudige Klima Brüssels am Ende des 19. Jh.s, sodass Brüssel sowohl für die Entwicklung des Jugendstils als auch des Symbolimus eine zentrale Rolle spielen konnte. Deshalb luden »Les XX« zu ihrem jährlichen »Salon« auch tonangebende ausländische Kollegen ein, etwa Paul Cézanne, Odilon Redon, Auguste Rodin, Georges Seurat oder Vincent van Gogh, der hier 1890 sein einziges Gemälde verkaufte. Zum Rahmenprogramm gehörten Lesungen der aktuellen Dichter und Konzerte der Avantgarde. 1894 – 1914 setzte »La Libre Esthétique« den Austausch fort.

Der **Symbolismus** war eine Antwort auf Realisten und Impressionisten. Die Symbolisten suchten nach dem tieferen Sinn der Dinge, dem verborgenen Wesen des Menschen. Die Bilder von **Fernand Khnopff** (► Berühmte Persönlichkeiten, S. 57) sind introvertiert, melancholisch und zugleich seltsam kühl. Einsamkeit und Stille waren für ihn wichtige Themen, wie seine Bilder »Erinnerungen« (1889), »Stille« (1890) und »Die Kunst« (1896) in den Musées Royaux des Beaux-Arts zeigen.

Jugendstil

Entscheidende Anstöße für die internationale Bewegung des Jugendstils bzw. des Art nouveau gingen von Brüssel aus (► S. 195). **Victor Hortas Hôtel Tassel** in der Rue de Turin von 1892/1893 ist das **erste Bauwerk in reinem Jugendstil**, womit Brüssel zu Recht als die Stadt genannt wird, in der der Art nouveau den Durchbruch schaffte. Der Jugendstil kann als Reaktion auf den Historismus angesehen werden, denn er wandte sich von Vergangenem bewusst ab, missbilligte es gar ausdrücklich. Er zeichnet sich durch zentrale Treppenhäuser, die nahtlos in die Räume übergehen und von Glaskuppeln gekrönt werden, und neue Ornamente aus. Prägend ist die Vorliebe für Asymmetrisches, die frei schwingende Linie, die Aufnahme von organischen, vor allem pflanzlichen Formen in die Ornamentik und den Kult jugendlicher Schlankheit und Frische. Entscheidend war, dass der Art nouveau die ganze Lebenswelt erfassen sollte. So wurden nicht nur die Häuser entworfen, sondern meist die gesamte Innen-

Jugendstilfassade in der Africastraat

ausstattung bis hin zu den Türklinken. Neue Techniken, vor allem Glas- und Metallkonstruktionen, eröffneten vielfältige Gestaltungsmöglichkeiten. Neben Horta gehört **Henry van de Velde** (1863 bis 1957) zu den Brüsseler Architekten von Weltruf, doch arbeitete er ab 1900 vorwiegend in Deutschland.
Die Brüsseler Art-nouveau-Häuser gehören zu den besten dieses Architekturstils. Nur in Brüssel wurde der Jugendstil auch zu einem Massenphänomen. Horta selber entwarf einen Kindergarten, eine Großbäckerei, zwei Kaufhäuser, ein Krankenhaus und mehrere Grabmäler, seine Schüler bauten zahllose Einfamilienhäuser für die Mittelschicht, Geschäfte, Lagerhäuser, Schulen, Sozialwohnungen und Schwimmbäder.

20. UND 21. JAHRHUNDERT

Architektur

Das Palais, das der Wiener **Joseph Hoffmann** 1905 – 1911 für den Brüsseler Bankier Adolphe Stoclet baute, löste einen Schock aus. Zwar handelte es sich noch immer um ein Gesamtkunstwerk, aber die strengere, geometrische Formensprache und stärkere Abstraktion unterschieden sich radikal vom floralen Brüsseler Art nouveau. Bei Victor Horta führte das zu einem Umdenkungsprozess, dessen Resultat er im Hôpital Brugmann (1906 – 1922) und vor allem im Brüsseler Palais des Beaux-Arts (1922 – 1928, ► S. 217) konkretisierte. Damit leitet er völlig logisch zum **Art déco** über, dem letzten luxuriösen Totalstil, von dem es in Brüssel zahlreiche prächtige Beispiele gibt, wie etwa die ► **Villa Empain** (S. 275) von Michel Polak. An der weiteren Entwicklung der Kunst nahm Brüssel eher rezeptiv teil. Anfang der 1930er-Jahre wurde der Internationale Stil aufgegriffen, insbesondere von Absolventen der Hochschule für Architektur und Gestaltung »La Cambre«, die Henry van de Velde 1927 gegründet hatte. Beispiel dafür sind die Wohnanlage am Square De Meeus von Jean-Jacques Eggericx und Raphael Verwilghen (1937), »La Nouvelle Maison« (1927/28), die Villa von Henry van de Velde im Vorort Tervuren sowie dessen »Maison Wolfers« (1930).

Weltausstellung

1935 fand in Brüssel die Weltausstellung auf dem neuen Messegelände Heysel statt. Dessen Zentrum bildet das pyramidal angelegte **Palais du Centenaire**, an dessen Schauseite der Kontrast zwischen Horizontale und Vertikale ausgespielt wird. Die vier gigantischen Betonpfeiler des Mittelbaus und die ausgesprochen massive Sockelgestaltung verleihen dem Bau einen neoklassizistischen, allzu monumentalen Charakter. Das Wahrzeichen der Weltausstellung von 1958 ist das ► **Atomium** von André Waterkeyn. Gestaltet als Modell eines Eisenmoleküls, ist der Bau ganz Zeichen und eher Skulptur denn Architektur.

»Bruxellisation« Neben dem Atomium verdankt Brüssel dieser Weltausstellung aber auch städtebauliche Veränderungen wie die unterirdische Verbindung von Nord- und Südbahnhof. Allerdings konnten diese Neugestaltung und der einsetzende Bauboom für Verwaltungsarchitekturen – nachdem Brüssel auch Sitz der Europäischen Institutionen und der NATO geworden war – nur auf Kosten historischer Bausubstanz durchgesetzt werden. Ganze Häuserblocks fielen der Abrissbirne zum Opfer, und wo dies nicht möglich war, setzte man die Neubauten einfach in die unmittelbare Nachbarschaft. Diese Vorgehensweise, unter dem Stichwort »Bruxellisation« berüchtigt geworden, zeitigte das heute so zerrissen wirkende Stadtbild Brüssels mit teilweise unwirklich anmutenden Plätzen, wo historische Gebäude von riesigen Bürohochhäusern geradezu erdrückt werden, wie etwa am Boulevard de l'Empereur oder am ▸ Théâtre Royal de la Monnaie (S. 273).
Typische Bauwerke dieser Zeit sind das **Palais Berlaymont**, das Gebäude der Banque Lambert (heute ING, Avenue Marnix; Skidmore, Owings & Merrill, 1958) – interessant als Durchbruch einer neuen Tendenz, denn die Außenwände sind wieder tragend und das Stahlbetonraster lässt Öffnungen für Fenster –, ansonsten blieb aber die von Mies van der Rohe initiierte vorgehängte Glasfassade entscheidendes Gestaltungsprinzip der Hochhäuser.
Die in den 1980er-Jahren einsetzende **Postmoderne** hat auch in Brüssel Spuren hinterlassen. Das Institut Supérieur de Commerce Saint-Aloysius von Hoppenbrouwers (1983 – 1987) ist nur ein Beispiel, ebenso die Gebäude des Europaparlaments, ganz im Geiste der »Bruxellisation« auf Kosten des Quartier Léopold aus der Belle Époque errichtet. Als eher gelungen im Sinne einer guten Stadtsanierung kann man dagegen das »Manhattan«-Viertel beim Nordbahnhof ansehen, wo zwar kühle Architektur wie beispielsweise die mächtigen Belgacom Towers entstand, aber sie wurde immerhin anstelle eines recht heruntergekommenen Viertels errichtet.

Malerei Von den Brüsseler Künstlern des 20. Jh.s sind zwei Surrealisten hervorzuheben. **Paul Delvaux** (1897 – 1994) stellt Menschen – meist sind es weibliche Akte – in architektonische Zusammenhänge, die Figuren sind ihrer Umgebung aber fremd, auch in der Begegnung vereinzelt, im Wesentlichen auf sich selbst bezogen. International angesehener und auch viel bekannter ist **René Magritte** (1898 – 1967, ▸ S. 222). Er kombiniert Gegenstände, Welten und Figuren neu, verändert natürliche Größenverhältnisse und Farbgebungen, sodass verfremdende Effekte entstehen. Auch setzt er die Malerei selbst surrealistisch ein, indem er Bilder ins Bild setzt, nahezu fotorealistisch Erfasstes mit stark Abstrahiertem kombiniert. Magritte hinterfragt durch seine Bildarrangements die Sehgewohnheiten und Realitätsvorstellungen des Betrachters, um ihn zu verwundern. 1948 – 1951 war Brüssel eines der Zentren der sogenannten **CoBrA-Gruppe**. Die

Schön? Auf jeden Fall zweckmäßig und auffallend: die Belgacom Towers

Künstler, darunter die Belgier Pierre Alechinsky (1927) und Pol Bury (1922 – 2005), griffen, als Reaktion auf den Krieg, Elemente primitiver Kulturen, der Kindersprache und dem Art brut auf. Der Brüsseler Christian Dotremont (1922 – 1979) war Theoretiker und Sekretär der Bewegung. In den 1960er- und 1970er-Jahren zählte **Marcel Broodthaers** (1924 – 1976) zur europäischen Avantgarde. Magritte betrachtete ihn als seinen »Erben«. Broodthaers lotete, je länger desto mehr, in aufwendigen Installationen das Verhältnis von Wort und Bild und das von Kunst und ihrer Repräsentation aus. Dabei griff er gerne auf Recycling-Materialien zurück.

Kunst in der Métro

Kunst in (U-)Bahnstationen gibt es inzwischen zwar auch in anderen Städten, aber so konsequent umgesetzt wie in Brüssel wurde dieses Konzept – die Untergrundbahn als Galerie zeitgenössischer Kunst – sonst nirgendwo! Als 1965 der Bau der Brüsseler Untergrundbahn begann, engagierte man Künstler für deren Gestaltung. So entstanden in fast allen Haltestellen unter dem Motto »Art dans le Métro« bzw. »Kunst in de Métro« Kunstwerke aus vielfältigen Techniken und Materialien. Wer also eine Reise durch die **zeitgenössische belgische Kunst** unternehmen will, setzt sich einfach in die Métro und fährt die Stationen ab.

Kulturstadt Brüssel

Eine so vielseitige und international ausgerichtete Stadt wie die belgische Hauptstadt verfügt naturgemäß über ein breites kulturelles Spektrum.

Musik

Einen weitgehend unbekannten, nichtsdestotrotz entscheidenden Beitrag zur Musikgeschichte hat Brüssel beigesteuert. Charles-Auguste de Bériot (1802 – 1870), einer der meistgefeierten Geiger seiner Zeit, begründete als Professor (1843 – 1852) am Conservatoire Royal de Musique die **belgische Violinschule**. Typisch sind die hochmusikalische Interpretation und ein warmer, intensiver Klang. De Bériots Meisterschüler Henri Vieuxtemps (1820 – 1881) festigte den Ruhm dieser Schule, u. a. mit sieben Violinkonzerten. Danach setzte Eugène Ysaye (1858 – 1931) die Tradition fort, der letzte in diesem Sinne international herausragende Geiger war Arthur Grumiaux (1921 bis 1986). Die noch immer hervorragende Musikhochschule ist ein fester Bestandteil der Brüsseler Musikszene, der bedeutendsten Belgiens.

Nicht weniger als vier große Sinfonieorchester sind hier ansässig; das Opernhaus (Théâtre Royal de la Monnaie) ist in den 1980er-Jahren unter der Ägide von **Gérard Mortier** ein Haus von europäischem Rang geworden, den es als Ballettbühne durch das von 1967 bis 1987 ansässige »Ballett des 20. Jahrhunderts« von **Maurice Béjart** schon genoss. Mortiers Nachfolger Bernard Foccroulle engagierte zwei Generalmusikdirektoren von absolutem Weltrang, nämlich Antonio Pappano (heute Generaldirektor des Royal Opera House Covent Garden in London und Chefdirigent des römischen Orchestra dell' Accademia Nazionale di Santa Cecilia) und Kazuchi Ono. Bis zu seinem Abschied von der Opernbühne 2010 trat der international gefragte, aus Brüssel stammende Bass-Bariton José van Dam regelmäßig in La Monnaie auf. Zu den schwierigsten Musikwettbewerben der Welt zählt der **Concours Reine Elisabeth**, der jedes Jahr im Mai stattfindet.

? BAEDEKER WISSEN

Freimaurer in Brüssel

Freimaurer – insbesondere die der Loge Grand Orient de Belgique – haben entscheidend das liberale, offene Brüssel geprägt: 1834 mit der Gründung der Freien Universität (ULB), etwas später mit der Gründung der Liberalen Partei, dann mit der Gründung der Belgischen Arbeiterpartei. Der Brüsseler Jugendstil wäre ohne sie nicht denkbar: Hankar und Horta waren Logenbrüder, ihre Auftraggeber und die Bürgermeister, die Schulen, Krankenhäuser und Sozialwohnungen etc. bauen ließen, ebenfalls.

Von Chanson bis Worldmusic

Einer der berühmtesten Chansonniers der Nachkriegszeit, **Jacques Brel** (▸ Berühmte Persönlichkeiten, S. 55), stammte aus Brüssel, doch Karriere machte er in Paris. In Brüssel geboren wurde auch der in den USA lebende Gitarrist und Mundharmonika-Virtuose **Jean »Toots« Thielemans**. Die gesamte Jazz-, Pop-, Rock- und World-Music-Szene ist lebendig und abwechslungsreich.

Klassische Literatur

Mancher Literat hat Brüssel besucht und in seinen Werken verewigt, doch nur wenige haben hier länger gelebt. Einer der ersten war der aus Florenz verwiesene **Petrarca**. 1851 traf **Victor Hugo** ein, der nach dem Staatsstreich in Frankreich geflohen war und zehn Jahre später in Waterloo »Les Misérables« (»Die Elenden«) abschloss; **Alexandre Dumas père** kam im selben Jahr an, die Gläubiger auf den Fersen. Ebenso erging es **Charles Baudelaire**. Andere kamen freiwillig: **Honoré de Balzac**, **Lord Byron** oder **Charlotte Brontë**, die das Mädchenpensionat Héger-Parent an der Rue Ravenstein besuchte und sich unglücklich in ihren Lehrer verliebte – verschlüsselt nachzulesen in »Villette«. Schlagzeilen machten **Arthur Rimbaud** und **Paul Verlaine** (▸ Baedeker Wissen S. 53).
1859 schrieb der niederländische Exkolonialbeamte **Multatuli** (Eduard Douwes Dekker) in einer Pension seinen Roman »Max Havelaar oder die Kaffeeversteigerungen der Niederländischen Handelsgesellschaft«, eine ätzende Anklage der Kolonialpolitik in einem avantgardistischen Montagestil. Um die folgende Jahrhundertwende wuchs **John Dos Passos** in Brüssel auf, was er später in einem Büchlein »Bruxelles en forme de cœur« festhielt. 1912 – 1918 lebten **Carl und Thea Sternheim** im Vorort La Hulpe. Bis zum Ausbruch des Kriegs waren sie eng mit **Ernst Stadler** befreundet, der 1910 – 1914 Professor für deutsche Literatur an der Freien Universität war. Zu diesem Kreis gehörten auch Künstler wie der Dichter Emile Verhaeren. Während des Kriegs trafen sich in Sternheims Villa »Clairecolline« die Schriftsteller, die bei der deutschen Besatzungsmacht arbeiteten: **Gottfried Benn**, der in Brüssel »Gehirne« verfasste, die zum Teil in den Marollen spielen, Otto Flake oder **Carl Einstein**, der im Kongo-Museum afrikanische Legenden und Gedichte entdeckte und übersetzte. Carl Sternheim starb 1942 in Brüssel und ist auf dem Cimetière d'Ixelles beigesetzt.
Zu den bekanntesten Emigranten zählt **Jean Améry**. Er floh 1938 aus Wien nach Antwerpen, ließ sich in Brüssel nieder und engagierte sich im Widerstand. 1943 wurde er verhaftet und überlebte die Konzentrationslager Auschwitz, Buchenwald und Bergen-Belsen. Von 1945 bis zu seinem Freitod 1978 lebte er in Brüssel, wo er Essaybände wie »Jenseits von Schuld und Sühne«, »Unmeisterliche Wanderjahre«, »Örtlichkeiten« oder »Hand an sich legen« schrieb.
Bekannte jüngere belgische Schriftsteller, die in Brüssel geboren sind oder (teilweise) leben, sind **Amélie Nothomb** (»Böses Mädchen«

spielt vor dem Hintergrund ihrer Studienjahre an der Freien Universität), **Jean-Philippe Toussaint** und **François Weyergans**, der 2009 als erster Belgier Mitglied der Académie française wurde. Der französische Erfolgsautor **Eric-Emmanuel Schmitt** übersiedelte 2002 nach Brüssel und nahm 2008 die belgische Staatsbürgerschaft an.

Tanz Auch nach Maurice Béjart (und der Schließung seiner Schule Mudra) ist Brüssel eines der wichtigsten Zentren des modernen Tanzes geblieben. Im Mittelpunkt steht **Anne Teresa De Keersmaeker** mit ihrer neuen Schule P.A.R.T.S, die inzwischen zahlreiche Choreografen hervorgebracht hat. In der Chapelle des Brigittines findet jedes Jahr ein internationales Festival statt; andere Säle – La Balsamine, Halles de Schaerbeek, Kaaitheater, Théâtre Varia – bringen während der Saison regelmäßig Tanzvorstellungen.

Mode Seit 1986 hat die von Henry van de Velde gegründete **Hochschule La Cambre** wieder eine Modeabteilung. Ihre Absolventen werden inzwischen international so hoch gehandelt wie die der Antwerpener »Modeacademie«. Zur jährlichen »Show de La Cambre« im Juni reist die tonangebende Fachwelt an und »Modo Bruxellae« setzt sich erfolgreich für junge Talente ein (▸ Baedeker Wissen S. 117).

Zirkus Wer hätte das gedacht: Brüssel ist **internationale Spitze in der Zirkuswelt**. In Brüssel gibt es sowohl eine große, erfolgreiche städtische Zirkusschule (École de Cirque de Bruxelles) als auch die École supérieure des Arts du Cirque (ESAC), die zu den besten Ausbildungsstätten der Welt gehört. Der Éspace Catastrophe bietet in den ehemaligen Kühlhallen von Saint-Gilles eine entsprechende Weiterbildung, aber auch ein Sprungbrett zwischen Ausbildung und Profileben und organisiert zweimal jährlich Festivals, die bei Kennern hoch angeschrieben sind (www.catastrophe.be). Auf dem Programm der Halles de Schaerbeek steht poetischer Zirkus ganz oben.

Universitäten Die 1834 von Freimaurern (▸ Musée belge de la Franc-maçonnerie und ▸ Musée de L'Architecture de la Loge) gegründete **Freie Universität Brüssel** (Université Libre de Bruxelles/Vrije Universiteit van Brussel) ist die führende Hochschule der Stadt. An ihr lehrten Friedensnobelpreisträger Henri La Fontaine (▸ Berühmte Persönlichkeiten S. 57), die Medizinnobelpreisträger Jules Bordet und Albert Claude, der Chemienobelpreisträger Ilya Prigogine, der Logiker Chaim Perelman und der Politikwissenschaftler Georges Goriely. Heute genießt die Universität Weltruf in der Reproduktionsmedizin. Von allen Fakultäten gibt es eine französischsprachige und eine niederländischsprachige Abteilung. Im Stadtbezirk Woluwé-Saint-Lambert befinden sich die Medizinische Fakultät und das Klinikum der Université Catholique de Louvain (UCL, Louvain-la-Neuve).

Skandal in Brüssel

Der Brüsseler Aufenthalt der Dichter Rimbaud und Verlaine hat zunächst Skandal-, später aber auch Literaturgeschichte geschrieben.

Paul Verlaine (1844 – 1896), **einer der bedeutendsten Lyriker Frankreichs**, wuchs in Paris auf. Als junger Mann gehörte er zum Dichterkreis der Parnassiens. Kurz nach seiner Hochzeit 1870 lernte er Arthur Rimbaud (1854 – 1891) kennen und verliebte sich in den **frühreifen Dichter**, der bereits »Das trunkene Schiff« verfasst hatte. Verlaine verließ seine Familie und vagabundierte mit dem Geliebten durch Nordfrankreich und Belgien nach London. Die Beziehung war geprägt von Alkoholrausch und Eifersuchtsszenen. Entnervt reiste Verlaine nach Brüssel, doch wenige Tage später flehte er Rimbaud an, nachzukommen. Der tat es.

Rimbaud

Am 10. Juli 1873 drohte Rimbaud mit der endgültigen Trennung. Der betrunkene Verlaine schoss auf ihn und verletzte ihn an der Hand. Das Krankenhaus meldete den Vorfall der Polizei, Verlaine wurde zu zwei Jahren Gefängnis verurteilt. Rimbaud verarbeitete seine Erlebnisse bereits ab April 1873 in »Eine Zeit in der Hölle«. Die revolutionäre lyrische Prosa mit gewagten Wortschöpfungen erschien im Oktober 1873 in Brüssel. Sie wurde zusam-

men mit den 1872 – 1875 entstandenen, sprachlich ebenso kühnen »Illuminationen« zu einem Kultwerk der deutschen Expressionisten, französischen Surrealisten und angelsächsischen Beat-Poets. Nach 1875 schrieb Rimbaud nicht mehr. Rastlos reiste er u. a. als Söldner nach Sumatra und als Händler nach Äthiopien und Aden. Er starb in Marseille an Knochenkrebs.

Verlaine

Paul Verlaine wandte sich im Gefängnis dem Katholizismus zu und von der konventionellen Dichtkunst ab. In freien Versen hielt er Seelenregungen fest, aber auch religiöse Ekstase und obszöne Sexualität. So wurde er zum wichtigsten Dichter des Symbolismus. In seinem Essay »Les poètes maudits« pries er unter anderem Rimbaud. Nach einer unglücklichen Liebesaffäre mit dem jugendlichen Lucien Létinois verfiel er wieder dem Alkohol. Einerseits verarmte er, andererseits wurde er mit Ehrungen überhäuft. Frankreichs gesamte Kulturelite kam zum Begräbnis des »Prince des Poètes«.

Berühmte Persönlichkeiten

CHANTAL AKERMAN (GEB. 1950)

Filmemacherin und Autorin

Am 6. Juni 1950 kam Chantal Akerman in Brüssel als Tochter jüdischer Einwanderer zur Welt. Der Vater hatte die deutsche Besatzung in einem Versteck überlebt, die Mutter kam als eine der wenigen Überlebenden aus Auschwitz zurück. »Jeanne Dielman, 23 quai du Commerce, 1080 Bruxelles« (1975), dreieinhalb Stunden mit langen, stillen Sequenzen über eine Hausfrau, die sich prostituiert, verschaffte ihr schlagartig Kultstatus. Ebenfalls in Brüssel drehte sie 1982 »Toute une nuit«. »La Captive« ist die faszinierende Umsetzung von Marcel Prousts »Die Gefangene«, »Demain on déménage« (2004) ist dagegen stark autobiografisch getönt.
Chantal Akerman hat bisher **mehr als 40 Spiel-, Dokumentar- und Fernsehfilme** gedreht sowie mehrere Theaterstücke und die autobiografische Erzählung »Une famille à Bruxelles« geschrieben. Nach mehreren Jahren Aufenthalt in New York lebt sie heute überwiegend in Paris.

JACQUES BREL (1929 – 1978)

Sänger und Schauspieler

Jacques Brel, in Paris berühmt geworden, wurde am 8. April 1929 in Schaerbeek in der Avenue du Diamant 138 geboren. In seinen Liedern wie »Amsterdam«, »Les Flamandes«, »Ne me quitte pas« oder »Marieke«, die er mit markanter Stimme und großem körperlichem Einsatz vortrug, sang er von Matrosen, Prostituierten, kleinen Leuten, den Frauen und seiner belgischen Heimat – und oft genug sprach aus seinen Texten die Verachtung gegen bürgerliche Spießer und Bigotterie. Am 15. November 1966 gab er im Brüsseler Palais des Beaux-Arts sein Abschiedskonzert für sein belgisches Publikum und widmete sich fortan der Schauspielerei. Wegen einer schweren Krankheit zog er sich ab 1975 mit kurzen Unterbrechungen in die Südsee zurück. Er starb am 9. Oktober 1978 in Paris; begraben wurde er aber auf der Marquesas-Insel Hiva-Oa, nicht weit entfernt vom Grab von Paul Gauguin.

> **! BAEDEKER TIPP**
>
> *Brel live*
>
> Jacques Brel, wie er sang und vor allem wie er sich auf der Bühne bewegte, zeigen die drei DVDs »Brel. Comme quand on était beau« mit Bildern legendärer Konzerte (Barclay/Universal). Ein Muss für Fans des Barden!

Seine Brüsseler Lieblingsorte waren die Place de la Brouckère, die er in »Bruxelles« besang, die Restaurants »Taverne du Passage«, »Aux Armes de Bruxelles« und »À la Mort Subite«.

Ein waschechter Brüsseler: Jacques Brel

CHARLES DE COSTER (1827 – 1879)

Schriftsteller

Für Charles de Coster, am 10. August 1827 in München geboren, doch seit früher Kindheit in Brüssel lebend, kam der Ruhm erst nach dem Tod. Zeit seines Lebens musste er um seine Existenz bangen und erst 1870 kam er als Deutschlehrer an der Brüsseler Militärschule zu einem gesicherten Einkommen. Mit **»La Légende d'Ulenspiegel«**, an der er zehn Jahre schrieb, schuf er in derber, bildkräftiger Sprache ein literarisches Denkmal für den Freiheitskampf der Spanischen Niederlande, in dessen Mittelpunkt der Spötter und Tyrannenfeind Thyl Ulenspiegel aus dem flandrischen Damme und dessen Freund Lamme Goedzak stehen.

HERGÉ (1907 – 1983)

Comic-Zeichner

Jeder Belgier kennt den flinken Reporter **Tintin** und seinen Hund Milou (in Deutschland bekannt als Tim und Struppi), die, unterstützt von Captain Haddock und Professor Bienlein, den Bösewichtern dieser Welt das Handwerk legen. Der Vater dieser bunten Comic-Männchen wurde am 22. Mai 1907 in Etterbeek geboren und hieß **Georges Remi**. Er drehte einfach die Anfangsbuchstaben seiner Namen um und brachte es als »Hergé« (RG) zu Belgiens bedeutendstem Comic-Zeichner, **stilbildend für ganze Generationen von Nachfolgern**. Hergés Bildgeschichten bestechen durch ihre Präzision: Sei es die Kleidung der Figuren, seien es Flugzeuge, Autos, Straßenzüge oder technische Geräte – alles ist eine exakte Wiedergabe des Orts und der Zeit, in der die Geschichten spielen, ohne dabei den einfachen Strich des Comics zu vergessen. Hergé ist allerdings nicht unumstritten. War die erste Geschichte »Tintin au pays de Soviets« holzschnittartig-derb antikommunistisch, so beförderte »Tintin au Congo« deutlich imperial-rassistisches Gedankengut. Auch Hergés Haltung zur deutschen Besatzungsmacht im Zweiten Weltkrieg hat ihm mancher Belgier übelgenommen. Der Popularität und der Klasse seiner Bildergeschichten aber hat dies bis heute keinen Abbruch getan – immer wieder wird »Tintin« aufgelegt, inzwischen gibt es »Das Geheimnis der Einhorn« sogar als Animationsfilm.

Hergés Geschöpfe: Professor Bienlein, Tim und Captain Haddock

VICTOR HORTA (1861 – 1947)

Architekt

Der am 6. Januar 1861 in Gent geborene Victor Horta war einer der richtungweisenden Architekten des ausgehenden 19. und der ersten Hälfte des 20. Jahrhunderts. Mit dem als Gesamtkunstwerk konzipierten Hôtel Tassel begründete er 1893 L'Art nouveau, den **floralen belgischen Jugendstil**. Den Höhepunkt bilden das Hôtel Solvay, das Hôtel van Eetvelde und die Maison du Peuple. Die Parteizentrale der Belgischen Arbeiterpartei POB mit einem spektakulären Saal fiel 1965 der »Bruxellisation« (► S. 48) zum Opfer. Das Hôpital Brugmann (erbaut 1906 – 1923) weist bereits Elemente des späteren Art déco auf, zu dessen Glanzleistungen das von Horta entworfene Palais des Beaux-Arts (1922 – 1928) zählt. In der Gare Centrale, seinem letzten, zu Lebzeiten nicht mehr vollendeten Werk, näherte er sich dem Internationalen Stil an. Die weiten Treppen mit breiten Absätzen von den unterirdischen Bahnsteigen zur immensen Halle, der das zeltförmige Glasdach Licht spendet, sind archetypisch für seine Grundideen. Leben und Werk des Architekten sind in seinem Wohnhaus (► Musée Horta S. 202) dokumentiert.

FERNAND KHNOPFF (1858 – 1921)

Künstler

Der am 12. September 1858 in Grimbergen bei Brüssel geborene Künstler gilt als **Hauptmeister des belgischen Symbolismus**. Nach einem Jurastudium hielt sich Khnopff in Paris auf, wo ihn besonders Eugène Delacroix und Gustave Moreau faszinierten. Die größten Erfolge konnte der bereits zu Lebzeiten gefeierte Künstler um die Wende vom 19. zum 20. Jh. mit Ausstellungen bei den Wiener Sezessionisten verzeichnen. 1902 ließ sich Khnopff in Brüssel einen weißen Jugendstilmarmorbau errichten, in dessen Abgeschlossenheit Buchillustrationen, Skulpturen und Gemälde entstanden, vor allem jene seltsamen Frauenfiguren, die dem Leben entrückt zu sein scheinen und die immer wieder mit denselben Attributen auftauchen: einer Lilie und einer Elfenbeinmaske von Hypnos, dem Gott des Schlafes und Bruder des Todes.

HENRI LA FONTAINE (1854 – 1943)

Völkerrechtler

Der am 22. April 1854 in Brüssel geborene Jurist und Politiker (von 1895 bis 1936 gehörte er, mit zwei kurzen Unterbrechungen, dem belgischen Senat an) zählte zu den tonangebenden Figuren der internationalen Friedensbewegung. Als Mitglied der Interparlamentarischen Union arbeitete La Fontaine konkrete Pläne für eine Weltregierung, eine Weltbank und einen Internationalen Gerichtshof aus:

Die beiden Letzteren entstanden später tatsächlich. 1895 gründete er mit dem Brüsseler Rechtsanwalt Paul Otlet das Internationale Bibliographische Institut. Es sollte das gesamte verfügbare Wissen erfassen und frei zugänglich machen – eine Art Vorläufer des Internets –, um Verständigung und Frieden zu fördern. En passant führte es die Norm für Karteikarten ein. 1907 rief La Fontaine die Union der Internationalen Organisationen ins Leben und wurde Präsident des Internationalen Friedensbüros. Für seine Bemühungen erhielt er **1913 den Friedensnobelpreis**. Innenpolitisch setzte er sich für ein gerechtes Schulwesen, die Gleichberechtigung von Frauen und die 40-Stunden-Woche ein. 1893 – 1940 lehrte der Freimaurer an der Freien Universität Brüssel.

MARIA VON BURGUND (1457 – 1482)

Herzogin von Brabant

Maria von Burgund, am 13. Februar 1457 in Brüssel geboren, war die **Erbtochter von Karl dem Kühnen** und die letzte burgundische Herrscherin in Brabant. Sie wurde 1477 zur Herzogin erhoben und heiratete im selben Jahr den späteren deutschen Kaiser Maximilian I. Nach ihrem Tod bei einem Jagdunfall am 27. März 1482 fiel ihr burgundisches Erbe an ihren Ehemann und damit an das Haus Habsburg. Der Ehe mit Maximilian entstammten Philipp I. (der Schöne) von Kastilien und Margarete von Österreich.

KARL MARX (1818 – 1883)

Begründer des Kommunismus

Das an Ausweisungen und Exilen reiche Leben von Karl Marx, der am 5. Mai 1818 in Trier geboren wurde, verschlug ihn 1845 nach Brüssel, wo er mit seiner Familie bis zur erneuten Ausweisung 1848 blieb. Er kam allerdings aus Paris, von wo er wiederum – auf Drängen der preußischen Regierung – wegen zweier antipreußischer Artikel im Pariser »Vorwärts« ausgewiesen worden war. Mehrfach wechselte er mit seiner Frau Jenny, seiner Tochter und der Haushälterin Lenchen Demuth die Wohnung in Brüssel; u. a. lebte die Familie auch in der heutigen **Maison du Cygne** an der ▸ Grand'Place. In Brüssel wurden Tochter Laura und Sohn Edgar geboren; hier verfasste er zusammen mit Friedrich Engels u. a. die »Deutsche Ideologie« und das »Elend der Philosophie«, gründete die »Deutsche Brüsseler Zeitung« und veröffentlichte im Februar 1848 das **»Manifest der Kommunistischen Partei«**, das jedoch in der gleichzeitig stattfindenden Revolution kein großes Echo fand. Dennoch war damit die Grenze des Großmuts der Brüsseler und der belgischen Politiker – die ihn ständig beschatten ließen – überschritten: Anfang März wurde die Familie Marx aus Belgien ausgewiesen; Jenny Marx, die den

Lebensunterhalt bestritt, wurde gar für eine Nacht im Brüsseler Stadtgefängnis, dem heutigen Hotel Amigo, festgehalten. Über Köln und Paris kam Marx 1849 schließlich nach London.

RENÉ PECHÈRE (1908 – 2002)

Garten-architekt

Über 900 Parks und Gärten hat der am 12. Februar im Stadtbezirk Ixelles geborene René Pechère in ganz Europa gestaltet oder restauriert, darunter die des Berliner Hansaviertels (1957), des Mont des Arts in Brüssel (1958), des niederländischen Königsschlosses Het Loo (1974) und der Villa Hammerschmidt in Bonn (1976). Sein Stil zeichnet sich durch harmonische Strukturen, überraschende Perspektiven und Buchsbaum, Efeu oder Eibe statt Blumenbeete aus. Pechère, der dieses Fach in der Praxis beim Stadtgartendirektor Jules Buyssens gelernt hatte, setzte sich für einen vollwertigen Studiengang Gartenarchitektur ein. 1947 – 1978 unterrichtete er an der Hochschule La Cambre, 1962 – 1989 an den Écoles d'art américaines in Fontainebleau. In Zusammenarbeit mit der deutschen Publizistin Gerda Gollwitzer hatte er 1968 entscheidenden Anteil am Zustandekommen des Internationalen Komittees für historische Gärten und Landschaften. Er stand 1981 an der Wiege der UNESCO-Charta von Florenz mit Leitlinien für den Unterhalt, die Restaurierung und Öffnung historischer Gärten. Pechère war der Ziehvater Dutzender Gartenarchitekten. Den kommenden Generationen hinterließ er seine öffentlich zugängliche Bibliothek mit ca. 8000 Fachbüchern und rund 3000 Plänen aus mehreren Jahrhunderten und die Summe seines Wissens in Form der »Grammaire des jardins, secrets de métier«.

? BAEDEKER WISSEN

Audrey Hepburn

Die berühmte Schauspielerin eine berühmte Brüsselerin? Immerhin: Audrey Hepburn, Darstellerin der kapriziösen Holly Golightly in Frühstück bei »Tiffany« und der Eliza Doolittle in »My Fair Lady«, Tochter eines Briten und einer Niederländerin, wurde als Edda van Heemstra Hepburn-Ruston am 4. Mai 1929 in Brüssel geboren und verbrachte dort ihre erste Lebenszeit.

PAUL-HENRI SPAAK (1899 – 1972)

Politiker

Der Sozialist Paul-Henri Spaak, am 25. Januar 1899 in Schaerbeek geboren, war der bedeutendste belgische Politiker der Nachkriegszeit. Von 1936 diente er seinem Land – mit wenigen Unterbrechungen – bis 1966 insbesondere als **Außenminister** (1940 – 1944 im Londoner Exil) und war 1938/39, 1946 und von 1947 bis 1949 **Premierminister**. In seiner Londoner Zeit arbeitete er an der Schaffung der Benelux-Zollunion, 1945 beteiligte er sich an der Ausarbeitung der UN-Charta und 1946 war er **Präsident der ersten UN-Vollversammlung**. Spaak hatte entscheidenden Einfluss auf den Thronverzicht von König Léopold III. In den 1950er-Jahren war er ein Motor der europäischen Integration: Die Montanunion und die Gründung von EWG und EURATOM tragen die Handschrift von Paul-Henri Spaak, der, nachdem er von 1957 bis 1961 noch **Generalsekretär der NATO** gewesen war, als Außenminister bis 1966 sein letztes politisches Amt bekleidete.

ANDREAS VESALIUS (1514 – 1564)

Arzt und Anatom

Die moderne Medizin wäre ohne Andreas Vesalius, flämisch Andries van Wesel, nicht denkbar. Der Sohn des Hofapothekers Karls V. wurde am 31. Dezember 1514 in Brüssel geboren und studierte in Leuven, dann in Padua Medizin und Anatomie, wo er von 1537 an auch lehrte und forschte. Sein 1543 erschienenes, reich und sorgfältig illustriertes Buch »De humanis corporis fabrica, libri septem« gilt als das **erste vollständige Lehrbuch der menschlichen Anatomie**. Die Leistung von Andreas Vesalius beruht vor allem in seiner Skepsis gegenüber den bis dahin gültigen Lehren des antiken Galen, der lediglich aus der Sektion von Tierkadavern auf die menschliche Anatomie geschlossen hatte, und in seinem Mut, der katholischen Kirche zu trotzen und Sektionen selbst vorzunehmen. Die Leichen für seine Forschungen besorgte er sich u. a. heimlich nachts vom Brüsseler Galgenberg, wo heute der Justizpalast steht. Nach der Veröffentlichung des Buchs machte ihn Kaiser Karl V. zu seinem Leibarzt. Mit dem spanischen Hof reiste Vesalius durch Europa; von 1553 bis 1556 lebte er noch einmal in Brüssel. Er starb am 15. Oktober 1564 auf der griechischen Insel Zakynthos auf der Rückkehr von einer Pilgerreise nach Jerusalem.

Ein Wegbereiter der modernen Medizin: Andreas Vesalius

ROGIER VAN DER WEYDEN (UM 1400 – 1464)

Maler

Das erste gesicherte Datum aus dem Leben des Renaissancemalers Rogier van der Weyden ist das Jahr 1427, in dem er in Tournai eine Lehre bei Roger Campin absolvierte, dem sogenannten Meister von Flémalle, der seinerseits Schüler von Jan van Eyck gewesen war. Ab 1435 unterhielt van der Weyden ein großes Atelier als **Stadtmaler in Brüssel**. Um die Jahrhundertmitte unternahm er mehrere Italienreisen und schuf 1460 für die Kirche St. Kolumba in Köln den »Dreikönigsaltar« (heute in München), kehrte jedoch immer wieder nach Brüssel zurück, wo er am 18. Juni 1464 auch starb. Sein Grab befindet sich in der Kathedrale St-Michel.

Seine Neuerung liegt vor allem darin, dass er von der Statik der Figuren abrückte hin zu einer Dramatisierung des Geschehens. Van der Weyden signierte seine Bilder nicht, weshalb eine Zuordnung sehr schwer ist. Als bedeutendstes Werk gilt die Altartafel mit der »Kreuzabnahme« im Escorial bei Madrid; in Brüssel sieht man in den Musées Royaux des Beaux-Arts u. a. seine »Beweinung Christi« und einige Adelsporträts. Die Gemälde für das Rathaus von Brüssel gingen 1695 beim Beschuss durch die Franzosen verloren.

MARGUERITE YOURCENAR (1903 – 1987)

Schriftstellerin

Die am 8. Juni 1903 in Brüssel geborene Verfasserin psychologisierender Romane und Novellen, eigentlich Marguerite de Crayencour, wurde 1980 als **erste Frau in die Académie française** gewählt. Ihr bekanntestes Werk sind die imaginären »Mémoires d'Hadrien« (»Ich zähmte die Wölfin«). In »Gedenkbilder«, dem ersten Band ihrer Familiengeschichte, in dem das Adelsgeschlecht ihrer Mutter an zentraler Stelle steht, spielen viele Szenen im Brüssel der Belle Époque.

Trinité
75 % Caca

ERLEBEN UND GENIESSEN

Ausgesuchte Pralinen hier, einzigartige Biersorten dort: Die kulinarische Bandbreite in Brüssel ist groß. Shopper, die das Besondere suchen, kommen ebenso auf ihre Kosten wie diejenigen, die Wert auf eine ausgesuchte Unterkunft legen.

Am Abend

Ausgehen in Brüssel

Ein Klischee besagt, dass man in Brüssel zwar gut essen und trinken kann, ansonsten jedoch wenig geboten bekommt. Dieses Klischee traf noch nie zu. Wohl aber ist Brüssel in den letzten Jahren multikultureller und jünger geworden.

Klischee und Wirklichkeit

Brüssel ist schließlich eine alte Universitäts- und Studentenstadt, hier sind seit jeher Intellektuelle, Künstler und Bohémiens heimisch. Cinemathek und Studiokinos verwöhnen seit Langem schon die Filmfans, klassische Musik und Oper, Tanz und Theater stehen nicht erst seit gestern auf einem hohen Niveau. Chanson, Jazz, Pop, Rock und World Musik boomen. Richtig neu ist eigentlich nur das große Spielcasino. Im Gefolge einer regelrechten Stadtsucht sind neue Trendviertel, Trendlokale und Trends wie Wine- und Cocktailbars oder DJs und Live-Auftritte am späten Abend entstanden.

Angesagt

In den Lokalen von Rue Archimède und Rue Stévin neben der EU-Kommission entspannen sich EU-Beamte und Lobbyisten nach der Arbeit, unter anderem im mythischen »James Joyce«, Brüssels ältestem irischen Pub. Die nahe gelegene, hübsche Place Jourdan holt auf, während die jungen Praktikanten und Assistenten die Place du Luxembourg vor dem Europaparlament erobert haben. Insbesondere am Donnerstagabend herrscht hier Highlife. Zusehends genießen sie auch das rauere Nachtleben im afrikanischen Matonge-Viertel. Im Viertel der jungen Modeschöpfer, Designer und Filmemacher holen Trendlokale in der Rue des Chartreux, der Rue de Flandre und am Ende der Rue Antoine Dansaert auf.
Modebewusste Brüsseler und Expats tummeln sich um die Place du Châtelain im Stadtbezirk Ixelles. Dort beginnt das Wochenende bereits am späten Mittwochnachmittag. Auf dem beliebten Markt, der bis 20 Uhr dauert, werden die ersten Gläser Champagner, Cava und Crémant geschlürft. Dezenter geht es auf der Place Flagey zu. Im legendären »Café Belga« im Alten Funkhaus und in schicken oder schrägeren Winebars in der Chaussée du Vleurgat und der Rue Lesbroussart trifft sich ein intellektuelles, kosmopolitisches Publikum. Zum Szenetreff mit einem gewissen alternativen, grünen Touch hat sich der Parvis de Saint-Gilles im gleichnamigen Stadtteil entwickelt. Und schon setzt sich die Dynamik auch hier fort, über die Place van Meenen vor dem Rathaus bis zur Place Albert und in der anderen Richtung zur Porte de Hal.

Konzerte aller Musikrichtungen, von klassisch bis World Music, sind Teil der reichhaltigen kulturellen Szene in Brüssel.

Im Théâtre 140 ist die musikalische Avantgarde stets willkommen!

Ein Geheimtipp, insbesondere für Besucher, ist die **Place Saint-Job**, das volkstümlich aussehende Herz des feinen Stadtbezirks Uccle. Hier bleibt die »jeunesse dorée« noch weitgehend unter sich, am liebsten in »L'Imprimerie«, wo Graf Guy-Philippe de Ribaucourt seit 2004 wieder die Bierspezialitäten seiner Vorfahren braut – in kleinen Mengen, also exklusiv und very Uccle.

Traditionelle Ausgehzentren

Geblieben sind die traditionellen Ausgehzentren um die Grand'Place (eher bürgerlich und mit bekannten Bierkneipen, wo auch die Touristen sich tummeln), am Sablon (Bars für ein kultivierteres und betuchteres Publikum), um die Place Saint-Boniface, die Place Fernand Cocq und in Universitätsnähe (Bohème, Künstler und Studenten) sowie um den Beginn der Avenue Louise und das Ende des Boulevard de Waterloo (zahlreiche Animierbars).

Erst Café, dann Disco

Während in den »cafés«, wie die Gaststätten außer den Winebars heißen, mit den Apéritifs der »heure bleue« Stimmung aufkommt, läuft in den Brüsseler Discos nichts vor 1 Uhr. Dort gilt auch ein nicht exakt definierbarer Dresscode – »das gewisse Etwas« –, den die Türsteher begutachten und akzeptieren oder auch nicht. Diskutieren hilft im letzteren Fall allerdings so gut wie nie. Hier wie da darf im Inneren nicht geraucht werden.

Wohin: Bar, Club, Disco, Kino?

❶ etc. ▸ Plan S. 88/89

CLUBS UND DISCOS

Art Bar La Place 33
33, Place du Châtelain
Tel. 0476 80 76 68
www.laplace33.be
Tram: Bailli (81, 94)
Glamourös gestyltes Patrizierpalais an einem Trendplatz, beliebt bei Boutiquebesitzern, Immobilienhändlern, Nobelcoiffeuren, Werbeleuten. Top-DJs mixen Disco, House und Techno für rauschende Partys.

❼ Canoa Quebrada
53, Rue du Marché-au-Charbon
Tel. 02 80 81 17 77
www.canoa-quebrada.be
Tram/Prémétro: Bourse (3, 4, 31, 32, 33)
Latinobar, vor allem Samba und Salsa (Fr. und Sa.).

⓭ The Flat
12, Rue de la Reinette
Tel. 0472 18 98 73,
www.theflat.be
Metro: Porte de Namur (2, 6)
Als schickes Appartement ist der bei jüngeren Brüsselern und Expats beliebte Club eingerichtet. Im Erdgeschoss gibt es eine kleine Disco mit Dance- und House-Musik. Getränkepreise nach Nachfrage: je größer, desto teurer.

⓮ Le Fuse
208, Rue Blaes
Tel. 02 5 11 97 89, www.fuse.be
Tram/Prémétro: Porte de Hal (3, 4, 33, 51)
Nicht nur Brüssels, sondern ganz Belgiens heißeste Disco, in der Nacht von Sonntag auf Montag als »La Démence« Hotspot der jungen Gays.

Jeux d'Hiver
1, Chemin du Croquet
Bois de la Cambre
Tel. 02 6 49 08 64
www.jeuxdhiver.be
Tram: 94 (Legrand)
Eine Villa im Wald, in jedem Saal andere Musik; Treff der reichen und manchmal auch schönen Jugend.

K-Nal
1, Ave. du Port
Tel. 02 3 74 87 38
www.k-nal.be
Métro: Yser (2, 6)
Avantgardistischer Holzbau am Kanal für trendige Discoabende, Live-Auftritte und Partys verschiedener Veranstalter.

❻ Mirano Continental
38, Chaussée de Louvain
Tel. 02 2 27 39 41
ww.mirano.be
Métro: Madou (2)
Wer sich besonders ausgefallen gibt, ersatzweise reich und berühmt ist, hat gute Chancen, am Türsteher vorbeizugelangen (Sa.).

Parc Savoy
9, Place Marie José
Tel. 02 6 42 96 16
www.parcsavoy.com
Tram: Marie-José (94)

Restaurant, Bar und Club in einem. Edle Villa am Bois de la Cambre. Obere Ebene Lounge-Ambiente mit Blick auf die darunterliegende Tanzfläche. Verschiedene Barbereiche. Schickes Publikum. Mi.–Sa. ab 19.00 Uhr.

The Wild Geese

2–4, Ave. Livingstone
Tel. 02 2 30 19 90
www.thewildgeese.be
Métro: Maelbeek (5, 6)
Irish Pub. Treffpunkt der anglophilen Welt und der ausgehfreudigen EU-Beamten. Etwas herbere Stimmung als im Parc Savoy. Dienstagabends Jazzkonzerte, Do.–Sa. Disco ab Mitternacht.

BARS UND CAFÉS

Le Bar à Gilles

28, Parvis de Saint-Gilles
Tel. 02 6 14 57 82
www.lebaragilles.be
Prémétro: Parvis de Saint-Gilles (3, 4)
Nette Wine- und Cocktailbar am neuen Trendplatz. Spezialität ist »Piscine«, Champagner auf Eis, evtl. mit einem Schuss Likör.

Le Bar du Matin

172, Chaussée d'Alsemberg
Tel. 02 5 37 71 59
bardumatin.blogspot.com
Tram/Prémétro: Albert (3, 4)
Szenetreff nahe der Filmhochschule, zum Apéritif beliebt. Internationale Presse, am Wochenende DJs, wunderbare Terrasse.

8 Le Belgica

32, Rue du Marché-au-Charbon
Tel. 02 5 11 47 15
www.lebelgica.be
Tram/Prémétro: Bourse (3, 4, 31, 32)
Gut besuchterr Treff der Schwulenszene. Heteros willkommen.

Café Belga

18, Place Eugène Flagey
Tel. 02 6 40 35 08
www.cafebelga.be
Tram: Flagey (81, 83)
Art-déco-Café im alten Funkhaus, schöne Terrasse, Bohémiens und Expats, Künstler und Studenten. Die Getränke holt man sich selbst an der Bar!

11 Champagnothèque

6, Galerie du Roi
Tel. 0475 61 71 97 62
Métro: De Brouckère (1, 3, 4, 5)
Riesenauswahl, vom teuren »millésimé« der Nobelmarken bis zu den ausgefallenen Crus kleiner Produzenten.

10 Chez Richard

4, Rue de Minimes
Tel. 02 5 13 70 87
Tram: Petit Sablon (92, 94)
Mini-Kneipe am Grand Sablon; Treffpunkt der Anwohner, der Schönen und der EU-Beamten.

5 Cirio

18, Rue de la Bourse
Tel. 02 5 12 14 06
Tram/Prémétro: Bourse (3, 4, 31, 32)
Ein Klassiker: Hier wabert der Geist der Wende vom 19. zum 20. Jh. über den Teppich und auch mancher Gast scheint nicht viel jünger. Kleine Gerichte und Snacks. Ur-Brüsseler Spezialität »Half-en-half«: ein Mix von Weiß- und Schaumwein.

Angesagte Cocktailbars und coole Drinks – Brüssel by night

9 Crystal Lounge

40, Ave. de la Toison d'Or
(im Hotel Sofitel-Louise)
Tel. 02 5 49 61 44
www.crystallounge.be
Métro: Louise (2, 6), Tram: Louise (92, 94)

Atemberaubende Theke aus Alabaster. Barmann Raphael Trémerie hat schon viele internationale Cocktail-Wettbewerbe gewonnen. Sein letzter Clou: ein Mix aus Espuma, Gelee und Mousse, aus dem Glas zu löffeln.

L'Imprimerie

666, Chaussée de Saint-Job
Tel. 02 3 72 93 25
www.limprimerie.be
Tram: Place Saint-Job (92)

»Ekla«, »Double Export«, »Stout Vandenseinerheuvel«, der junge Graf Guy-Philippe de Ribaucourt braut in seiner Micro-Brasserie wieder die Bierspezialitäten seiner Vorfahren. Er selbst hat das erfrischende »Blanche de Saint-Job« kreiert. Dazu gute Cocktails, Weine, Gerichte – zur Freude der »jeunesse dorée« von Uccle, die hier ausgiebig feiert.

3 Mappa Mundo

2–6, Rue du Pont de la Carpe
Tel. 02 5 14 35 55
www.mappamundo.com
Tram/Prémétro: Bourse (3, 4, 31, 32)

Szenetreff auf zwei Etagen an der Place St-Géry. Mit Terrasse.

Moeder Lambic

68, Rue de Savoie
Tel. 02 5 39 14 19
www.moederlambic.eu
Tram/Prémétro: Horta (3, 4, 51)

Größtes Bierangebot der Stadt und viele Comics zum Lesen.

Le Petit Canon
96, Rue Lesbroussart
Tel. 02 6 40 38 34, Tram: Bailli (94)
Modern gestylte Winebar, schöne Crus zu anständigen Preisen, leckere Häppchen.

② Pixel
39–41, Rue Ernest Allard
Tel. 02 5 02 20 84,
www.pixelwinebar.be
Métro: Louise (2, 6),
Tram: Poelaert (92, 94)
Brüssels Top-Designer Charles Kaisin hat 5400 Pixel eines Farbfotos vergrößert, auf Kunststoffpolster gedruckt und damit den Raum tapeziert. Auch die gepflegte Weinauswahl und die gedämpfte Stimmung gefallen der Sablon-Crowd.

⑮ L'Ultime Atome
14, Place Saint-Boniface
Tel. 02 5 11 13 67
Métro: Porte de Namur (2, 6)
Im Stammcafé vieler Studenten geht es lebhaft zu. Gute Auswahl an Weinen und Pâtisseries.

Le Botanique pflegt die europäische Szene.

BLUES, CHANSON, JAZZ, ROCK, WORLD ...

Ancienne Belgique
110, Boulevard Anspach
Tel. 02 5 48 24 00
www.abconcerts.be
Prémétro: Bourse (3, 4)
Internationaler Pop und Rock, darunter die besten flämischen Gruppen.

① L'Archiduc
6, Rue Antoine Dansaert
Tel. 02 5 12 06 52
www.archiduc.net
Tram/Prémétro: Bourse (3, 4, 31, 32)
Einst Bordell, heute noch immer mit der Art-déco-Einrichtung von 1930. Samstags »Jazz après Shopping«, Live-Jazz sonntags ab 17.00 Uhr.

Le Botanique
236, Rue Royale
Tel. 02 2 18 37 32
www.botanique.be
Métro, Tram: Botanique (2, 6, 92, 94)
Chanson, Pop, Rock und Crossover, mit besonderem Augenmerk auf die belgische, französische, europäische Szene. Angesagte Festivals »Les Nuits Bota« (Frühjahr) und »Les Nuits du Soir« (Herbst).

⑫ Le Cercle des Voyageurs
16–18, Rue des Grands Carmes
Ste-Anne
Tel. 02 5 14 39 49
www.lecercledesvoyageurs.com
Métro: Gare Central (1, 5)
Insbesondere Jazz und Experimentelles stehen hier auf dem Programm.

Espace Magh

17, Rue du Poinçon
Tel. 02 2 74 05 10
www.espacemagh.be
Prémétro: Anneessens (3, 4)
Beste World Music und faszinierendes Crossover aus dem Maghreb, dem Nahen Osten, Afrika und der Karibik und Künstlern von »là-bas«, die in Brüssel leben.

Forest National

208, Ave. Victor Rousseau
Tel. 02 3 40 21 23
www.forestnational.be
Tram: Zaman-Forest National (32, 82) Bus: Forest National (54)
Der größte Saal der Stadt für Auftritte internationaler Mega-Stars.

Jazz Station

193a–195, Chaussée de Louvain
Tel. 02 7 33 13 78
www.jazzstation.be
Tram: Meiser (7, 25)
In dem umgebauten Vorortbahnhof von 1885 mit einer Wirtschaft aus den Fifties werden Konzerte aller Stilrichtungen geboten, darüber hinaus finden Ausstellungen, Kurse und Vorträge statt. Gemischtes Publikum.

Magasin4

51b, Ave. du Port
Tel. 02 2 23 34 74
www.magasin4.be
Métro: Yser (2, 4)
Liebhaber des Underground, von Hardcore, Funk, Punk, Metal, Ska, Raggae, Alternativem Rock, Acid Jazz und allerlei Crossover-Formen davon kommen in dem ehemaligen Lagerhaus am Kanal voll auf ihre Kosten (und das zu kleinem Preis!).

4 Music Village

50, Rue des Pierres
Tel. 02 5 13 13 45
www.themusicvillage.com
Tram/Prémétro: Bourse (3, 4, 31, 32)
Jazz und Blues vom Feinsten für Liebhaber.

Recyclart

27, Rue des Ursulines
Tel. 02 2 89 00 59
www.recyclart.be
Prémétro: Anneessens (3, 4)
Unter dem Bahnhof »Chapelle« am Rand der Marollen, wo nur noch sporadisch ein Bummelzug hält, darf die alternative Szene nach Herzenslust mit Electro, Hip-Hop, Post Jazz, Slam, Performance und Video experimentieren. Nicht alles ist gelungen, aber die Stimmung ist »bon enfant«, richtig nett.

16 Sounds

28, Rue de la Tulipe
Tel. 02 5 12 92 50
www.soundsjazzclub.be
Métro: Porte de Namur (2, 6)
Ambitioniertes Jazzcafé

Théâtre 140

140, Ave. Plasky
Tel. 02 7 33 97 08
www.theatre140.be
Tram: Meiser (7, 25)
Seit 1962 gibt sich hier die Avantgarde ein Stelldichein. Wer nicht in eine stilistische Schublade passt wie die Musiktheatermacher Charlie Degotte oder Baudouin de Jaer oder das Chanson-Electro-Hip-Hop-Jazz-Genie Veence Hanoa, darf hier frei seine Kreativität entfalten (► S. 66)

Théâtre Marni
25, Rue de Vergnies
Tel. 02 6 39 09 80
www.theatremarni.com
Tram: Flagey (81, 83)
In dem entrümpelten früheren Kino sind vorwiegend die neuesten Crossover-Experimente belgischer und internationaler Ensembles zu hören.

KINO
In Belgien werden fremdsprachige Filme nur mit Untertiteln versehen. Wer also des Französischen und Niederländischen nicht mächtig ist, aber Englisch versteht, kann bei Hollywood-Produktionen dem Geschehen folgen. Auf die Kinoprogramme spezialisiert ist www.cinenews.be.

Actor's Studio
16, Rue des Petits Bouchers
Tel. 02 5 12 16 96
actorsstudio.cinenews.be
Vor allem Autorenfilme

Cinemathek
9, Rue Baron Horta
Tel. 02 5 07 83 70
www.cinematek.be
Métro: Gare Centrale (1, 5), Tram: Palais (92, 94)
Täglich mehrere Vorstellungen in den renovierten Sälen, regelmäßig Retrospektiven und Vorführungen von Filmen, die nicht in die kommerziellen Kinos kommen. Darüber hinaus Filmmuseum und Bibliothek.

Nova
3, Rue Arenberg
www.nova-cinema.org
Métro: Gare Central (1, 5)
Alternative und Underground-Filme, Clubraum und Konzerte.

Styx
72, Rue de l'Arbre Bénit
Tel. 02 5 12 21 02
Tram: Stéphanie (94)
Klassiker in zwei Sälen. Schwerpunkt fantastischer Film.

UGC
38, Place De Brouckère und
8, Ave. de la Toison d'Or
(Galerie de la Toison d'Or)
www.ugc.be
In den beiden modernen Komplexen – der größte Saal Place De Brouckère ist noch schönstes Art déco! – laufen die großen amerikanischen und europäischen Streifen.

SPIELCASINO
Viage
30, Boulevard Anspach
Tel. 02 3 00 01 00
www.viage.be Métro
Prémétro: De Brouckère (1, 3, 4, 5)
Im eleganten Spielcasino stehen 26 Tische für Roulette, Blackjack und Punto Banco bereit, Poker wird in einem separaten Raum gespielt. Hinzu kommen 250 Slotmachines (auch mit Bingo). Elegante Bars und das Asienrestaurant »Saffron« sind bis frühmorgens geöffnet, das Theater wartet mit zahlreichen Events auf. Faszinierender Panoramablick vom Gourmetrestaurant »Kameleon Sky« und seinen Terrassen. Für das Spielcasino gilt Ausweispflicht, Mindestalter 21 Jahre und als Dresscode ist »casual chic« gefordert.

Tanz, Theater, Oper und Konzert

VERANSTALTUNGS-KALENDER

Der Mittwochsausgabe von Brüssels größter Tageszeitung »Le Soir« liegt der umfangreiche Veranstaltungskalender »Mad« bei. Die Redaktion gibt auch Tipps. Infos zu nahezu allen Veranstaltungen der verschiedenen Sparten gibt es unter: www.agenda.be.

VORVERKAUF

Viele Spielstätten haben Vor- und Abendkassen bzw. verkaufen Karten über ihre Internetseiten. Reservieren kann man auch bei Visit Brussels an der Place Royale. Bei Visit Brussels BIP 2 an der Place Royale 2 gibt es montags bis samstags zwischen 12.30 und 17.30 Uhr Karten zum halben Preis für denselben Abend (www.arsene50.be).

TANZ UND THEATER

Les Brigittines

5, Place de la Chapelle
Tel. 02 5 12 69 57
www.brigittines.be
Prémétro: Anneessens (3, 4)
Die kleine Kirche in den Marollen ist eine Art Hochburg für avantgardistischen Tanz und Performances aus aller Welt. Mit Residenzen wird Brüsseler Talent gefördert. Ende August angesagtes Festival.

Halles de Schaerbeek

22 A, Rue Royale Sainte-Marie
Tel. 02 2 18 21 07
www.halles.be
Tram: Sainte-Marie (94)
Spezialität der ehemaligen Markthallen von Schaerbeek sind Multimedia-Performances und moderner, poetischer Zirkus: Brüssel gehört in Sachen Zirkus zur internationalen Spitze!

Kaaitheater

20, Place Saintclette
Tel. 02 2 01 59 59
www.kaaitheater.be
Métro: Yser (2, 6)
Hier stellen die etwas älteren flämischen und holländischen Choreografen und Theatermacher ihre neuesten Kreationen vor. Für Experimente steht ein Studiosaal zur Verfügung. Nettes Café.

Koninklijke Vlaamse Schouwburg (K.V.S.)

146, Rue de Laeken
Tel. 02 4 12 70 40
www.kvs.be
Métro/Prémétro: Rogier (2, 3, 4, 6)
In dem alten Prachtbau mit avantgardistisch gestyltem Saal kommen die jungen flämischen Autoren, aber auch die Avantgarde aus Kinshasa zum Zuge. Die Vorstellungen werden auf Französisch übertitelt.

Théâtre de Poche

1a, Chemin du Gymnase
Bois de la Cambre
Tel. 02 6 49 17 27
www.poche.be
Tram: Legrand (7, 94)
Intimes Theater, politisch und sozial engagierte oder subversive Stücke, Zusammenarbeit und Austausch mit Partnern in Kisangani (Dem. Republik Kongo).

Théâtre de la Balsamine
1, Ave. Félix Marchal
Tel. 02 7 35 64 68
www.balsamine.be
Bus: Dailly (29)
In dem preisgekrönten Neubau (2004) von Francis Metzger präsentiert sich die junge Generation der frankofonen Theatermacher und Choreografen.

Théâtre du Rideau de Bruxelles
68, Rue Thomas Vinçotte
Tel. 02 7 37 16 00
www.rideaudebruxelles.be
Seit dem Auszug aus dem Palais des Beaux-Arts gastiert die Truppe in verschiedenen Sälen, doch die Fans ficht das nicht an. Auf dem Programm stehen weiterhin zeitgenössische belgische und internationale Autoren in spannenden Inszenierungen.

Théâtre National
111–115, Blvd. Emile Jacqmain
Tel. 02 203 53 03
www.theatrenational.be
Métro/Prémétro: De Brouckère (1, 5, 3, 4, 31, 32)
In dem stilvollen Neubau von Olivier Bastin, Marc Lacour und Pierre Van Assche (2004) kommen Eigenproduktionen von Klassikern, das Beste aus Wallonien und Frankreich (u. a. vom Festival d'Avignon) und aufsehenerregende internationale Vorstellungen auf die Bühne.

Theâtre Royal du Parc
3, Rue de la Loi
Tel. 02 5 05 30 40
www.theatreduparc.be
Métro: Arts-Loi (1, 2, 5, 6)
Gediegene Inszenierungen von bekannten und weniger bekannten Klassikern mit einigen der besten belgischen Schauspieler in einem wirklich zauberhaften Barocktheater.

Théâtre Varia
78, Rue du Sceptre
Tel. 0203550
www.varia.be
Bus: Blyckaerts (38, 95)
Ganz Brüssel drängelt sich, wenn Thierry Smits und seine »Co. Thor« hier die allerneuesten Kreationen – und die älteren Choreografien – präsentieren.

OPER UND BALLETT

Théâtre Royal de la Monnaie
Place de la Monnaie
Tel. 070 23 39 39*
www.lamonnaie.be
Métro/Prémétro: De Brouckère (1, 5, 3, 4, 31, 32)
Die »Munt« ist eines der besten Opernhäuser Europas. Regelmäßig geben sowohl das Sinfonieorchester – im Palais des Beaux-Arts – als auch Solisten – im Foyer – Konzerte.

KONZERTE: KLASSIK UND MODERNE

Cathédrale Saint-Michel
Parvis Sainte-Gudule
Tel. 02 2 17 83 45
www.cathedralestmichel.be
Métro: Gare Central (1, 5)
Auf der grandiosen Schwalbennestorgel von Gerhard Grenzing (2000) hoch droben im Kirchenraum geben die besten belgischen und internationalen Organisten regelmäßig Konzerte.

Eines der besten Opernhäuser Europas: das Théâtre de la Monnaie

Conservatoire Royal de Musique

30 a, Rue de la Régence
Tel. 02 5 11 04 27
www.conservatoire.be
Métro: Gare Centrale (1, 5)
In dem allerdings ziemlich renovierungsbedürftigen Saal treten die besten Kammerensembles auf – und hier geben Orchester, Dozenten, Studenten der renommierten Musikhochschule regelmäßig Konzerte (viele davon sind übrigens gratis!).

Flagey

Place Flagey
Tel. 02 6 27 16 40
www.flagey.be
Tram: Flagey (81, 83)
Die hinreißenden Art-déco-Säle im Alten Funkhaus dienen für abwechslungsreiche Konzerte, Schwerpunkt ist die Neue Musik.

Palais des Beaux-Arts

23, Rue Ravenstein
Tel. 02 2 50 84 44
www.bozar.be
Métro: Gare Centrale (1, 5), Tram: Palais (92, 94)
Die Elite der Welt gastiert im großen Art-déco-Konzertsaal »Henri Le Boeuf«, den Victor Horta eiförmig für eine perfekte Akustik entworfen hat.

Szene BXL

Die Szene ist ungemein lebendig. Viele Kinder von EU-Beamten, Dick Annegarn oder Nicola und Stéphane Sirkis, die Gründer von »Indochine«, verdanken ihr die ersten Schlüsselerlebnisse.

Die waschechten Brüsseler Maurane und Philippe Lafontaine, die in der Hauptstadt aufgewachsenen Wallonen Jean-Luc Fonck und Marie Warnant, Arno Hintjens und Axelle Red, die aus Flandern zugezogenen, französisch singenden Chansonniers, lösen in Paris eine regelrechte **Belgomanie** aus. Ihre unverwechselbare Mischung aus surrealistischem Humor, Selbstspott und Selbstbewusstsein lockt zeitweilig Franzosen wie Bénabar oder Miossec an die Senne.

Jazzszene

Kontinuität und eine beneidenswerte **stilistische Offenheit** zeichnet auch die Jazzszene aus. Dazu gehören der Gitarrist Philip Catherine, der Saxofonist und Flötist Steve Houben, die Pianisten Michel Herr, Charles Loos und Pierre van Dormael und der Sänger David Linx mit seiner Falsettstimme.

Völlig neue Perspektiven haben Fabrizio Cassoll, Stéphane Gallon und Michel Hatzigeorgiu mit ihrem Ensemble »Aka Moon« eröffnet. Sie sind an den Äquator gereist, um die Polyfonie der Pygmäen aufzugreifen, musizieren zusammen mit spanischen Flamencogitarristen, indischen Sitharspielern, dem Popsänger Krise Dane oder dem Organisten Bernard Foccroulle.

Dieses **Crossover** macht Schule: Pierre Vervloesem oder »Anfass«, die belgisch-tunesische Gruppe von Alain Pierre, machen ebenfalls aus verschiedenen Stilen einen unverwechselbaren neuen.

»Belgian Touch«

1979 kauft das **flämische Kulturministerium** das Veranstaltungshaus »L'Ancienne Belgique«, 1984 wandelt das **frankofone Kulturministerium** die Treibhäuser des alten Botanischen Gartens zum Musikzentrum »Le Botanique« um. Beide arbeiten bewusst komplementär, legen den Schwerpunkt auf angelsächsische oder französische Pop- und Rockmusik, auf führende flämische Bands wie »deUs« von Tom Barman oder auf Brüsseler Talente. Die führen die Experimente von Underground-Pionieren wie »Telex« oder »Front 242« fort. Ihr melodischer Stil, der eklektisch Electro-Elemente oder Dance-Rhythmen aufgreift, wird als »style arty« oder »Belgian Touch« umschrieben.

»Ghinzu«, »Girls in Hawaii«, »Hollywood Porn Club«, »Sharko« und »The Tellers« heißen die Bands blendend aussehender **Boys aus der Brüsseler Bourgeoisie**. Das jüngste Erfolgsphänomen heißt Stromae – in Brüssel geboren, der Vater Ruander, die Mutter Flämin. Sein »Alors on danse« war 2010 ein internationaler Hit. Stark im Kommen ist »Puggy«, das geistige Kind junger Engländer, Franzosen und Schweden, die in Brüssel groß geworden sind.

Tom Verbruggen im Ancienne Belgique – die Stimmung ist gut!

World Music

Fruchtbar ist der Boden auch für die World Music. Das **Festival Couleur Café** ist ihre längst etablierte, älteste Bühne. Das ganze Jahr über stehen die Klänge von »là-bas« im Kulturzentrum **Espace Magh** auf dem Programm.

Den Anfang machte Marie Daulne, halb Belgierin, halb Kongolesin, die im Afrikanerviertel Matonge ihren Frauenchor »Zap Mama« gründete. Aus Haiti hat Marlene Dorcena, aus Armenien Nara Nolan ihre Musikwelt mitgebracht. Ein umwerfendes Gespann bilden die Jüdin Myriam Fuks und der Roma Roby Lakatos, während Abid Bahri auf hohem Niveau Solo-Oud spielt oder die arabischen Lauten mit Streichtrio oder Schlagzeug zu eigentümlichen Klangwelten kombiniert.

Fantastisch ist die Brüsseler Gruppe »Urban Trad«, die Folk und World, Jazz und Rock und verschiedene Sprachen zu einer »europäischen Musik des 21. Jahrhunderts urbanisiert«. Veence Hanao, der eine klassische Musikausbildung genossen und dann Rap und Hip-Hop entdeckt hat, beabsichtigt gar, diese Gegensätze mit Electro, Jazz, Pop, Slam und Alltagsgeräuschen zu einer »humanen Welt« zu verschmelzen.

Essen und Trinken

Schlemmerparadies

Brüssel ist traditionell ein Schlemmerparadies. Ein geografischer Glücksfall hilft, hohe kulinarische Ansprüche mühelos zu befriedigen. Fruchtbare Ebenen umgeben die Stadt, das Meer einerseits, die Wälder der Ardennen andererseits sind nur knapp 100 Kilometer entfernt. Eine Vielfalt bester frischer, saisonaler Produkte gibt es also in Hülle und Fülle.

Offen für Neues

In die **Gastronomiegeschichte** ging die Stadt mit zwei eigenen kulinarischen Hervorbringungen ein: Lambic, ein Bier, dessen verschiedene Jahrgänge zum champagnerartig perlenden Gueuze verschnitten werden (manchmal mit Kirsch- oder Himbeersaft aromatisiert), und Chicons (auf Flämisch Witloof, in Deutschland bekannt als Chicorée).
Eigene Spezialitäten hin oder her, in Brüssel war immer auch eine **Spitzengastronomie** heimisch, die sich konsequent an der französischen »haute cuisine« orientierte. Dabei arbeiteten Chefs wie Pierre Romeyer, Eddy Van Maele oder Pierre Wynants immer gerne mit regionalen Produkten aus der fruchtbaren Umgebung der Stadt. Auch heutige Stars wie Pascal Devalkeneer, Christophe Hardiquest oder Patrick Vandecasserie verfeinern sie kreativ. Im Moment wird gerne mit Elementen der Molekularküche experimentiert, was aber nicht jedermanns Geschmack ist.
Seit den 1950er-Jahren mischen **Einwanderer** die Szene auf. Sie haben Pizza und Paella, Pita und Kebab, Couscous oder Chop-Suey eingebürgert. Derzeit folgen afrikanische und brasilianische Gerichte. Mit den »immigrés de luxe«, die bei EU-Institutionen und NATO, Botschaften und Verbänden arbeiten, haben aber auch feine italienische und griechische, libanesische und indische Restaurants aufgemacht. Derzeit begeistern sich die verwöhnten Brüsseler für japanische Spitzengastronomie.

Kiekefretters

Der **Spitzname** »Kiekefretters«, Hühnerfresser, mit dem die Brüsseler von den Bürgern anderer Städte einst weidlich verspottet wurden, rührt daher, dass es in Brüssel während einer langen Belagerung kein Rind- oder Schweinefleisch mehr zu essen gab. Als Fleisch bekamen sie nur noch die Hühner (kiekens im flämischen Dialekt, auf der Speisekarte poulet), die in der Stadt aufwuchsen – übrigens auch Kaninchen und Tauben. Diese drei genügsamen Haustiere sind nach wie vor ein beliebter Bestandteil des Speisezettels.

Hühnchen essen die Brüsseler nicht nur zu Belagerungszeiten ausgesprochen gerne.

Beachtenswert

Zum unbeschwerten Genuss gehört die Beachtung einiger **Grundregeln**. In den guten Restaurants von Brüssel muss unbedingt reserviert werden, bei Trendadressen mindestens eine Woche im Voraus. Auch wenn es keinen Krawattenzwang mehr gibt, »bon ton« ist schickere Kleidung. 17 Prozent Bedienung und 20,5 Prozent Mehrwertsteuer sind im Preis inbegriffen.

Der **Übergang von der Kneipe zum Restaurant** ist mehr oder weniger fließend, weswegen viele der Cafés und Bistros auch als Restaurants durchgehen könnten und umgekehrt. Fast überall wird man sich nicht über die Größe der Portionen beklagen können – im Gegenteil. Mit etwas Vorsicht zu genießen sind – von Ausnahmen abgesehen – die mit opulenten Auslagen werbenden Restaurants in der »Fressmeile« nördlich hinter der Grand'Place, denn hier ist oft mehr Schein als Sein.

Das **Frühstück** wickeln die Brüsseler schnell ab: eine Schnitte Brot mit Konfitüre, ein Croissant oder ein »pain au chocolat«, dazu starken Milchkaffee. Sonntagsbrunch ist eher eine Sache für Expats. **Zu Mittag** wird ab 13 Uhr gegessen, immer öfter ein leichteres (und in den Gourmettempeln auch deutlich preiswerteres), zweigängiges Menü. **Abends** gönnt sich der Brüsseler dann drei oder – mit Zwischengericht und Käse – gar fünf Gänge, und zwar nicht vor 20 Uhr. So häufig Gerichte mit Bier zubereitet werden, zum Essen wird Wein bevorzugt, traditionell am liebsten aus dem Elsass, Beaujolais, Burgund und Rhônetal.

Dünn gesät sind die **Salons de thé**, in denen überwiegend Damen das Shopping oder den Museumsbesuch mit kleinen Törtchen und Tee oder auch Kaffee unterbrechen.

Im **Café**, wie die Gastwirtschaften (!) heißen, gibt's zwar auch Filterkaffee und Limonaden, aber vor al-

BAEDEKER WISSEN

? *Frittenkunde*

- In Belgien ist es ganz und gar nicht peinlich, sich an einer Frittenbude (frz. friture, ndl. frituur) eine Portion Pommes zu genehmigen. Woran erkennt man aber eine gute? 1. Frittenbräter, die etwas auf sich halten, schnippeln ihre Kartoffelstäbchen selbst, manche gar frisch vor den Augen des Kunden. Tiefkühlware kommt hier nicht in die Tüte! 2. Im Angebot müssen mehrere selbst gemixte Würzsaucen sein. Ketchup gibt es zwar, fällt aber unter Banausentum. Klassisch hingegen sind »Frites mayonnaise«. Bleiben zwei Fragen: 1. Woran erkennt man den Kunden von Welt? Antwort: Er bestellt seine Sauce »à part«, d. h. im Extraschälchen und nicht über die Pommes gekippt (machen aber viele nicht!). 2. Wo probiert man das am besten aus? Antwort: Bei der Maison Antoine an der Place Jourdan zwischen EU-Parlament und Parc du Cinquantenaire oder bei Frit Flagey an der Place Flagey in Ixelles.

Bij den Boer – eine gute Adresse am Fischmarkt. Hier kann man den Tag ausklingen lassen.

lem Bier. So gut wie jedes Café schenkt neben dem Pils von Maes, Jupiler oder Stella auch »bières spéciales« aus: In Brüssel sind das die einheimischen säuerlichen Spezialitäten Lambic, Gueuze und Kriek, die hellen Gebräue Double Enghien, Duvel, Palm oder Saint-Feuillien, aromatische, dunkle Abteibiere mit unendlich vielen geschmacklichen Nuancen – und immer recht hohem Alkoholgehalt. Zu Essen gibt es meist nette Kleinigkeiten ohne Anspruch auf kulinarische Extravaganz.

Zur »heure bleue« und dem Apéritif am Ende des Arbeitstags sehr beliebt sind die **Weinbars** – die übrigens durchweg nur bis 21 Uhr geöffnet sind. Ihre »crus« stammen aus aller Welt und immer häufiger aus biologischem Anbau. Wieder voll im Trend sind elegante **Cocktailbars**, zum Apéritif und noch mehr für den »after-dinner-drink«, der lange nach Mitternacht ausklingen darf. Letzter Schrei der Szene: »Piscine« (Champagner, eventuell mit einem Schuss Obstlikör, auf Eis) und ein Mix mit dem Brüsseler Traditionslikör »Mandarine Napoléon«.

»Heure bleue«

Brüsseler Spezialitäten

Die originale belgische Küche ist deftig und bodenständig. Verwendet wird in der Regel, was das eigene Land hergibt, und natürlich finden so manche Biersorten Eingang in diverse Rezepte.

Ballekes au lambic: Das flämische Wort beschreibt treffend diese leckeren Fleischbällchen. Eine feine Mischung aus Kalbs- und Schweinehack und durchgedrehter Hühnerbrust, gut gewürzt und zu Bällchen geformt, wird in Lambic mariniert und dann in Butter, Olivenöl und Lambic-Bier gegart. Oft kommen die beliebten »Ballekes« auch mit Tomatensauce oder eingekochten Sauerkirschen auf den Tisch.

Cabillaud à la bière: Frische Kabeljauscheiben werden mit Schalotten und Dörrfleischstückchen in Butter angebraten und anschließend mit würzigem dunklem Abteibier wie Rochefort 8 gegart. Andere Rezepte empfehlen ein helles Abteibier, etwa von Chimay oder Tongerlo. Die perfekte Kombination von »Mer« und »Terre«.

Lapin à la gueuze: Die Kaninchenstücke werden in Butter rundherum angebraten und in Gueuze gegart, der Sud eingekocht und mit Johannisbeergelee abgeschmeckt. Manchmal runden in Geuze eingeweichte Backpflaumen, vor dem Servieren in der Soße erwärmt, das Gericht ab.

Stoemp: Sieht ein bisschen aus, wie es klingt, und schmeckt einfach herrlich: Eine Mischung von festen und mehligen Kartoffeln wird gekocht und dann mit der Gabel grob zerdrückt. Hinzu kommen fein gehackte, al dente geschmorte Gemüse – es darf jahreszeitlich variieren: möglichst immer Karotten, Sellerie, Lauch, Zwiebel (im Frühjahr auch Erbsen, im Winter Wirsing) sowie Dörrfleischstückchen, Butter und Sauerrahm. Stoemp schmeckt köstlich zu gebratenen Blut- und Weißwürsten (boudin noir et blanc) oder Bratwurst, aber auch mit gegrillten Lammskoteletts oder gegrillten Hähnchenschenkeln. Hier sind der Fantasie keine Grenzen gesetzt.

Chicons gratinés: Der halbierte Chicorée wird in Butter gedünstet. Wenn er al dente ist, wird er in einer Auflaufform mit gekochtem Schinken und dünnen Käsescheiben geschichtet. Darauf verteilter geriebener Emmentaler und reichlich Butterflöckchen wandeln sich unter einem nicht zu heißen Grill zur goldbraunen Kruste.
Man bekommt Chicorée aber auch als Beilage, halbiert, in der Pfanne angebraten, im eigenen Saft kurz geschmort und dann mit Puderzucker karamellisiert.

Wilde Biere

Lambic, Gueuze und Faro sind Bierspezialitäten der Brüsseler Region und das hat einen kuriosen Grund: Nur in Brüssel und in einem Umkreis von 15 bis 20 km – in »Brueghels Payottenland« – leben die Bierhefen »Brettanomyces lambicus« und »Brettanomyces bruxellensis«. Sie lösen in der der frischen Luft ausgesetzten Bierwürze eine spontane Gärung aus. Bei normalem Bier gibt der Braumeister die Hefe für eine kontrollierte Gärung dazu.

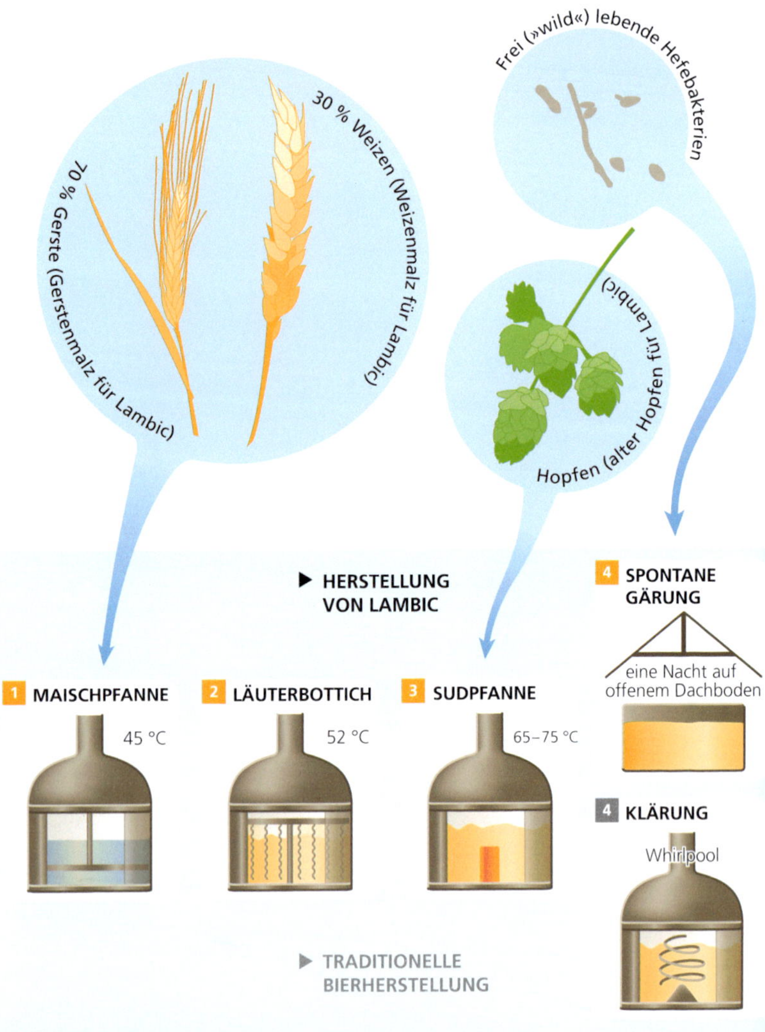

KRIEK

- mit Kirschgeschmack, sauer, trocken
- pro Liter Lambic werden ca. 200 g Sauerkirschen mitvergoren

Tipp: Kriek Mort Subite vom Fass

7 GÄRUNG

8 ABFÜLLUNG

ca. 3,5 % (Alk.)

FARO

- süßlich-sauer
- Verschnitt mehrerer alter Lambics mit Zusatz von Kandiszucker

Tipp: Faro Mort Subite vom Fass, Faro Cantillon

7 GÄRUNG & ABFÜLLUNG

ca. 4,5 bis 5,5 % (Alk.)

GUEUZE

- champagnerähnlich moussierend, goldgelb, säuerlich-frisch, trocken
- Verschnitt mehrerer alter Lambics (2-3 Jahre gelagert) mit jungem Lambic (ca. 6 Monate alt)

Tipp: Gueuze Mort Subite, Gueuze Cantillon, Oude Gueuze Boon

7 GÄRUNG & ABFÜLLUNG

ca. 5 % (Alk.)

©BAEDEKER

KÜHLUNG

6 REIFUNG

Kohlensäure entweicht

LAMBIC

- säuerlich-fruchtig

Tipp: Lambic Blanche Mort Subite, Lambic La Bécasse

7 ABFÜLLUNG

4 % (Alk.)

KÜHLUNG

6 GÄRUNG

7 LAGERUNG

8 ABFÜLLUNG

Empfohlene Restaurants

Der Hof, betuchte Großbürger und eine wohlhabende Mittelschicht stellen seit Jahrhunderten hohe kulinarische Ansprüche. Kein Wunder also, dass es in Brüssel eine erkleckliche Anzahl von Feinschmeckertempeln mit allerhöchsten Auszeichnungen gibt. Doch auch Leute mit kleinem Geldbeutel kommen kulinarisch auf ihre Kosten.

PREISKATEGORIEN

für ein dreigängiges Menü
€€€€ über 75 €
€€€ 55–75 €
€€ 35–55 €
€ unter 35 €

1 etc. ▸ Plan S. 88/89
ohne Nr.: außerhalb

SPITZENRESTAURANTS

Le Chalet de la Forêt €€€€

43, Drève de Lorraine
Tel. 02 3 74 54 16
www.lechaletdelaforet.be
Bus: Van Bever (43)
Mo.–Fr. 12.00–14.30 u.
19.00–22.00 Uhr

Am Rand des Forêt de Soignes liegt dieses vornehme, geräumige Haus. Im Sommer lockt eine zauberhafte Gartenterrasse. Pascal Devalkeneer verwöhnt mit leichter, kreativer saisonaler Küche.

18 Comme chez Soi €€€€

23, Place Rouppe
Tel. 02 5 12 29 21
www.commechezsoi.be
Tram/Prémétro: Anneessens
(3, 4, 32)

Pierre Wynants, der Übervater der belgischen Gastronomie, verwandelte einheimische Produkte in fantasievolle Kreationen der »haute cuisine«. Sein Schwiegersohn Lionel Rigolet kocht weiterhin auf Spitzenniveau, aber mit modernen Akzenten, etwa ausgefallenen Kräutern und Spezereien. Grandiose Weinkarte und perfekter Service alter Schule.

10 Sea Grill Yves Mattagne

€€€€
47, Rue du Fossé-aux-Loups
(im Hotel Radisson Blu Royal)
Tel. 02 2 12 08 00
www.seagrill.eu
Métro/Prémétro: De Brouckère
(1, 3, 4, 5, 31)
Mo.–Fr. 12.00–15.00 u.
19.00–23.00 Uhr

Yves Mattagne hat das Restaurant zum elegantesten der Stadt stylen lassen. Zwei Séparés garantieren Diskretion, ein Salon verwöhnt Zigarrenliebhaber. Die kreativen Fisch- und Schalentiergerichte bleiben unübertroffen. Der Service hat absolute Klasse.

Bon Bon €€€

453, Ave. de Tervuren
Tel. 02 3 46 66 15
www.bon-bon.be
Tram: Trois couleurs (44,
ab Montgomery 1)
Mo.–Fr. 12.30–14.00 u. 19.30
bis 21.00 Uhr, Mo.mittag geschl.

In seiner cool gestylten Behausung mit offener Küche kreiert Christophe Hardiquest strikt saisonale Gerichte, aufregende Kombinationen von Fisch und Fleisch, seltenem Gemüse und Zutaten wie Arganöl. Ausgefallene Desserts, erschwingliche Weine und eine hübsche Gartenterrasse.

BELGISCHE KÜCHE

9 Aux Armes de Bruxelles €€€

13, Rue des Bouchers
Tel. 02 5 11 55 50
www.auxarmesdebruxelles.com
Métro/Prémétro: De Brouckère (1, 3, 4, 5, 31, 32)
Di. – Fr. 12.00 – 22.15, Sa. bis 23.15, So. bis 22.30 Uhr
Eine echte Brüsseler Institution – seit 1921 – und eines der wenigen empfehlenswerten Restaurants in der »Fressgasse«; auch bei Einheimischen beliebt wegen der exzellenten Fisch- und Muschelgerichte.

20 Belgo-Belge €€

20, Rue de la Paix
Tel. 02 5 11 11 21
www.belgobelge.be
Métro: Porte de Namur (2, 6)
Tgl. 12.00 – 24.00 Uhr
Im Gegensatz zu den meist im Brasserie-Stil eingerichteten Restaurants mit belgischer Küche ist das Belgo-Belge hell und modern. Am Platz vor der Kirche St. Boniface im gleichnamigen Viertel gelegen, junges Publikum.

1 Bij den Boer €€

60, Quai aux Briques Tel. 02 5 12 61 22 www.bijdenboer.com
Métro: Ste-Catherine (1, 5)
Mo. – Sa. Lunch bis 14.30 u. 18.00 – 22.30 Uhr
Solide, traditionelle Fischküche in unprätentiöser Atmosphäre am alten Fischmarkt.

15 Brasserie Jaloa €€

5 – 7, Place Sainte-Catherine
Tel. 02 5 12 18 31
www.brasseriejaloa.com
Métro: Sainte-Catherine (1, 5)
Tgl. 12.00 – 14.30 u. 19.00 – 23.00 Uhr
Das schicke, moderne Interieur hebt diese Brasserie am Fischmarkt wohltuend ab. Clou ist der zauberhafte Sommergarten. Hier und da bekommen traditionelle Gerichte durch Kräuter oder Gewürze eine neue Note.

Callens Café €

480, Ave. Louise
Tel. 02 6 47 66 68
www.callenscafe.be
Tram: Legrand (23, 24, 94)
Di. – Fr. 12.00 – 15.00 u. 18.30 bis 23.00, Sa. 19-00 – 23.00 Uhr
Genial! Brüsseler Klassiker sowie fantasievolle Salate, Pasta- und Wokzubereitungen in cool gestyltem Ambiente. Schöne Terrasse, nette Bar. Trendy Publikum, insbesondere Freitag und Samstag.

8 Chez Léon €€ – €

18, Rue des Bouchers
Tel. 02 5 11 14 15
www.chezleon.be
Métro/Prémétro: De Brouckère (1, 5, 3, 4, 31, 32)
So. – Do. 11.30 – 23.00, Fr. u. Sa. bis 23.30 Uhr
Klassiker in der Touristenmeile, ein Hort der Moules-Frites-Küche. Kinder unter 12 essen umsonst.

Ausgehen und Restaurants

Ausgehen

1. L'Archiduc
2. Pixel
3. Mappa Mundo
4. Music Village
5. Cirio
6. Mirano Continental
7. Canoa Quebrada
8. Le Belgica
9. Chrystal Lounge
10. Chez Richard
11. Champagnothèque
12. Le Cercle des Voyageurs
13. The Flat
14. Le Fuse
15. L'Ultime Atome
16. Sounds

Essen

1. Bij den Boer
2. Viva M'Boma
3. Le Vismet
4. La Manufacture
5. Restaurant Jaloa
6. Paca&Tola
7. La Bécasse
8. Chez Léon
9. Aux Armes de Bruxelles
10. Sea Grill Yves Mattagne
11. A la Mort Subite
12. Arcadi
13. In 't Spinnekopke
14. Café Vaudeville
15. Brasserie Jaloa
16. Kokob
17. Al Barmaki
18. Comme chez Soi
19. Chou
20. Belgo-Belge
21. L'Horloge du Sud
22. El Txoko
23. Enjoy
24. Kwint
25. Mamy Louise
26. Comptoir Florian
27. Frédéric Blondeel
28. Maison Corica
29. Wittamer

13 In 't Spinnekopke €

1, Place Jardin aux Fleurs
Tel. 02 5 11 86 95
www.spinnekopke.be
Prémétro/Tram: Bourse
(3, 4, 31, 32)

Urige Wirtschaft aus dem 18. Jahrhundert am Rand des trendigen Modeviertels. Fast alle Gerichte – auch Fisch, Schalentiere und Desserts – werden mit besten belgischen Bieren zubereitet. Beliebt ist auch die Terrasse am hübschen Platz.

2 Viva M'Boma €€

17, Rue de Flandre
Tel. 02 5 12 15 93
Métro: Sainte-Catherine (1, 5),
Tram/Prémétro: Bourse
(3, 4, 31, 32)

Weiß gekachelte ehemalige Triperie. Die Karte lässt das Herz von Innereien-Liebhabern höher schlagen. Im Winter sitzt man arg eng, im Sommer lockt ein Garten.

BELGO-FRANZÖSISCH

19 Chou €€

4, Place de Londres
Tel. 02 5 11 92 38
www.restaurantchou.eu
Métro: Trône (2, 6)

Intimes, hinreißend gestyltes Lokal: Ein durchsichtiger roter Glasboden trennt den hinteren Raum vom Weinkeller. Dominique Aubry kocht saisonal, mit Gespür für klare Geschmacksnuancen.

4 La Manufacture €€

12, Notre-Dame-du-Sommeil
Tel. 02 5 02 25 25
www.manufacture.be
Tram/Prémétro: Bourse
(3, 4, 31, 32)

12.00 – 14.00 u. 19.00 – 23.00 Uhr; Sa.mittag u. So. geschl.
In der einstigen Werkstatt des Luxus-Lederwarenherstellers Delvaux gibt es leichtes modernes Essen, passend zum Designerviertel.

5 Restaurant Jaloa €€€
4, Quai aux Barques
Tel. 02 5 13 19 92
www.restaurantjaloa.com
Metro: Sainte-Catherine (1, 5)
Di. – Sa.
Elegantes Haus nahe dem Fischmarkt. Gaëtan Colin, einer der besten jüngeren Chefköche der Stadt, bereitet mit saisonalen Produkten und allen Kniffen der Molekulartechnik frische, leichte Gerichte. Unbedingt reservieren!

Rouge Tomate €€
190, Ave. Louise
Tel. 02 6 47 70 44
www.rougetomate.com
Tram: Bailli (81, 94)
Mo. – Fr. 12.00 – 14.30 u. 19.00 – 22.30, Sa. u. So. 19.00 – 22.30 Uhr
Das Interieur des alten Patrizierpalais ist modern und glamourös gestylt. Die Gerichte sind frisch, leicht und betont kalorienarm. Toll: die ausgefallenen Gemüse-Früchte-Cocktails. Hinreißende Gartenterrasse.

3 Le Vismet €€€
23, Place Sainte-Catherine
Tel. 02 2 18 85 45
Métro: Sainte-Catherine (1, 5)
Tom Decroos verwendet nur ganz frische Fische und bei allem Erfindungsreichtum stören Gemüse und Soßen nie deren Eigengeschmack.

EUROPÄISCH/ASIATISCH

Buca di Bacco €€
65, Ave. Louis Bertrand
Tel. 02 2 42 42 30
Tram: St Servais (92, 93)
Sa. mittags geschl.
Leichte italienische und mediterrane Küche in wunderschönem Jugendstilambiente.

Kamo €€
123, Ave. des Saisons
Tel. 02 6 48 78 48
Tram: Roffiaen (23, 24, 25)
Zwei junge Köche aus Tokio demonstrieren japanische Nouvelle Cuisine. Ausgewählte Bioweine.

Nonbe Daigaku €€
31, Ave. Adolphe Buyl
Tel. 02 6 49 21 49
Tram: Buyl (23, 24, 25, 94)
Der Japaner Suetsugu kocht die aufregenden Gerichte seiner Großmutter und Mutter nach. Immer total frisch und perfekt gewürzt. In den zwei kleinen Räumen drängt sich Tout Bruxelles.

Notos €€€
154, Rue de Livourne
Tel. 02 5 13 29 59,
www.notos.be
Tram: Bailli (81, 94)
Di. – Sa. 12.00 – 14.30, Mo. – Sa. 19.00 – 23.00 Uhr
Sogar in Athen gilt das coole Notos als weltbestes griechisches Restaurant. Constantin Erinkoglou – promovierter Soziologe, Ex-Generaldirektor bei der EU-Kommission, Anthroposoph – geht von Gerichten und Produkten seiner nordostgriechischen Heimat aus und achtet auf Leichtigkeit.

Ein Klassiker: Moules-Frites. Gelegentlich gibt es noch Senf dazu.

6 Paca&Tola €€
36–38, Rue Saint-Laurent
Tel. 02 2 03 12 62
www.pacaetola.be
Métro/Prémétro: De Brouckère (1, 3, 4, 5, 31, 32, 33)
tgl. 12.00–15.00 u. 19.00–23.00 Uhr
Die Vertretung der spanischen Region Asturien hat das Gebäude, ein schönes Beispiel des Internationalen Stils, aufwendig restauriert. Im Restaurant werden aromatische Spezialitäten der Region serviert.

22 El Txoko €
122, Rue de Laeken
Tel. 02 2 03 10 22
www.eltxoko.be
Métro: Yzer/IJzer (2, 6)
Mo.–Di. 12.00–14.00, Mi.–Fr. 12.00–14.00 u. 18.00–22.00, Sa. 18.00–22.00 Uhr.
Pintxos heißen die baskischen Tapas-Varianten. Das schlicht eingerichtete Lokal ist ein Lieblingstreff jüngerer Intellektueller.

ARABISCH / AFRIKANISCH

17 Al Barmaki €€
67, Rue des Eperonniers
Tel. 02 5 13 08 34
www.albarmaki.be
Métro: Gare Centrale (1, 5)
Mo.–Sa. 19.00–24.00 Uhr
In stimmungsvollem Rahmen gibt es hier die größte Auswahl frischer Mezé-Happchen der Stadt. Dazu gute libanesische Weine.

21 L'Horloge du Sud €
141, Rue du Trône
Tel. 02 5 12 18 64
www.horlogedusud.be
Métro: Trône (2, 6)
Mo.–Fr. 11.00–15.00 u. 18.00 bis 24.00, Sa. 18.00–24.00 Uhr
Köstlichkeiten aus dem Kongo, Westafrika, der Karibik – dazu ausgesprochen leckere Biosäfte und Cocktails.

Kif-Kif €

1, Square de Biarritz
Tel. 02 6 44 18 10
Tram oder Bus Flagey (81 bzw. 71)
Cool-neuarabisches Design mitten im Trendviertel. Dazu locken leckere Mézé, üppige Couscous und Tajines sowie die feinste Pâtisserie eines israelisch-marokkanischen Küchenteams.

16 KokoB €

10, Rue des Grands Carmes
Tel. 02 5 11 19 50,
www.kokob.be
Tram/Prémétro: Bourse
(3, 4, 31, 32)
Mo.–Mi. 18.00–24.00, Do.–So. 11.00–1.00 Uhr
Die sehr erdhaften äthiopischen Spezialitäten werden auf einer großen Schale serviert.

Marokkanische Köstlichkeit: Tajine

FÜR DEN KLEINEN HUNGER

11 À la Mort Subite €

7, Rue Montagne-aux-Herbes Potagères
Tel. 02 5 13 13 18
alamortsubite.com
Métro/Prémétro: Gare Centrale (1, 5), De Brouckère (1, 3, 4, 5, 31, 32)
Das Mort Subite ist eines der schönsten Cafés der Stadt, urgemütlich und immer gut gefüllt. Man trinkt hauseigenes Gueuze, Kriek oder Faro und isst Quark- oder Schinkenbrot dazu.

12 Arcadi €

1b, Rue d'Arenberg
Tel. 02 5 11 33 43
Métro: Gare Centrale (1, 5)
Große Auswahl meist vegetarischer, frisch gebackener Tartes.

7 La Bécasse €

11, Rue de Tabora
Tel. 02 5 11 00 06
www.alabecasse.com
Métro/Prémétro Bourse
(3, 4, 31, 32)
Mo.–Do. u. So. 11.00–24.00, Fr., Sa. 11.00–1.00 Uhr
Am Ende eines Durchgangs nahe der Börse. Man trinkt das säuerliche hauseigene Lambic und isst dazu Käse- oder Quarkbrot.

23 Enjoy €€–€

22, Blvd. de Waterloo
Tel. 02 6 41 57 90
www.enjoybrussels.be
Métro: Porte de Namur (2, 6)
Mo.–Sa. 10.00–23.00 Uhr
Auf der Meile der internationalen Luxusboutiquen werden exquisite Häppchen und vorzügliche Weine serviert.

24 Kwint €€

1, Mont des Arts
Tel. 02 5 05 95 95
www.kwintbrussels.com
Métro: Gare Centrale (1, 5)
Tram: Royale (92, 94)
Mo.–Mi. 12.00–22.30,
Do.–Sa. bis 23.30 Uhr
Unter einer gigantischen Kupferplastik von Arne Quinze oder auf der Terrasse genießt man Köstlichkeiten mit Kaviar oder Trüffel.

25 Mamy Louise €

12, Rue Jean Stas
Tel. 02 5 34 25 02
www.mamylouise.be
Métro/Tram: Place Louise
(2, 6, 92, 94)
Stilvoller Treff im schicken Shoppingviertel; Salate, Sandwiches, Kuchen und herzhafte Gerichte. Die Straßenterrasse ist beheizt, der Service nett.

SALONS DE THÉ

14 Café Vaudeville

11, Galerie de la Reine
Tel. 02 5 11 23 45
www.cafeduvaudeville.be
Métro/Prémétro: Gare Centrale
(1, 5), Bourse (3, 4, 31, 32)
tgl. außer So.abend
Große Auswahl leckerer Kleinigkeiten, belgischer Biere, guter Weine und Cocktails. Köstlich: die Waffelkreationen (gaufres).

26 Comptoir Florian

17, Rue Saint-Boniface
Tel. 02 5 13 91 03
www.comptoirflorian.be
Métro: Porte de Namur (2, 6)
Di.–Sa. 11.00–20.00 Uhr
Das winzige Lokal in einem Jugendstilhaus von Ernest Blérot wartet mit besten Teesorten und hausgemachten Kuchen auf.

Le Framboisier Doré

35, Rue du Bailli
Métro/Tram: Louise
(2, 6, 92, 94, 97)
Das beste Eis, garantiert mit Biozutaten, im Straßenverkauf.

27 Frédéric Blondeel

24, Quai aux Briques
Tel. 025022131
www.frederic-blondeel.be
Métro: Sainte-Catherine (1, 5)
Shop: So.–Fr. 13.00–18.45,
Sa. 10.30–18.15 Uhr
Tearoom: So.–Fr. 13.00–18.15,
Sa.10.30–18.15 Uhr
Der Chocolatier ist auch ein aufregender Pâtissier. Das Lokal liegt günstig am Rand des Shoppingviertels um die Rue Antoine Dansaert. Der Kaffee stammt aus der Rösterei der Familie.

28 Maison Corica

49, Marché aux Poulets
Tel. 02 5 11 88 52
www.corica.be
Prémétro: Bourse (3, 4)
Mo.–Sa. 10.00–18.00 Uhr
27 exklusive Kaffeesorten, darunter die Rarität Kopi Luwak. Alle Bohnen werden im Haus geröstet. Die Tee-Auswahl ist noch größer.

29 Wittamer

12–13, Place du Grand Sablon
Tel. 02 5 12 37 42
www.wittamer.com
Tram: Sablon (92, 94)
Feinste, luftige Törtchen serviert der über hundertjährige Hoflieferant in eleganten Salons am Sablon.

Speise der Götter

So lautet die Übersetzung des botanischen Namens von Kakao: Theobroma (altgriech.). Was in Brüssel aus diesem Grundstoff für Schokolade und Pralinen gezaubert wird, spricht sehr dafür, dass die alten Griechen die richtige Bezeichnung gewählt haben.

Jean Neuhaus, Brüsseler Chocolatier und Enkel eines Schweizers, kam vor gut 100 Jahren, nämlich 1912, auf eine **geniale Idee**, für die er bestimmt den Nobelpreis für Schokolade bekommen hätte, würde es den geben. Neuhaus goss dünnwandige Metallförmchen mit flüssiger Schokolade aus, ließ sie erkalten, füllte sie mit den unterschiedlichsten Leckereien und versiegelte das Ganze komplett mit einem feinen Schokoladenplättchen. Nach dem Erkalten stürzte er die Kreation.

Die Füllung macht's

Bei den Füllungen für die deliziösen Schokoladehüllen ließ der Belgier seiner reichlich vorhandenen Fantasie freien Lauf: Die Palette, mit der er experimentierte, reichte vom »Praliné«, einer Mischung von gehackten oder gemahlenen Mandeln und Kakao, über Marzipan, Karamell, kandierte und getrocknete Früchte, Cognac oder Likör bis zu »Ganache«, einer Mischung aus Schokolade, heißer Sahne und/oder Butter, die oft aromatisiert wird, etwa mit Kaffee oder Vanille. Für diese revolutionär neuen Köstlichkeiten bürgerte sich in Belgien, aber auch im deutschen Sprachraum rasch der ebenfalls von Neuhaus kreierte Begriff **Praline** ein.

Harte Konkurrenz

Der große Erfolg ruft logischerweise bald Nachahmer auf den Plan: Neuhaus bekommt Konkurrenz. Joseph Draps eröffnet 1925 an der Grand'Place das erste **Godiva**-Geschäft. Sein Konzept beruht auf weichen Pralinen, luxuriösen Verpackungen und neobarocker Ladeneinrichtung – und wird zum Inbegriff der »Belgian Chocolates«. Einen ganz anderen Weg beschreitet Basile Kestekides.

Sein Onkel **Leonidas** aus New York, passenderweise Konditor von Beruf, hat eine Brüsselerin geheiratet und 1913 die nach ihm benannte Marke begründet. 1935 eröffnet Kestekides am Boulevard Anspach ein Geschäft, in dem die Pralinen in einer gekühlten Theke zur Straßenseite hin präsentiert werden. Der Kunde muss allerdings etwas Zeit mitbringen, denn er kann aus mehr als 100 Sorten wählen. So wird die Praline »demokratisiert«.

Neuhaus in den Galeries Saint-Hubert

Kreatives Handwerk

Die ab den 1950er-Jahren erneut sprunghaft ansteigende Nachfrage führt zu einer gewissen Industrialisierung und Globalisierung, bekannte Marken wie Godiva und Côte d'Or oder Callebaut werden aufgekauft. Gegen die allmähliche Standardisierung des Geschmacks regt sich in den 1980er-Jahren energischer Widerstand. **Junge belgische Chocolatiers** setzen auf handwerkliche Fertigung und geschmackliche Abgrenzung zum Mainstream. Zur Galionsfigur wird Pierre **Marcolini**, der 1984 zum besten Nachwuchs-Pâtissier Belgiens gekürt wird. Als Erster führt er ganz neue Kombinationen ein: mit Gewürzen, Tee-Infusionen, Blütenextrakten oder säuerlichem Obst. Er wählt besondere Kakaobohnen aus und stellt neue Ansprüche an deren Fermentierung und Röstung. Über die so entstandenen **»crus de chocolat«** reden Feinschmecker inzwischen wie etwa über ein großes Gewächs aus dem Bordelais.

Auch jüngere Chocolatiers lassen sich von neuen Geschmacksideen inspirieren und kombinieren Schokolade mit Olivenöl oder Aceto balsamico, Wild oder Kaviar. Auf diesen Zug springen selbst die traditionellen Häuser auf: Neuhaus entwickelt mit Starköchen Spezialserien, Leonidas gibt sich betont trendy. Neue kleinere Hersteller wie **Dolfin**, **Newtree** oder **Zaabär** haben sich beispielsweise auf Biobitterschokolade mit kräftigen Gewürzen, Kräutern oder Nussorten spezialisiert. So ist garantiert für jeden etwas dabei.

Feiertage, Feste und Events

Höhepunkte des Jahres

Brüsseler Vielfalt charakterisiert auch die Events, von denen einige auf eine sehr lange Tradition zurückblicken können. Für jeden Geschmack ist etwas dabei, von der Folklore bis zur Hochkultur.

Typisch für die freigeistige Einstellung der Bevölkerung ist die Tatsache, dass die kirchlichen Feste nur in den Gotteshäusern gefeiert und nicht etwa mit Prozessionen gefeiert werden. Dem volkstümlichen Brüsseler Leben, mit seiner neuen Mischung von Alteingesessenen und Migranten, begegnet der Besucher vor allem im Juli, bei Bruxelles-les-Bains, am Nationalfeiertag und auf der Kirmes. Bei all dem kommen natürlich auch die Gaumenfreuden nicht zu kurz.
Ausgesprochen beliebt bei Einheimischen wie Touristen sind historische Umzüge wie der **Ommegang**, der an ein großes Fest zu Ehren Karls V. im Jahr 1549 erinnert, oder der alle zwei Jahre ausgelegte Blumenteppich auf der Grand'Place.
Ein ganz besonderes Ereignis ist der **Königin-Elisabeth-Musikwettbewerb**. Die Atmosphäre bei den drei Runden, die einschließlich der Vorbereitung der Finalisten vier Wochen dauern, gleicht eher der einer Sportveranstaltung. Da wird leidenschaftlich Partei ergriffen, werden Wetten abgeschlossen und gibt es bei der Bekanntgabe der Preisträger durchaus auch Buhrufe, wenn das Publikum mit einer Platzierung nicht einverstanden ist. Hinzu kommt in den letzten Jahren eine beispiellose Mediatisierung: Die Kulturkanäle der öffentlichen Rundfunkanstalten Musiq3 und Klara übertragen die Runden live, die Fernsehanstalten fassen die ersten beiden zusammen, sind jedoch beim Finale dabei. Die Teilnehmer werden ausführlich vorgestellt, Experten beurteilen ihre Leistung. Hunderttausende Belgier verfolgen die Ereignisse zu Hause gebannt – das gilt inzwischen, dank des Live-Streaming auf der Internetseite des Wettbewerbs, auch für viele Fans in aller Welt. Schließlich bringt der Wettbewerb immer wieder große Interpreten hervor. Wer hier reüssiert hat, gehört definitiv zu den Besten seiner Sparte.
Nicht versäumen wollen eingefleischte Sportfans die Wettbewerbe ihres Vereins. Ein Besuch im Fußballstadion oder auf der Pferderennbahn ist auch in Brüssel ein Ereignis der besonderen Art.
Botanikfreunde freuen sich über rund drei Wochen Zugang zu den Königlichen Gewächshäusern im April/Mai und Royal-Fans können im Spätsommer einen Blick ins königliche Schloss werfen.

Ein würdevolles Outfit und die entsprechende Mimik sind Pflicht beim Ommegang.

Eventkalender

FEIERTAGE

1. Januar: Neujahr, 1. Mai: Tag der Arbeit, 21. Juli: Nationalfeiertag, 15. August: Mariä Himmelfahrt, 1. November: Allerheiligen, 11. November: Tag des Waffenstillstands, 25. und 26. Dezember: Weihnachten

Bewegliche Feiertage: Ostermontag, Christi Himmelfahrt und Pfingstmontag. Fällt ein Feiertag auf einen Sonntag, gilt u. U. der darauf folgende Montag als Feiertag.

JANUAR

Brussels Antiques and Fine Arts Fair (BRAFA)

www.brafa.be

Seit 1955 die führende belgische Antiquitätenmesse.

FEBRUAR

Anima

www.animatv.be

Internationales Festival des Animations- und Zeichentrickfilms; Palais des Congrès.

MÄRZ

Ars Musica

www.arsmusica.be

Festival für Neue Musik, viele belgische Ensembles und Kompositionen, Interessenten aus aller Welt; Flagey.

Eurantica

www.eurantica.be

Antiquitätenmesse; Messegelände Heysel.

Internationales Festival des fantastischen Films

www.bifff.org

Rund 70 Premieren, Fans aus aller Welt, tolles Ambiente.

APRIL/MAI

Besichtigung der Königlichen Treibhäuser in Laeken

www.monarchie.be

Nur ca. drei Wochen pro Jahr sind die wunderbaren Gewächshäuser für die Öffentlichkeit zugänglich. Abends prächtig illuminiert

MAI

Concours musical international Reine Elisabeth

www.cmireb.be

Abwechselnd für Geige, Klavier und Gesang. Conservatoire und Palais des Beaux-Arts.

Jazz Marathon

www.brusselsjazzmarathon.be

Jazzkonzerte in Bars, Cafés und Clubs (preisgünstiger Pass!) und auf mehreren Plätzen (gratis).

Zinneke-Parade

www.zinneke.org

Anspruchsvoller multikultureller Umzug (gerade Jahre), ► S. 100.

KunstenFESTIVALdesArts

www.kfda.be

Internationales Festival für Avantgarde-Theater, Avangarde-Tanz, Performances.

20-km-Brüssel-Lauf

www.20km.chronorace.be

25 000 – 30 000 Läufer, die Strecke führt quer durch die Stadt.

JUNI

Brussels Non-European Art Fair (BRUNEAF)

www.bruneaf.be

Tage der offenen Tür bei 40 Galerien für außereuropäische Kunst am Sablon.

Jahrestagsfeier der Schlacht von Waterloo

www.waterloo1815.be

Alljährlich um den 15. Juni. Alle 5 Jahre wird die ganze Schlacht nachgestellt (2015 ...).

JULI

Ommegang

http://ommegang.be

Die Grand'Place ist Kulisse für diese prachtvolle Erinnerung an das Fest, das der Magistrat der Stadt 1549 zu Ehren Kaiser Karls V. veranstaltet hat (Anfang Juli).

Couleur Café

www.couleurcafe.be

Dreitägiges Festival der World Music, viele Stilrichtungen, leckeres Essen.

Bruxelles-les-Bains

Métro: Yser (2, 6)

www.bruxelleslesbains.be

Beliebter Sandstrand mit Sport, Spielen und Spezialitäten am Kanal (bis Mitte August); Quai des Péniches.

Festival des Midis-Minimes

www.midis-minimes.be

Mittagskonzerte mit klassischer und ethnischer Musik, beste Interpreten zu demokratisch kleinem Preis. Conservatoire und Église des Minimes

Nationalfeiertag am 21. Juli

Feuerwerk auf der Place du Palais. Der Nationalfeiertag markiert auch den Beginn der Konzertsaison im Parc de Bruxelles: Fr. 12.00 – 14.00 Uhr, bis Mitte August.

Foire du Midi

Boulevard du Midi

www.foiredumidi.be

Riesige Kirmes am Südbahnhof, u. a. Riesenrad (Mitte Juli bis Mitte August).

Besichtigung des Palais Royal

www.monarchie.be

Ab ca. 21. Juli bis einschl. September kann man sich tgl. außer Mo. 10.30 – 16.30 Uhr das königliche Schloss ansehen.

AUGUST

Blumenteppich auf der Grand'Place

www.flowercarpet.be

In jedem geraden Jahr wird vier Tage lang ein riesiger Teppich aus 1 Mio. belgischen Begonien ausgelegt. Künstler gestalten die Motive; Grand'Place.

AUGUST/SEPTEMBER

Memorial Ivo van Damme

www.memorialvandamme.be

Eines der wichtigsten Leichtathletiktreffen der Welt; Stade Roi Baudouin.

SEPTEMBER

Klarafestival

wwwklarafestival.be

Ausgeklügelte Konzerte des flämischen Kulturradios von klassisch bis zeitgenössisch.

Multikulturelles Event

Im Jahr 2000 war Brüssel Kulturstadt Europas. Gemeinsam gestalteten die Kulturinstitutionen das Programm mit dem Thema »Die Stadt«. Es sollte dauerhafte Impulse für die Kohäsion, also das Zusammenleben der verschiedenen Bevölkerungsgruppen geben und etwas hinterlassen, was lebendig blieb. So wurde die Idee der Zinneke-Parade geboren.

Zinneke nennt der Brüsseler Volksmund ein **lieb-freches Hündchen mit farbigem Stammbaum**, eine Art Spitzgedackelterwindhundschnauzer. Zinnekes sind auch die weitaus meisten Brüsseler. Nur wenige haben eine Ahnengalerie, die bis ins frühe 19. Jahrhundert oder weiter zurückreicht. Die meisten stammen von Zugezogenen ab, erst Flamen und Wallonen, dann ashkenasische Juden, Italiener, Spanier, Portugiesen, nach Marokkanern und Türken Afrikaner, Asiaten, Latinos, West- und Osteuropäer. Die Zinneke-Parade sollte diese bunte Mischung und ihre positive Energie widerspiegeln. Damit setzten die Veranstalter auf Risiko. Die **Umsetzung der Idee** musste nämlich **an der Basis** geschehen, durch alle möglichen Gruppen, Vereine, Schulen, Musikschulen, Jugendhäuser, Seniorenclubs – letztlich waren das circa 250 – in den verschiedenen Stadtbezirken.

Alle machen mit

Deren Ideen mussten mithilfe von professionellen Theatermachern, Choreografen, Künstlern, Musikern und Zirkusartisten koordiniert und dann umgesetzt werden. Das bedeutete **zahllose Proben und harte Arbeit in den Werkstätten**, in denen Kostüme, Accessoires und Wagen fabriziert wurden. Schließlich musste der Zug der Gruppen – mit insgesamt etwa **4000 Teilnehmern** – von den Stadtbezirken zu den großen Boulevards im Zentrum und zurück organisiert werden. Das Husarenstück gelang. Eine begeisterte Menschenmenge bestaunte im **Mai 2000** die farbenfrohe, fantasievolle, laute und bei alldem künstlerisch anspruchsvolle Zinneke-Parade. Und dann geschah, was nur die wenigsten für möglich gehalten hatten: Wenige Monate später begann in den »Zinnoden« das Brainstorming für die nächste Parade. Dabei ist es geblieben. **Alle zwei Jahre** fiebert die Stadt dem Ereignis entgegen, das ihre große »Zinnergie« zeigt (www.zinneke.org).

Feiern ist schön, macht aber auch müde.

Brueghel-Festtage
An der Rue Haute, Marollen.

Design September
www.designseptember.be
Zahlreiche Ausstellungen, viel junges belgisches Talent.

Journées du Patrimoine
www.monument.irisnet.be
Tag der offenen Tür in rund 100 sonst nicht zugänglichen Baudenkmälern und etwa 40 Gärten (3. Sonntag des Monats).

Skoda Jazz Festival
www.skodajazz.be
Diese Jazzkonzertreihe beginnt in der Regel Ende September und dauert bis Ende des Jahres.

OKTOBER
Europalia
www.europalia.eu
Repräsentative Übersicht über die Kultur eines Landes (gerade Jahre).

Brussels Marathon & Half-Marathon
www.brusselsmarathon.be

Orgelfestival
Mit internationaler Beteiligung. Kathedrale St-Michel.

Parcours Modo
www.modobrussels.be
Drei Tage der offenen Tür von rund 100 Modeschöpfern und Trendboutiquen.

NOVEMBER
Cocoon
www.cocoon.be
Internationale Fachmesse für Innenarchitektur und Design.

Saint-V (20.11.)
www.ulb.ac.be/students/ace
Feier des Gründungstags der Freien Universität 1834, großer Umzug der Studenten, anschließend Trinkgelage, für die in den Tagen zuvor bei Passanten Geld eingesammelt wurde. Zum Dank werden sie mit Eiern und Mehl beworfen.

DEZEMBER
Plaisirs d'hiver
www.plaisirsdhiver.be
Krippe mit lebenden Tieren und Weihnachtsbaum auf der Grand'Place, ausgedehnter internationaler Weihnachtsmarkt zwischen Grand'Place und Fischmarkt, dort Riesenrad und Eislaufbahn.

SPORTVERANSTALTUNGEN
RSC Anderlecht
Constant Van Den Stock Stadion, Ave. Theo Verbeeck
Tickets: Tel. 02 5 29 40 67
www.rsca.be
Der über 100 Jahre alte Fußballclub spielt seit 1935 in der obersten belgischen Liga und ist vielfacher Landesmeister.

Paris–Brüssel
Im September findet dieses zu den ältesten Eintagesrennen gehörende Radrennen über ca. 220 km statt.

Hippodrome de Boitsfort
51, Chaussée de La Hulpe
Tel. 02 6 60 28 39
Galopp- und Hindernisrennen.

Mit Kindern unterwegs

Spiel und Spaß

Was die Ernährungsfrage angeht, bereitet Brüssel den meisten Kindern wahrscheinlich keine Probleme: Im Heimatland der Pommes frites geht es sicher nicht ohne wenigstens einen Stopp an einer »friture« und auch das Schokoladenmuseum an der Grand'Place hat in ihnen ein dankbares Publikum.

Unbedingt gesund ist das natürlich nicht, deshalb ist für Bewegung zu sorgen, etwa auf dem **Spielplatz im Parc de Bruxelles** oder bei einem Stadtspaziergang auf den Spuren der belgischen Comic-Helden (▶ S. 152). Manneken Pis wollen wohl alle Kinder sehen (wobei seine Kostümsammlung im Maison du Roi letztlich interessanter ist), genauso das Atomium (▶ S. 160) und vor allem das zu dessen Füßen liegende Mini-Europe. Ist das Wetter schlecht, gibt es einige Museen, die auch Kinder begeistern: etwa das Comic-Museum (▶ S. 169), Autoworld, Scientastic, das Kindermuseum und das Naturkundemuseum. Um noch einmal auf das Essen zurückzukommen: Bei »Chez Léon« (▶ S. 87) essen Kinder unter 12 Jahren umsonst.

Angebote für Kinder

BADESPASS

Océade

Métro: Heysel (6)

Eintritt: Kinder zwischen 1,15 m und 1,30 m 14,50 €, alle Größeren 17,50 €

In den belgischen Schulferien tgl. 10.00–21.00 Uhr, sonst Mi.–Fr. 10.00–18.00, Sa., So. bis 21.00 Uhr, Mo. u. Di. geschlossen www.oceade.be

Großes Badezentrum beim Atomium mit Riesenrutschen, Wellenbad etc.

Aqualibi

Mit dem Auto auf der E 411 ca. 20 km Richtung Namur, Ausfahrt 7; Bahn über Ottignies bis Bierges

Eintritt: Kinder von 3 bis 6 Jahre 5 €, bis 12 Jahre 14,50 €, ab 12 Jahre/Erwachsene 18,50 €

www.walibi.com

Riesiger Wasserpark mit Rutschbahnen, Wildwasserbahn, Strudeln und Wasserfällen in Wavre, südöstlich von Brüssel.

FREIZEITPARKS

Mini-Europe

▶ Atomium, S. 160

Walibi

Anfahrt ▶ Aqualibi

Eintritt: Kinder unter 11 Jahren 28 €, Kinder ab 12 Jahren/Erwachsene 32 €

www.walibi.com

Interessant für alle: die Dinosaurer-Galerie im Muséum des Sciences Naturelles. Dieser Riese steht vor der Tür.

Riesenfreizeitpark mit einer immensen Anzahl von Attraktionen und Fahrgeschäften.

MUSEEN

Autoworld

► Parc du Cinquantenaire, S. 245

Centre Belge de la Bande Dessinée

► Comic-Museum, S. 169

Musée des Enfants

15, Rue du Bourgmestre (Ixelles)
Tram: Buyl (23, 24, 25)
In den Ferien tgl., im Juli Mo.–Fr., sonst Mi., Sa. und So. jeweils 14.30–17.00 Uhr, Aug.–Mitte Sept. geschlossen
Eintritt: 7,50 €
www.kindermuseum.be

Hier lernen Kinder den Alltag, die Natur u. v. a. auf spielerische Weise kennen – ein sehr intelligent gemachtes Museum.

Musée du Jouet

24, Rue de l'Association
Métro: Madou, Botanique (2, 6)
Tgl. 10.00–12.00 u. 14.00–18.00 Uhr
Eintritt: Kinder 4,50 €, Erwachsene 5,50 €
www.museedujouet.eu

Viel altes Spielzeug, das man auch benutzen kann.

Musée Scientastic

Im 1. Stock der Tram-/Prémétro-Station Bourse (3, 4, 31, 32)
Mo., Di., Do. und Fr. 10.30–17.30, Mi., Sa. u. So. 14.00–17.30 Uhr
Eintritt: 3–25 Jahre 5,30 €, darüber 7,90 €
www.scientastic.com

Interaktives Museum zu naturwissenschaftlichen Themen, an dem auch Erwachsene Gefallen finden.

Muséum des Sciences Naturelles

► S. 234

SCHOKOLADE

Laurent Gerbaud

2, Rue Ravenstein
www.chocolatsgerbaud.be

Bei diesem Chocolatier kann man vom Laden aus durch große Glasscheiben in die Werkstatt schauen. Eine pfiffige Idee ist die Kinderecke, die spielerisch in die Welt der Schokolade einführt.

Zaabär

125, Chaussée de Charleroi
www.zaabar.com

Schon allein beim Anschauen dieses Geschäfts werden selbst Schokoladenmuffel schwach. Zaabär bietet regelmäßig Vorführungen und Kurse auch für Kinder an. Gut waschbare Kleidung dürfte dabei von Vorteil sein.

Musée du Cacao et du Chocolat

► Grand'Place, S. 187

THEATER FÜR KINDER

Théâtre Peruchet

50, Ave. de la Forêt (Ixelles)
Tram: Boondael (94)
Aufführungen Mi., Sa. u. So. jeweils 15.00 Uhr
Eintritt: 7 €
www.teatreperuchet.be

Das Marionettentheater besitzt sage und schreibe rund 4000 Marionetten. Auf seinem Programm stehen vor allem Märchenerzäh-

Ein Schokoladenmäulchen ist das Mindeste, was man bei Zaabär kriegt.

lungen. Für Theaterbesucher ist der Gang durch das angeschlossene Museum übrigens kostenlos.

ZOO
Dierenpark Planckendael

Ca. 20 km nordöstlich von Brüssel bei Mechelen; mit dem Auto auf der E 19 Richtung Antwerpen, Ausfahrt 11, mit der Bahn ab Bruxelles-Midi in ca. 25 Min., in Mechelen weiter mit Bus 284 und 285; am Bahnhof gibt es kombinierte Bahn- und Eintrittskarten
Tgl. ab 10.00 Uhr
Eintritt: Kinder ab 3 Jahre 17 €
Erwachsene 22 €
www.planckendael.be
Brüssel besitzt keinen Zoo, deshalb lohnt sich der Ausflug in den Zoo von Planckendael, zumal das nahe gelegene Mechelen ein sehr hübsches Städtchen ist.

BABYSITTER
ULB Service Jobs

44, Rue Jeanne
Tel. 02 6 50 21 71
Jobvermittlung des Studentenwerks.

Museen

Bunt und vielfältig

Neben den großen, berühmten Museen besitzt Brüssel eine ganze Reihe kleinerer, teils sehr spezialisierter Häuser, in denen man verblüffende Entdeckungen machen kann.

Spezielle Angebote

Mit der 24, 48 oder 72 Stunden gültigen **Brussels Card** hat man kostenlosen Eintritt in 32 große und kleine Museen sowie freie Fahrt in den öffentlichen Verkehrsmitteln (▶ Preise S. 292), doch lohnt sich das finanziell eigentlich nur, wenn man außer Museumsbesuchen nicht viel mehr im Sinn hat. Von Ende September bis Mitte Dezember finden an jedem **Donnerstagabend** spezielle Museumsveranstaltungen statt. Welche Museen mit welchem Programm beteiligt sind, verrät www.brusselsmuseumsnocturnes.be. Rund 25 Museen beteiligen sich an der einmal jährlich Ende Februar/Anfang März veranstalteten **Museumsnacht**, Infos dazu gibt es unter www.museumnightfever.be. Wer sich einen **Überblick** verschaffen möchte, tut dies am besten auf der Webseite www.brusselsmuseums.be.

Museumswelt Brüssel

ARCHITEKTUR

Fondation pour l'Architecture
55, Rue de l'Ermitage (Ixelles)
Tram: Bailli (81, 82, 94)
Di. – Fr. 12.00 – 18.00 Uhr
Eintritt frei
www.fondationpourlarchitecture.be
Architekturzentrum mit Ausstellungen und Bibliothek.

Maison Autrique
266, Chausée de Haecht
Tram: Robiano (25, 65, 66, 92)
Mi. – So. 12.00 – 18.00 Uhr
Eintritt: 6 €, www.autrique.be
Das erste Wohnhaus von Victor Horta in Brüssel aus dem Jahr 1893.

Maison Cauchie
▶ Jugendstil in Brüssel, S. 204

Musée Horta
▶ Jugendstil in Brüssel, S. 202

Musée de l'Architecture – La Loge
86, Rue de l'Ermitage (Ixelles)
Tram: Bailli (81, 82, 94)
Tgl. außer Mo. 12.00 – 18.00, Mi. bis 21.00 Uhr
Eintritt 4 €, www.aam.be
Architektur und Mobiliar; zudem für Studierende und Forscher ein exzellentes Archiv. Untergebracht in einem Freimaurer-Logenhaus.

ESSEN UND TRINKEN

Musée des Brasseurs CBB
▶ Grand'Place, S. 187

Säulen am chinesischen Pavillon bei Schloss Laeken

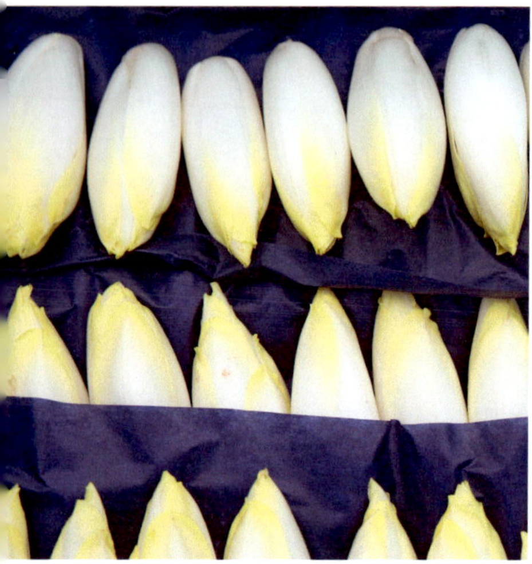

Lecker und gesund: Chicorée

Musée Bruxellois de la Gueuze

► Anderlecht, S. 158

Musée du Cacao et du Chocolat

► Grand'Place, S. 187

Musée Schaerbeekois de la Bière

33, Blvd. L. Bertrand
Tram: Albert (3, 4, 33, 51)
Mi. u. Sa. 14.00 – 18.00 Uhr
Eintritt: 3 €
Großes Biermuseum.

Musée de la Witloof

Geuzenberg, Leekaertsstraat 29
Bus: Houdemakers (45, 65)
So. u. Fei. 12.00 – 18.00 Uhr, 2. Augusthälfte geschl.
Freilichtmuseum über das belgische Nationalgemüse Witloof bzw. Chicon (= Chicorée); dazu belgisches Bier und Käsebrote.

GESCHICHTE, KULTURGESCHICHTE

Archives et Musée de la Vie Flamande à Bruxelles

28, Quai aux Pierres de Taille
Métro: Ste-Catherine (1, 5)
Di. – Fr. 10.00 – 17.00 Uhr
Eintritt frei, www.amvb.be
Viel Interessantes zur Geschichte und Kultur der Flamen.

Bruxella 1238

► Bourse, S. 167

Collections du CPAS

298a, Rue Haute
Métro: Porte de Hal (2, 6)
Mo. – Fr. 14.00 – 16.00 Uhr
Eintritt frei
Sammlungen der Öffentlichen Wohlfahrt Brüssel: Möbel, Gemälde und Skulpturen (15. – 18. Jh.).

Confederate Museum

40, Rue de la Charrette
Bus: Verheyleweghen (29)
ⓘ auf Anfrage: Tel. 02 762 82 80, Eintritt frei
In Brüssel: ein Museum über den amerikanischen Bürgerkrieg.

La Fonderie

27, Rue Ransfort (Molenbeek-St-Jean)
Métro: Comte de Flandre (1, 5)
Mo. – Fr. 10.00 – 17.00, 1. So. im Monat 14.00 – 17.00 Uhr
Dauerausstellung Eintritt frei
www.lafonderie.be
Ausstellung und Dokumentation zur Brüsseler Sozial- und Industriegeschichte in einer alten Eisengießerei; zum Besuch gehören auch Führungen durch die Arbeiterviertel in Molenbeek.

Maison Brueghel
▶ Marollen, S. 213

La Maison du Folklore et des Traditions
19, Rue du Chêne
Métro: Gare Centrale (1, 5)
Do. – So. 13.00 – 18.00 Uhr
Eintritt frei
Brüsseler, aber auch andere folkloristische Traditionen.

Musée du Béguinage
▶ Anderlecht, S. 159

Musée BelVue
▶ Palais Royal, S. 243

Musée du Caillou
▶ Waterloo, S. 280

Musée des Cires
▶ Waterloo, S. 289

Musée communal du Comté de Jette
Abbaye de Dieleghem
14, Rue Tiebackx (Jette)
Bus: Schuermans (13, 15, 53)
Tel. 02 465 86 37
auf Anfrage Mo. – Fr.
14.00 – 16.30 Uhr, Eintritt frei
Geschichte der ehemaligen Grafschaft und heutigen Brüsseler Gemeinde Jette.

Musée du Costume et de la Dentelle
▶ S. 222

Musée du Jouet
24, Rue de l'Association
Métro: Madou, Botanique (2, 6)
Tgl. 10.00 – 12.00 u.
14.00 – 18.00 Uhr
Eintritt: 5,50 €
www.museedujouet.eu
Herrliches altes Spielzeug, das man auch benutzen kann.

Musée Juif de Belgique
21, Rue des Minimes
Tram: Petit Sablon (92, 94)
Di. – So. 12.00 – 17.00 Uhr
Eintritt: 5 €
www.new.mjb-jmb.org
Geschichte, Kultur und Schicksal der belgischen Juden.

Musée national de la Résistance
14, Rue Van Lint (Anderlecht)
Tram: Conseil (81)
Mo., Di., Do., Fr. 9.00 – 12.00
u. 13.00 – 17.00 Uhr
Eintritt frei
Der belgische Widerstand in beiden Weltkriegen.

Musée de la Police
33, Ave. de la Force Aérienne (Ixelles)
Tram: La Chasse (81, 83)
Mo. – Fr. 9.00 – 12.00
u. 13.00 – 16.30 Uhr, Eintritt frei
Geschichte der belgischen Gendarmerie seit 1794-

Musée Royal de l'Afrique Centrale
▶ S. 226

Musée Royal de l'Armée et d'Histoire Militaire
▶ Parc du Cinquantenaire, S. 250

Musée de la Ville de Bruxelles
▶ Grand'Place, Maison du Roi, S. 182

Musée Wellington
► Waterloo, S. 281

Souterrain Coudenberg
► Palais Royal, S. 243

KUNST UND ARCHÄOLOGIE

Contretype
Hôtel Hannon, 1, Ave. de la Jonction (St. Gilles/Ixelles)
Tram: Janson (81, 97), Ma Campagne (92)
Mi. – Fr. 11.00 – 18.00, Sa. u. So. 13.00 – 18.00 Uhr
Eintritt: 2,50 € (jeden 1. So. im Monat frei), www.contretype.org
Fotoausstellungen in dem berühmten Jugendstilhaus.

Musée Antoine Wiertz
► Muséum des Sciences Naturelles de Belgique, S. 234

Musée d'Art spontané
27, Rue de la Constitution
Tram: Robiano (25, 92, 94)
Di. – Sa. 13.00 – 17.00 Uhr
Eintritt: 2 €
www.musee-art-spontane.be
Naive und autodidaktische Kunst in einer alten Druckerei.

Musée Charlier
16, Ave. des Arts (St-Josse)
Métro: Madou (2, 6)
Mo. – Do. 12.00 – 17.00, Fr. 10.00 – 13.00 Uhr
Eintritt: 6 €
www.charliermuseum.be
Möbel und Silber des 19. Jh.s, Gemälde u. a. von Ensor und Meunier im Haus des Sammlers Charlier, das eingerichtet wurde von Horta.

Musée d'Ixelles
► Ixelles, S. 192

Musée Constantin Meunier
► Ixelles, S. 193

Musée David et Alice van Buuren
► S. 219

Musée Magritte
► S. 222

Musée René Magritte
► S. 222

Musées Royaux d'Art et d'Histoire
► Parc du Cinquantenaire, S. 246

Musées Royaux des Beaux-Arts de Belgique
► S. 228

Palais de Charles de Lorraine
► Mont des Arts, S. 216

Pavillon Chinois
► Laeken, S. 205, Abb. S. 106

Tour Japonaise
► Laeken, S. 205

Kunsthalle Wiels
► Forest, S. 174

LITERATUR, MUSIK, THEATER, FILM

Archives et Musée de la Littérature
► Mont des Arts, S. 215

Bibliotheka Wittockiana
21–23, Rue du Bemel (Woluwé-St-Pierre)
Bus: 36 (ab Métro Thieffry)

Di. – Sa. 10.00 – 17.00 Uhr
Eintritt: 7,50 €
www.wittockiana.org
Für Bibliophile ein Muss: Europas bedeutendste Sammlung kunstvoller Bucheinbände, die 2000 antiken und 400 modernen Stücke wurden vom Textilfabrikanten Michel Wittock zusammengetragen, darunter auch z. B. solche von Henry van de Velde.

Centre Belge de la Bande Dessinée

► S. 169

Maison d'Erasme

► Anderlecht, S. 159

Éditions Jacques Brel

► S. 172

Musée Camille Lemonnier

150, Chaussée de Wavre
Métro: Porte de Namur (2, 6)
Mo. – Fr. 10.00 – 12.00 u. 14.00 – 16.00 Uhr, Eintritt frei
Leben und Werk des Schriftstellers Camille Lemonnier (1834 – 1913).

Cinematek

9, Rue Baron Horta
Métro: Gare Centrale (1, 5)
Mo., Di. u. Fr. 16.30, sonst 14.30 Uhr (30 Min. vor Vorstellungsbeginn)
Eintritt: 3 €, www.cinematek.be
Kinotechnik in 40 Vitrinen, täglich Ton- und Stummfilmklassiker in den beiden Kinosälen.

Musée des Instruments de Musique

► S. 221

Beherbergt das Musée de la Ville de Bruxelles: Maison du Roi an der Grand'Place

Musée International de la Marionette/Théâtre Peruchet

► Kinder, S. 104

Musée Jijé

1, Blvd. de l'Impératrice
Métro: Gare Centrale (1, 5)
Di. – So. 10.00 – 18.00 Uhr
Eintritt: 3 €, www.jije.org
Das Werk des Comic-Zeichners Joseph Gillain alias Jijé

Musée de la Maison de la Bellone

► Marché aux Poissons, S. 211

Musée Maurice Carême

14, Ave. Melba (Anderlecht)
Métro: Veeweide (5)
Nur nach Voranmeldung

Tel. 02 5 21 67 75, Eintritt frei
www.mauricecareme.be
Leben und Werk des Schriftstellers Maurice Carême (1899 – 1978).

Musée du Théâtre du Toone VII

6, Petite Rue des Bouchers/ Impasse Schuddeveld
Métro: Gare Centrale (1, 5)
Während der Vorstellungspausen Di. – Sa. 20.30, Sa. auch 16.00 Uhr
Eintritt: 10 €, www.toone.be
Geschichte und Marionetten des berühmten Marionettenheaters.

NATURKUNDE, NATURWISSENSCHAFT

Centre d'Information du Forêt de Soignes
▶ Forêt de Soignes

Musée de la Médicine

Erasmus-Campus ULB
808, Route de Lennik (Ixelles)
Métro: Erasme (5)
Mo. – Fr. 13.00 – 16.00 Uhr
Eintritt 3 €
www.medicmuseum.be
Medizinisches Museum der Brüsseler Universität.

Musée de Minéralogie et Géologie

30, Rue A. Depage (Ixelles)
Tram/Prémétro: Churchill (3, 23, 24)
Di. – Fr. 9.00 – 12.00 u. 14.00 – 16.30 Uhr (im Schuljahr)
Eintritt frei
Geologische Sammlung der Universität Brüssel.

Musée de Plantes Medicinales et de la Pharmacie

▶ Ixelles, Université Libre, S. 195

Muséum des Sciences Naturelles

▶ S. 234

Musée Scientastic

▶ Kinder, S. 104

Musée de Zoologie

▶ Ixelles, Université Libre, S. 195

TECHNIK

Autoworld Brussels

▶ Parc du Cinquantenaire, S. 250

Le Clockarium

163, Blvd. Auguste Reyers (Schaerbeek)
Tram/Prémétro: Diamant (23, 24, 25)
Führung: So. 15.05 Uhr
Eintritt: 6 €, www.clockarium.com
Präsentiert werden über 1000 Fayence-Kaminuhren aus der Zwischenkriegszeit. Klar, dass der Beginn der Führung präzise benannt wird.

Musée des Chemins de Fer Belge

▶ Boulevards, S. 166

Musée des Égouts

Pavillon de l'Octroi
Porte d'Anderlecht
Tram: Port d'Anderlecht (51, 82)
Di. – F. 10.00 – 17.00 Uhr
Eintritt: 2 €
Museum zum Thema Brüsseler Kanalisation im 19. Jahrhundert, daher auch der Name: Es riecht, sagen wir mal, streng.

Musée de l'Imprimerie

► Mont des Arts, S. 215

Musée de l'Informatique – Unisys

20, Ave. du Bourget (Evere)
Bus: 21, 65 (bis NATO)
Nur nach Voranmeldung
Tel. 02 728 05 27, Eintritt frei
Die Sammlung J. Laffut beschäftigt sich mit dem Thema Informatik und zeigt u. a. alte Rechenmaschinen.

Musée Royal de l'Armée et d'Histoire Militaire

► Parc du Cinquantenaire, S. 250

Musée du Tram bruxellois

364B, Ave. de Tervuren (Woluwé-St-Pierre)
Tram: Musée du (39, 44)
April – Anfang Okt. Sa., So. u. Fei. 13.00 – 19.00 Uhr
Eintritt 5 €, Spazierfahrt am Sonntag: 15 €
www.trammuseumbrussels.be
Sonntags um 10.00 Uhr starten Straßenbahnen aus den 1930er-Jahren zu einer knapp 4-stündigen Fahrt nach Heysel und zurück (Reservierung: Tel. 02 5 15 31 08).

SONSTIGE

Musée de la Banque Nationale de Belgique

10, Rue du Bois Sauvage
Métro: Gare Centrale (1, 5)
Mo.Di. – So. 10.00 – 18.00 Uhr
Eintritt: 5 €, jeden 1. Mi. im Monat ab 13.00 Uhr und am Wochenende Eintritt frei
www.nbbmuseum.be
Ausstellung zu Geschichte und Organisation der Belgischen Staatsbank, Münzensammlung.

Musée de l'Escrime – Charles Debeur (Musée de l'Escrime)

11, Parc du Cinqentenaire (bei Autoworld)
Métro: Schuman, Merode (1, 5)
Nach Voranmeldung unter Tel. 02 7 36 41 65
Wissenswertes über den Fechtsport zu Ehren des Olympiasiegers und Mäzens Charles Debeur – und im Übrigen das einzige Museum weltweit, das sich der olympischen Disziplin Fechten widmet.

Musée de Chine/Missionaires Scheut

548, Chaussée de Ninoves (Molenbeek-St-Jean)
Bus: Bomstraat (126, 127, 128)
Mo. – Fr. nach Voranmeldung unter Tel. 02 5 21 47 29
China aus der Sicht der Congregatio Immaculati Cordis Mariae, der 1862 in Scheutveld bei Brüssel gegründeten Missionarsbruderschaft.

Musée du Cœur-Boyadijan

► Parc du Cinquantenaire, Musées Royaux, S. 250

Musée des Enfants

► Kinder, S. 104

Plasticarium

35, Rue Locqenghien
Métro: Comte de Flandre (1, 5)
Für Gruppen nach Voranmeldung unter Tel. 02 344 98 21
Eintritt frei
Mittlerweile Nostalgie: Diese einzigartige Privatsammlung präsentiert Plastikmöbel und -design der 1960er- und 1970er-Jahre.

Shopping

Das bekommen Sie nur hier!

Brüssel ist ein Shoppingparadies, das alle Käufersehnsüchte erfüllt. Nur gilt in der Hochburg des Surrealismus erst recht: »Gewusst wo«! Sowohl in der Unterstadt als auch in der Oberstadt ist das Angebot in den letzten Jahren umfangreicher und differenzierter geworden.

Von exotisch bis trendy

In der Unterstadt bleibt die Rue Neuve mit dem ausgedehnten, überdachten Shoppingcenter City 2 die populäre Einkaufsmeile. Allerdings überwiegen die großen Ketten wie Benetton, C&A, H&M, Hema oder Zara. Ein richtiger Basar ist die Rue de Brabant beim Nordbahnhof geworden, mit bunten Geschäften arabischer, pakistanischer und türkischer Händler, die am Wochenende von Kunden aus halb Europa gestürmt werden. Um Grand'Place und Manneken Pis konzentrieren sich die Pralinen-, Spitzen und sonstigen Souvenirläden. Originelle Mitbringsel führen der Kleinverlag Plaizir und der Shop im Palais des Beaux-Arts. Schick bleibt die älteste überdachte Einkaufspassage der Stadt, die Galeries Saint-Hubert, in denen zwei Buchhandlungen auch den Intellekt befriedigen. In und um die liebenswürdige Galerie Bortier konzentrieren sich die Antiquariate, die zusehends aber auch Boulevard Anspach, Boulevard Lemonnier und Rue du Midi besiedeln. Das Quartier Saint-Jacques, zwischen Börse und Notre-Dame-du-Secours, lockt die Fans von Vintage-Mode. Wer top-trendy sein möchte, spaziert über die Rue Antoine Dansaert und ihre Seitenstraßen mit Boutiquen der tonangebenden Brüsseler Modeschöpfer und jungen Galeristen.

Rund um den Sablon

Zwischen Unter- und Oberstadt erstreckt sich das Dorado der Antiquitätenhändler, Dekorateure und »brocanteurs«. Die feinen, teuren Adressen – darunter international renommierte Galeristen mit außereuropäischer Kunst – säumen den Sablon und dessen Seitenstraßen. Der Markt hinter Notre-Dame-du-Sablon hat kein gehobenes Niveau. In den Parallelstraßen Rue Haute und Rue Blaes sinkt die angebotene Qualität, je näher der bunte, tägliche Flohmarkt auf der Place du Jeu de Balle rückt.

Von afrikanisch bis luxuriös

In Matonge, im Dreieck von Chaussée d'Ixelles, Chaussée de Wavre und Rue de la Paix, schlägt das populäre afrikanische Herz der Oberstadt, in dem nicht zuletzt Liebhaber von World Music voll auf ihre Kosten kommen. Der Kontrast zu Boulevard de Waterloo und Rue de Namur mit ihren Luxusboutiquen von Armani bis Zegna, aber

Vom Top-Modelabel bis zum Flohmarkt – Brüssel hat alles zu bieten.

auch der belgischen Nobelmarken Ambiorix, Delvaux und Natan, könnte kaum größer sein (auch wenn dort die Familienangehörigen afrikanischer Staatschefs gerne ein- und ausgehen). Avenue Louise, Place Stéphanie, die dazwischen liegende Einkaufspassage Galerie Louise und die Nebenstraßen warten mit erschwinglicherer Mode auf. Besondere Erwähnung verdienen die belgischen, teilweise Brüsseler Marken wie Bellerose, Chine, Essentiel, Mer du Nord, Olivier Strelli und Xandres.

Zum Bummeln bestens geeignet

Richtig flanieren lässt es sich von der Rue du Bailli über die Rue du Page und die Place Brugmann zur Rue Berkendael, wo es die tollsten Accessoires, Dekorationsgegenstände und Gesellschaftsspiele, aber auch angenehme Buchhandlungen, Kunstgalerien oder Weinhandlungen gibt. Ein Muss sind die etwas chaotischen Läden von DOD, wo selbst Diplomaten(gattinnen) die stark preisreduzierten Restbestände von Top-Modelabels ergattern – am besten während der »Soldes«, des Schlussverkaufs im Juli bzw. Januar.

Märkte, bunt und vielfältig

Die Stadt der Schlemmer erfreut Bewohner und Besucher selbstverständlich mit herrlichen Märkten. Der größte, bunteste und meistfotografierte findet am Sonntagvormittag um die Gare du Midi statt. Das Angebot ist stark mediterran geprägt und qualitativ unterdurchschnittlich. Wer gute Produkte kaufen möchte, wird am Samstag- und Sonntagvormittag auf der Place Flagey wesentlich besser bedient. Die beste Auswahl an Bioprodukten und Spezialitäten kleiner Erzeuger aus Südeuropa gibt es allerdings am Sonntagvormittag um das Rathaus des Stadtbezirks Watermael-Boitsfort auf der Place Antoine Gilson. Hier wie dort plaudern viele Banker, Juristen, Künstler und Wissenschaftler angeregt. Modische Brüsseler und Expats bevölkern am Mittwochnachmittag den Markt auf der Place du Châtelain. Je näher der Vorabend rückt, desto mehr werden an zahlreichen Ständen Champagner und Weißwein geschlürft und leckere Häppchen oder Austern verspeist.

Versorgung gewährleistet

Traditionell sind am Sonntagvormittag (und manchmal sogar ganztägig) die Bäckereien und Pâtisserien geöffnet, um Leckermäuler mit frischen »pistolets« (Brötchen), Croissants, »cramique« (Rosinenbrot), Törtchen und »petits-fours« zu versorgen.

Ladenschluss

Belgiens recht liberales Ladenschlussgesetz schreibt einen wöchentlichen Schließungstag vor bei allgemeinen Öffnungszeiten zwischen 5.00 und 20.00 Uhr. In Brüssel haben die Geschäfte montags bis samstags zwischen 10.00 und 18.00 oder 19.00 Uhr geöffnet; am Freitagabend wird meist erst um 20.00 oder 21.00 Uhr geschlossen. Sonntags haben auf jeden Fall Bäcker, aber auch immer mehr Supermärkte geöffnet.

»101 % Brussels«

Brüsseler Mode? Brüsseler Design? Gibt es das? Ist Mode nicht typisch für Antwerpen, Design für Flandern? Schließlich machten 1986 die »Antwerp Six« Dirk Bikkembergs, Ann Demeulemeester, Walter van Beirendonck, Dries van Noten, Dirk van Saenen und Marina Yee, allesamt Absolventen der Antwerpener Modeakademie, auf der British Designer Show mit ihren fantasievoll-frechen Kreationen Furore. Nur: Es gibt da eine Vorgeschichte und ein Nachspiel, und zwar in Brüssel.

1981 beschloss die belgische Regierung, der **notleidenden Textilindustrie** unter die Arme zu greifen. Der junge Brüsseler Modeschöpfer **Nissim Israel**, der wenige Jahre zuvor seine Marke Olivier Strelli und deren erste Boutique auf der Avenue Louise gegründet hatte, riet dem Wirtschaftsminister, statt maroder Betriebe die kreativen Kräfte zu fördern. Er fand Gehör. Ein Jahr später wurde der erste Wettbewerb »La Canette d'or – De Gouden Spoel« (Die Goldene Spule) ausgeschrieben, ausschließlich für junge Belgier. Zur ersten Preisträgerin kürte eine internationale Jury 1982 **Ann Demeulemeester**. Nissim Israel stellte sie als Assistentin ein. Im selben Jahr schaffte er selber international den Durchbruch. Auf der Pariser »Semaine de la Mode« präsentierte er die farbig gewagten **Olivier-Strelli-Kreationen** mit »Un Belge à Paris«. Nach der Show goutierte die Fachwelt Moules-Frites und Trappistenbier – und war begeistert.

Mode c'est belge ...

Auf der Rückfahrt nach Brüssel fiel Nissim Israel ein Slogan ein, den die Presse sofort aufgriff: »Mode, c'est belge – Mode, dit is Belgisch«. Wenig später zeigte sich die damalige Prinzessin und heutige Königin Paola in einem Kleid von Olivier Strelli. Sie wurde Stammkundin und machte damit natürlich die beste Werbung für den Aufsteiger Das tat sie auch für **Edouard Vermeulen**, nachdem der erfolgreiche Innenarchitekt 1984 das Couture-Haus Natan an der Avenue Louise gekauft und seine erste, ungemein elegante Kollektion vorgestellt hatte. Der Erfolg war einfach umwerfend, bald folgten fünf Prêt-à-porter-Produktlinien – und Natan eröffnete nach Olivier Strelli als zweites belgisches Haus eine Boutique in Paris.

La Cambre Mode(s)

Der Erfolg der »Antwerp Six« 1986 in London bestätigte somit einen allgemeinen Aufwärtstrend. Nur hatte er In der Stadt Antwerpen, mit der Modeakademie, eine andere Grundlage als in Brüssel. Das änderte sich im Jahr 1986. Da rief nämlich die **Brüsseler Hochschule für Gestaltung La Cambre** die Modeabteilung **La Cambre Mode(s)** ins Leben. Sie gewann rasch hervorragende Dozenten – und ebensolche Studenten. Zwei machten zwar keinen Abschluss, dafür jedoch Furore: Für die strengen, schwarzen Silhouetten von **Xavier**

Delcour begeisterten sich Michael Jackson, Brian Molko von Placebo oder Justin Timberlake. Eine wallende Abendrobe für Madonna lancierte **Olivier Theyskens**.

Erfolgreiche Labels

Nach den Pariser Traditionshäusern Rochas und Nina Ricci leitet der inzwischen Theory in New York. Die Erfolgsgeschichte von La Cambre Mode(s) ging ausgesprochen rasant weiter: Daniele Controversio machte bei Diesel und Replay Karriere, Laetitia Crahay stylt noch immer die Accessoires von Chanel und José Enrique Ona Selfa frischte 2002 bis 2008 den Look von Loewe auf. Sandrina Fasoli, Cathy Pill und weitere hervorragende Talente blieben in Brüssel. Einige kreierten das Konzept Boutique-Atelier. Modefans können dort einen **Blick hinter die Kulissen** werfen und sehen, was sich hinter solchen Labelnamen wie »Girls from Omsk« oder »Shampoo & Conditioner« verbirgt.

Von Haute Couture …

La Cambre Mode(s) ist zweifellos das **Rückgrat der Brüsseler Szene**. Zur Studenten-Show im Juni reist natürlich die gesamte Fachwelt an. Gekommen sind aber auch kreative Köpfe mit anderem Hintergrund. Dazu gehören etwa die faszinierenden Autodidaktinnen Sofie d'Hoore und Annemie Verbeke. Oder Jean-Paul Knott, in New York ausgebildet und zwölf Jahre lang rechte Hand von Yves Saint-Laurent, bevor er sein Couture-Haus am Kanal Brüssel-Charleroi aufmachte.

… bis exzentrisch

Oder die schillerndsten Figuren der Szene, Elvis Pompilio und Christophe Coppens. Ihre kessen bis exzentrischen **Hüte und Accessoires** sind weltweit Hits, nicht zuletzt bei den Royals.

Brüsseler Design

Parallel zur Mode bekam auch der Designbereich großen Auftrieb. Hier leistete die **Hochschule La Cambre** ebenfalls einen entscheidenden Beitrag. Alain Berteau, Nicolas Bovesse, Nathalie Dewez oder Elric Petit absolvierten dort ihr Studium. Ihre **Lampen und Kleinmöbel** sind inzwischen begehrt. Heiß gehandelt werden auch die bunteren Produkte des am Londoner Royal College of Art ausgebildeten Brüsselers Sylvain Willenz. Brüssels zweite Hochschule für Gestaltung Saint-Luc hat Leute wie Charles Kaisin und Xavier Lust hervorgebracht.

Charles Kaisin fiel beispielsweise mit der blättrigen »K-bench« aus recycelten Zeitungen auf, tummelte sich aber auch in anderen Regionen, so entwarf er unter anderem eine Handtasche für Delvaux, Pralinen für Marcolini, eine Swatch oder das Interieur der Winebar Pixel. **Xavier Lusts** gerundete und geschwungene Metallmöbel wie »Le Banc« und der Stuhl »4P« für den italienischen Fabrikanten MDF, die Tabletts »T42« und »T43« und der floral gekrümmte Leuchter »Turner« – alle von italienischen Top-Firmen hergestellt – greifen die Linien von Victor Horta auf und schlagen so einen Bogen in die Vergangenheit.

Heute und morgen

Inzwischen zählt Brüssel locker **über 200 Modeschöpfer und Designer**. Modo Brussels (www.modobrussels.be) und Designed in Brussels (www.designedinbrussels.be), beide von der Regionalregierung finanziell ausgestattet, unterstützen sie. Sie organisieren im September den **Parcours Modo** und **Design September**, Tage der offenen Tür der Boutiquen und Ateliers. Absoluter Höhepunkt der Veranstaltungen ist die Verleihung des **Prix Modo**. Unter dem schönen Etikett »101 % Brussels« finden regelmäßig Road Shows in den wichtigsten Metropolen der Welt statt. Alle Interessenten haben Zugriff auf hervorragende Datenbanken und aktuelle Informationen. Anfang 2012 hat der Umbau eines großen Hauses an der Place du Nouveau Marché aux grains Nr. 10, mitten im Modeviertel, zum Centre Mode Design Brussels begonnen. Damit bekommen beide endlich ein unverkennbares Gesicht. Ebenso erfreulich ist die Tatsache, dass sich Modo Brussels, das Flanders' Fashion Institute, Designed in Brussels, Design Vlaanderen und Wallonie-Bruxelles Design/Mode seit dem Jahr 2012 auf den großen internationalen Fachmessen in Paris, Mailand, London und New York gemeinsam präsentieren, und zwar unter dem Label **»Belgium is Design«** bzw. für die Modeschöpfer **»(les belges)«**.

Dieser Einkaufsbummel hat sich definitiv gelohnt.

Einkaufsadressen

KULINARISCHES

Beer Mania

174–178, Chaussée de Wavre
www.beermania.be

Seit 1983 bietet der aus dem Iran eingewanderte Nasser Eftekhari rund 400 beste belgische Biere – zum Teil Raritäten von »Micro-Brasseries« – und die dazu passenden Gläser. Inzwischen braut er auch das helle »Mea culpa«.

Dandoy

31, Rue au Beurre (Stammhaus)
www.biscuiteriedandoy.be

Zwei Jahre älter als das Königreich ist diese Zuckerbäckerei, ein Familienunternehmen. Nur sie stellt die Spezialitäten »Pain à la grecque« und »Pavé de Bruxelles« her. Im Advent locken Spekulatius-Weihnachtsmänner und Herzen aus geröstetem Marzipan.

Marcolini

1, Rue des Minimes (Flagshipstore)
www.marcolini.be

(Mindestens) einmal im Leben sollte man die Grand-Cru-Schokoladen, deren Bohnen Pierre Marcolini bei ausgewählten Biobauern einkauft und dann persönlich weiterverarbeitet, probieren, um Aromen wie bei feinsten Weinen zu entdecken. Auch die Pralinenkreationen sind superlecker – und die von Delvaux gestylten Verpackungen einfach »chic et classe«.

Schwach werden könnte man ...

LITERATUR, MUSIK

Brüsel

100, Boulevard Anspach und
29, Place Flagey, www.brusel.com

Hier finden Liebhaber die beste Comics-Auswahl, neben Klassikern aus Belgien und aller Welt auch die Publikationen junger Autoren bei Kleinverlagen. Hinzu kommen wertvolle Originalausgaben, Serigraphien, Ex-Libris, Gadgets und Postkarten.

Quartiers Latins

14, Place des Martyrs
www.cfc-editions.be

Belgische Dichter und Romanciers, die besonderen Ausgaben belgischer Verlage – insbesondere zu Architektur, Kunst und Stadtplanung, nicht zuletzt in Brüssel –, sie sind hier erhältlich. Autorenlesungen, Ausstellungen und eine Kinderecke machen die nette Buchhandlung erst recht attraktiv.

Tropismes

11, Galerie des Princes
www,tropismes.be

Spezialist für französische und belgische Literatur, die wunderbare Ladeneinrichtung mit Säulen, Spiegel und Stuck ist ein Fest für das Auge.

Ut Pictura Musica

8, Rue Bodenbroeck (Gr. Sablon)
www.outhere-music.com
Wie eine Privatbibliothek ist die Vitrine des Mini-Plattenkonzerns von Charles Adriaenssen, Ex-Diplomat und Ex-Brauereimanager, eingerichtet. In aller Ruhe kann man sich beste Interpretationen von Renaissance- und Barockmusik, Kammermusik des 19. Jh.s und Neuer Klänge anhören, bevor man eine der hervorragend aufgemachten CDs ersteht.

MODE, TEXTILIEN

Delvaux

31, Galerie de la Reine und
27, Boulevard de Waterloo
www.delvaux.com
Der 1829 gegründete, älteste Lederwarenhersteller der Welt hat zahlreiche Klassiker entworfen. Ebenso begehrt sind die neuen Kreationen, für die der Hoflieferant die belgischen Modeschöpfer Laetitia Crahay, Didier Vervaeren und neuerdings Véronique Branquinho gewonnen hat.

The Linen House

10, Rue Bodenbroeck (Gr. Sablon)
www.linenhouse.be
Leinen ist eine alte belgische Spezialität – aber nur noch schwer zu finden. Marie Jadoulle und Marc Bourquiaux bieten eine große Auswahl verschiedener Qualität.

Stijl

74, Rue Antoine Dansaert
www.stijl.be
1984 eröffnete die Kunsthistorikerin Sonia Noël ihre Boutique in der damals heruntergekommenen Rue Dansaert. Zwei Jahre später führte sie die Antwerpener Modeavantgarde – und läutete den Aufstieg des ganzen Viertels ein. Bis heute gibt es hier die Kreationen von Ann Demeulemeester oder Dries van Noten und den besten Nachwuchstalenten wie Cathy Pill oder Kris Vanassche.

SCHMUCK, LIFESTYLE

Antichambre

13, Place Georges Brugmann
www.l-antichambre.com
Anne-Pascale Mathy-Devalck kreiert nach Wunsch der Kunden völlig individuelle Parfüms. Sie kann auch Großmutters ausgefallene Duftnote rekonstruieren.

Holemans

71, Ave. Louise (Conrad Hotel)
www.holemans.com
Seit 1922 werden alle Juwelen in der eigenen Werkstatt angefertigt. Etwas Besonderes ist der Lack-Schmuck nach einem altjapanischen Geheimrezept oder solche aus Orichalque, die sich je nach Körper- und Umgebungstemperatur ändern. Die patentierte Metalllegierung wurde von Thierry Holemans und Prof. Jan van Humbeek (Katholieke Universiteit Leuven) erfunden.

Septantesept

77, Rue du Page
www.septantesept.be
Lampen und Möbel, ausgefallene Dekoration und schräge Gadgets, tollen Modeschmuck, lustige T-Shirts und kuriose Postkarten in exklusiven Kleinauflagen findet man hier – ausschließlich von rund 150 jungen belgischen Designern.

Stadtführungen · Sightseeing

Brüssel von seiner besten Seite

Für Besucher, die zum ersten Mal nach Brüssel kommen und keine speziellen Wünsche haben, lohnt sich eine klassische Busrundfahrt mit einem Führer oder Audioguide. Auf diese Weise lernt man die Highlights erst mal kennen und sieht auf dem Weg noch einiges mehr von der Stadt und den Menschen. Anschließend kann man sich dann herauspicken, was einen besonders interessiert.

Rundfahrten und Spaziergänge

Das Tourismusbüro im Rathaus bietet Gruppenführungen im historischen Stadtkern und im Rathaus. Wer sich für einen bestimmten Aspekt, zum Beispiel die Art nouveau, interessiert, zum wiederholten Mal oder für längere Zeit in Brüssel ist, kann aus einer Fülle von thematischen Rundfahrten, Rundgängen oder Führungen auswählen. Veranstalter sind sowohl das Fremdenverkehrsamt der Region Brüssel als auch eingetragene Vereine, deren Mitarbeiter die Besonderheiten aus dem Effeff kennen. Deutsch sprechen sie allerdings eher selten, manchmal auch kein Englisch, sondern nur Französisch und/ oder Niederländisch.

STADTRUNDFAHRTEN UND -SPAZIERGÄNGE

ARAU

35, boulevard Adolphe Max
Tel. 02 2 19 33 45
ww.arau.org

Das Atelier de recherche et d'actions urbaines, eine tonangebende Gruppe alternativer Stadtplaner und Soziologen, geht bei Rundfahrten und Rundgängen auf die politischen, sozialen und wirtschaftlichen Aspekte ein. Auch schwierigere Viertel und Großbaustellen werden besucht. Klassiker sind das Europaviertel und Art nouveau mit Besuchen von Interieurs. Für Gruppen nach Reservierung gibt es die Führungen auch auf Deutsch.

Arcadia

2–4, Rue Royale
Tel. 02 5 63 61 53
www.asbl-arkadia.be

Experten für diese Themen führen die Gäste durch Art nouveau- und Art-déco-Viertel, durch Arbeiter- und Gartensiedlungen, über Friedhöfe, in Parks oder zu Prachtstraßen, aber auch in Privathäuser und Ateliers markanter Architekten und Künstler, zu Brüssels historischen Orgeln und in die Abwässerkanäle der Stadt. »Brussels by night« beleuchtet die wichtigsten Ausgehviertel. Auf Anfrage gibt es diese Touren auch auf Deutsch.

Das gibt es so nur in Brüssel: riesige Comics an den Häuserwänden **(▶ S. 152/153 und 170/171).**

Bus bavard

12, Rue des Thuyas
Tel. 02 673 18 35
www.busbavard.be
»Bavard« heißt auf Deutsch »redselig« oder auch »geschwätzig«. Hier ist das selbstverständlich nur positiv gemeint. Schließlich soll man etwas erfahren über die Stadt. Weit über 40 verschiedene thematische Touren, zum Teil auch auf Deutsch, zu den Themen Kneipen, Schlemmen, Jugendstil und Europa. Führungen für einzelne Personen gibt es von März bis Dezember an Wochenenden, aber nur auf Französisch.

La Fonderie

27, Rue Ransfort
Tel. 02 410 99 50
www.lafonderie.be
»Fonderie« bedeutet (Metall-) Gießerei. Es geht unter anderem durch die alten Industriegebiete der Stadt und durch den Hafen, zu Fuß und auch mit dem Boot. Wer nicht viel Zeit hat, bucht am besten einen der 45-minütigen Kurztrips. Auf Englisch, Französisch oder Flämisch.

Musée belge de la franc-maçonnerie

73, Rue de Laeken
Tel. 02 223 06 04
www.museummacionicum.be
Nach vorheriger Anmeldung darf man den absolut bemerkenswerten Tempel im Haus (nur Donnerstag) besichtigen, darüber hinaus werden Führungen angeboten zu den Stätten in der Stadt, die mit dem Freimaurertum verknüpft sind.

Pro vélo

15, Rue de Londres
Tel. 02 502 73 55
www.provelo.org
Fahrradtouren über Seitenstraßen zwischen 12 und 25 km, Gruppen bis maximal 20 Personen, mit Plan oder Führung, auf Anfrage auch in Deutsch. Räder können natürlich geliehen werden.

Brussels by Water

84, Blvd. d'Ypres
Tel. 02 218 54 10
www.rivertours.be
Zustieg am Quai de Béco: Brüssel mal ganz anders.

Bruxelles Nature

176, Chaussée de Helmet
Tel. 02 242 87 04
www.bruxellesnature.be
In der Regel zwei- bis dreistündige Führungen zu den grünen Ecken, Parks und in die Naturschutzgebiete an den Rändern der Stadt, vornehmlich an Wochenenden in der Sommersaison, auf Französisch, kostenlos.

Visit Brussels

2–4, Rue Royale
Tel. 02 513 89 40
www.visitbrussels.be
Auch auf Deutsch: eine Vielzahl spannender thematischer Führungen, z. B. zu den Riesen-Comics in der Stadt oder auf den Spuren von Jacques Brel. Die Tourismusagentur listet eine Vielzahl von Adressen auf ihrer Homepage, unter denen man spezielle Touren findet, führt aber selber auch Touren mit qualifizierten Führern durch, z. B. zum Thema Brüssel im Mittelalter, auf den Spuren von

Ein Spaziergang macht durstig. Wie wäre es im Anschluss daran mit einem gepflegten Bier in einem gemütlichen Café?

Karl von Lothringen, Weltausstellung 1958, Tintin und sein Schöpfer Hergé oder Victor Hugo, 500 Tage Brüsseler Exil.

Visit Brussels Line

8, Rue de la Colline
Tel. 02 5 13 77 44
www.brussels-city-tours.com
Entweder macht man eine zusammenhängende Bustour mit polyglottem Begleiter und lernt in knapp drei Stunden die wichtigsten Highlights der Stadt kennen, oder man macht sich alleine auf die Rundreise mit Audioguide im Hop-on-/Hop-off-Takt zwischen 13 Haltestellen. Abfahrt Gare Centrale. Man kann die große Stadtrundfahrt auch verbinden mit der Verkostung bei einem Brüsseler Chocolatier, von April bis Oktober fast täglich.

Übernachten

Hotels für jeden Geldbeutel

Auf den ersten Blick scheint das allgemeine Preisniveau hoch zu sein. Da wirkt sich eindeutig auch die Anwesenheit von EU, NATO, Großkonzernen und Verbänden mit ihrer Flut von Konferenzen und Kongressen aus. Allerdings: Im Vergleich zu London, Paris oder Rom wirken die Preise, insbesondere im Luxussegment, doch recht zivil.

Angebot

Das Angebot ist mit rund 130 Hotels groß und qualitativ hoch. Sehr viele Häuser verfügen über modern ausgerüstete Konferenzräume, Fitness- oder Wellnessbereiche. Die internationalen Ketten mit ihren vertrauten Standards sind bestens vertreten. In den letzten Jahren haben insbesondere spanische und skandinavische Gruppen Hotels im mittleren Segment aufgekauft.

Trends

Allerdings merkt man auf dem Markt drei Trends: Die Zahl der Aparthotels steigt ständig. Sie sind für Besucher, die länger in Brüssel bleiben, preislich günstiger. Erfreulich ist der Durchbruch kleinerer Boutiquehotels, die – manchmal von Top-Designern – ausgefallen gestylt sind und durchweg persönlich geführt werden. Schließlich haben sich die Bed & Breakfast-Unterkünfte fest etabliert (▶ Wissen S. 132). Preisgünstig kann man sie allerdings nicht nennen.

Gute Adressen

Die Hotels konzentrieren sich in der historischen Innenstadt. An deren Rand haben sich die Vorplätze des Gare du Nord und insbesondere des Gare du Midi, wo die Hochgeschwindigkeitszüge aus Paris, London, Amsterdam und Deutschland ankommen, zu echten Polen entwickelt. Auch im weiteren EU-Viertel kommen ständig neue Häuser hinzu. Mit zahlreichen guten Adressen wartet die Oberstadt im Bereich um die elegante Einkaufsstraße Avenue Louise auf.

Differenzierte Preise

Ein zweiter Blick auf die Preise zeigt: Es gibt ganz erhebliche Unterschiede. Der Normalpreis (»Rack Rate«) wird von Februar bis Ostern, im Mai/Juni und von Mitte September bis Mitte Dezember verlangt – unter der Woche. An den Wochenenden, um Ostern und Weihnachten/Neujahr sowie in den Ferienmonaten Juli und August profitiert man von teilweise kräftigen Preisnachlässen, namentlich in den Luxusabsteigen. Manche Hotels gewähren bei Buchung und Bezahlung ein bis drei Monate im Voraus Rabatte. Andere senken die Preise kurzfristig bei schwacher Besetzung. Eine hervorragende Übersicht bietet das Internetportal von www.visitbrussels.be.

Ebenso exquisit wie exklusiv: das Hotel Métropole

Hotels
Übernachten
1 Bloom!
2 Welcome
3 Métropole
4 Atlas
5 Le Pacific
6 The Hotel
7 Floris Arlequin
8 The Dominican
9 Radisson Blue Royal
10 George V
11 La Légende
12 Amigo
13 Royal Windsor
14 Le Dixseptième
15 Be Manos
16 Grande Cloche
17 Le Plaza
18 NH Hotel
19 Stanhope
20 Conrad Brussels
21 Beverly Hills
22 The Vintage
Quai au Foin
Théâtre Flamand
Théâtre National
Botanique
Place Rogier
Av. du Boulevard
Rue de Flandre
St-Jean Baptiste au Béguinage
Marché aux Poissons
Musée belge de la Franc-maçonnerie
Église du Finistère
Maison de la Bellone
Place de Brouckère
Place des Martyrs
Comic Museum
Ste-Catherine
Tour Noire
Place de la Monnaie
La Monnaie
Boulevard Anspach
Banque Nationale
St-Nicolas
Place de la Bourse
Notre-Dame aux Riches Claires
Place St-Géry
Bourse
Cathédrale St-Michel
Grand'Place
Hôtel de Ville
Rue du Lombard
Gare Centrale
Palais de la Dynastie
Manneken-Pis
Place St-Jean
Place de l'Albertine
Académies des Beaux Arts
Éditions Jacques Brel
Palais des Beaux-Arts
Espace Magh
Place Rouppe
Mont des Arts
Place Royale
Musées Royaux des Beaux-Arts
Notre-Dame de la Chapelle
Palais du Midi
Anderlecht
Mons, Tournai
Brigittines
Notre-Dame du Sablon
Conservatoire Royal de Musique
Maison Breughel
Petit Sablon
Minimes
Palais d' Egmont
Quartier des Marolles
Place du Jeu de Balle
Parc d'Egmont
Porte de Namur
Place Poelaert
Place Bara
Gare du Midi
Palais de Justice
Place Louise
Église des Carmes
Église Anglicane
Hôpital St-Pierre
Porte de Hal
Waterloo
Ixelles

Angebote für alle

PREISKATEGORIEN

für ein Doppelzimmer mit Frühstück

€€€€ über 320 €
€€€ 220 – 320 €
€€ 120 – 220 €
€ unter 120 €

1 etc. ▶ Plan links

12 Amigo €€€€

1–3, Rue de l'Amigo
Tel. 02 547 47 47
www.roccofortehotels.com

174 Z., Restaurant, Konferenzraum, Tiefgarage. Das bei EU-Diplomaten ausgesprochen beliebte Hotel, einst Gefängnis, hat sehr schöne Zimmer. Eines der besten Hotels der Stadt und nur einen Steinwurf von der Grand'Place entfernt.

15 Be Manos €€€€

23–27, Square de l'Aviation
Tel. 02 520 65 65
www.bemanos.com

60 Z. Restaurant, Bars, Wellnesscenter, Sonnenterrasse, Garage, 24-Std.-Roomservice. Klarer Stil herrscht vor: glamourös in Schwarz, Weiß und Silber gestaltete Zimmer. Die großzügigen Bäder sind luxuriös mit chinesischem Schiefer verkleidet. An den Wänden hängen eindrucksvolle Fotografien. Einige Suiten im oberen Stockwerk haben Terrassen mit Panoramablick.

20 Conrad Brussels €€€€

71, Ave. Louise
Tel. 02 542 42 42
www.conradhotels.com

BAEDEKER TIPP

! *Online*

Online buchen und sparen: Man muss die angegebenen Preis nicht unbedingt für bare Münze nehmen: Viele Brüsseler Hotels berechnen beispielsweise dann weniger, wenn die Zimmer online gebucht werden.

269 Z., Behindertenservice, Restaurant, Konferenzräume, Nachtbar, Flughafenpendeldienst, Parkplatz, Fitnessraum, Hallenbad, Sauna. Das Flaggschiff der Brüsseler Hotels hinter der historischen Fassade einiger renovierter Bürgerhäuser: modern, teuer, ein bisschen kühl.

Manos Premier €€€€
100–106, Chaussée de Charleroi
Tel. 02 5 37 96 82
www.manoshotel.com
50 Z., Restaurant, Bar, Konferenzräume, 24-Std.-Roomservice, Sauna und Hammam, Garage. Das Hotel, einen Steinwurf von den Luxusboutiquen der Oberstadt entfernt, ist verschwenderisch mit Louis-XV- und Louis-XVI-Antiquitäten eingerichtet. Neben dem Wellnessbereich im maurischen Stil tragen die herrlichen hängenden Gärten zur Entspannung bei. Stilvoller Service unter der persönlichen Leitung des Eigentümers.

17 Le Plaza €€€€
118–126, Boulevard Adolphe Max
Tel. 02 0 22 78 01 00
www.leplaza-brussels.be
190 Z., Restaurant, Bar, Konferenzräume, 24-Std.-Roomservice, Fitness, Garage. 1930 entwarf Michel Polak den prunkvollen »Palace«, in dem die Stars von Film und Showbiz einst gerne abstiegen, etwa Charles Aznavour oder Brigitte Bardot. 1996 blies Baron Jean van Gysel de Meise dem Haus neues Leben ein. Die Salons sind verschwenderisch, die Zimmer großzügig, für Top-Events steht ein veritables Theater zur Verfügung. Leider gibt es in der Nachbarschaft zahlreiche billige Spielhöllen und Sexshops.

9 Radisson Blu Royal €€€€
47, Rue du Fossé-aux-Loups
Tel. 02 2 19 28 28
www.radissonblu.com
281 Z., Behindertenservice, Restaurant, Konferenzräume, Nachtbar, Garage, Fitnessraum, Sauna. Hochgelobtes skandinavisches Haus. Hinter der Art-déco-Fassade erwartet den Gast ein postmodernes Atrium mit einem künstlichen Bach und einem echten Stück Brüsseler Stadtmauer aus dem 12. Jahrhundert.

19 Stanhope Hotel €€€€
9, Rue du Commerce
Tel. 02 5 06 91 11
www.stanhope.be
96 Z., Restaurant, Konferenzräume, Garage, Fitnessraum, Sauna. Ländlich angehauchte Luxusherberge in einem ehemaligen Kloster, der Garten ist einfach wunderbar und Entspannung garantiert.

Aloft Brussels Schuman €€€
1, Place Jean Rey
Tel. 02 8 00 08 88
www.alofthotels.com

146 Z., 24-Std.-Selfservice-Restaurant, Bar, Konferenzräume, Fitnessraum. Das Haus liegt mitten im Europaviertel. Seine hellen, geräumigen Zimmer mit Kingsize-Betten und die Lounge bieten Hightech-Komfort, der Service ist allerdings auf ein Minimum reduziert. Für selbstständige Naturen gut geeignet. Bar und Terrasse sind beliebte Treffpunkte.

14 Le Dixseptième €€€
25, Rue de la Madeleine
Tel. 02 5 17 17 17
www.ledixseptieme.be
24 Z., Konferenzräume, Garten. Denkmalgeschütztes Barockgebäude nahe der Grand'Place, hier residierte einstmals ein spanischer Gesandter. Es gibt auch Appartements mit Küche.

3 Métropole €€€
31, Place de Brouckère
Tel. 02 2 17 23 00
www.metropolehotel.com
305 Z., Restaurant, Konferenzräume, Nachtbar, Sauna, Fitnessraum. Wahrlich heilige Hallen der Belle Époque: Palmen, Marmor, Spiegel, bunte Glasfenster, Säulen, Leder und Mahagoni vom Foyer bis zum gediegenen Clubraum. Umwerfend ist auch das Café. Wer es sich leisten kann, sollte hier absteigen – aber zum »Nur-Schlafen« ist es viel zu schade. Albert Einstein, Sarah Bernhardt, Charles de Gaulle und Arthur Rubinstein betteten hier einst ihr Haupt (► Abb. S. 126).

Odette en ville €€€
25, Rue du Châtelain
Tel. 02 6 40 26 26

Nostalgischer Charme: Le Dixseptième

www.chez-odette.com
8 Z., Restaurant, Bar. Dieses Bürgerhaus aus den 1920er-Jahren wurde zu einer ausgesprochen luxuriösen Residenz mit individuell gestylten und recht großzügigen Räumen umgebaut. Der Service ist ebenso diskret wie perfekt, die Lage am Rand des Trendviertels Place du Châtelain in Ixelles ist ideal zum Ausgehen, Sehen und Gesehenwerden.

Alternative B & B

Seit den 1990er-Jahren ist Bed & Breakfast bei Privatleuten auch in Brüssel stark im Kommen. Die Häuser liegen in allen Vierteln der Stadt, schicken oder volkstümlichen, lebhaften oder ruhigen. Manche sind architektonische Juwele oder atemberaubend eingerichtet. Und die Besitzer tun nichts lieber als Geschichten zu erzählen und Tipps zu geben. So lernt der Gast Brüssel gut kennen. Nur: Wie wählt er aus, wenn er nicht von Freunden oder Familie eine gute Adresse bekommen hat?

Die beste Anlaufstelle heißt **BnB Brussels** (www.bnb-brussels.be, Tel. 02 646 07 37, auf Englisch, Französisch, Niederländisch). Über 220 Privatpersonen sind bei dieser vom Fremdenverkehrsbüro anerkannten Organisation angeschlossen, die eine **strenge Qualitätskontrolle** garantiert. Die schönsten und ausgefallensten Adressen werden als »coup de coeur« besonders empfohlen. Die Internetseite gestattet eine präzise Auswahl der Unterkunft – böse Überraschungen sind also so gut wie ausgeschlossen (wenn eine Ausnahme die Regel bestätigen sollte, können Gäste auf www.vinivi.com ihrem Ärger Luft machen).

Hier wird man fündig

Das Buchungssystem fragt zunächst neben den Reisedaten und den Preisvorstellungen allgemeine Wünsche ab: separater Eingang, eigene Kochgelegenheit, Kinderbett, Fernsehen, WLAN, lebhafte oder ruhige Gegend. Eine **Rubrik »Themen«** gestattet, sehr persönliche Vorlieben zum Ausdruck zu bringen: Unterkunft in Art-déco-, Charme-, Design- oder klassischem Ambiente, Ausrüstung für Business, Gastgeber, die besonders umweltbewusst, gayfriendly, Künstlertypen, Comics-Fans oder auch Schokoladenexperten sind. In einer dritten **Rubrik »Kultur«** kann man angeben, ob man in der Nähe von Art-nouveau-Häusern, einem bestimmten Museum, Theater oder Konzertsaal, der Universität oder der Gueuze-Brauerei Cantillon übernachten möchte. Ein Klick, und die entsprechenden Adressen erscheinen, mit detaillierter Beschreibung, hübschem Foto und eventuellen Preisnachlässen für Last-Minute-Buchungen oder längere Aufenthalte. Die Preise fangen bei 50 Euro an, die meisten Gastgeber verlangen allerdings **75 bis 100 Euro pro Nacht**. Günstigere Zimmer werden auf den Seiten www.brussels30.com oder www.budgetplaces.com angeboten.

Oder auch hier

Eine Handvoll Anbieter mit vielen und guten Kontakten verlässt sich auf die Mund-zu-Mund-Reklame von Stammgästen oder auf Empfehlungen in Lifestyle-Magazinen. Hier folgen ein paar dieser Tipps. Nahe beim Europaparlament hat ein Maler, Kunstsammler und Weltenbummler in einer **Spiegelfabrik aus dem 19. Jh.** fünf geräumige Gästezimmer eingerichtet. Reisesouvenirs geben jedem eine besondere Note (www.chambresenville.be, Tel. 02 512 92 90) .

In einer Seitenstraße der Avenue Louise, nur wenige Gehminuten von den Trendplätzen Place du Châtelain und Place Flagey entfernt, hat **Susan Clercq** in einem hübschen Haus aus den 1930er-Jahren drei Zimmer für Gäste reserviert. Sie sind klein, aber besonders schick, und haben schöne Badezimmer (www.emi-rooms.com, Tel. Handy 0475 30 30 36).

Chocolatier Marc Lindekens hat ein Haus im Internationalen Stil passend mit Bauhausmöbeln ausstaffiert. Nachmittags serviert er den Gästen Tee, Pralinen, Schokoladentorte und im Sommer hausgemachtes Eis. Wer möchte, kann ihm bei der Arbeit in der nahe gelegenen Werkstatt über die Schulter schauen. Zum EU-Viertel sind es zehn Minuten zu Fuß (www.littlemaples.com, Tel. 02 734 94 00).

Aus New York haben der **Schauspieler Sven Uhse und der Gartenarchitekt Erik Verstreken** das Konzept importiert, in ihrem cool gestylten Loft einen Gästebereich abzutrennen. Das Bad wird geteilt, Frühstück und Imbisse gibt es am Küchentisch oder im hübschen Innenhof. Das Mode- und Trendviertel um die Rue Antoine Dansaert und der Fischmarkt liegen um die Ecke (www.lewhiteroom.be, Tel. 02 538 59 95).

Über den Geschäften der eleganten Galeries Saint-Hubert wohnen Leute in prächtigen Appartements. Der **Besitzer des Café du Vaudeville** hat vier darüberliegende Räume stilvoll eingerichtet. Die zentrale und feine Lage hat allerdings ihren Preis, aber 10 Prozent Rabatt im Café-Restaurant trösten vielleicht ein wenig darüber hinweg (www.chambreshotesduvaudeville.be, Tel. 02 512 84 58).

Hier kann man shoppen, eine Pause einlegen – oder wohnen.

Schönste Belle Époque: das Café im Hotel Métropole

Pantone Hotel €€€

1, Place Loix
Tel. 02 5 41 48 98
www.pantonehotel.com
61 Z., Bar, Konferenzräume. Jede einzelne Etage ist in einem bestimmten Grundton des berühmten US-Farbenherstellers gehalten. In den ansonsten rein weißen Zimmern wird der Farbton auf der Wand hinter dem Bett variiert. Eine interessante Boutique führt ausgewählte Pantone-Designobjekte, im Sommer ist die Dachterrasse attraktiv.

13 Royal Windsor €€€

5, Rue Duquesnoy
Tel. 02 5 05 29 29
www.royalwindsorbrussels.com
267 Z., Restaurant, Bar, 24-Std.-Roomservice, Konferenzräume, Wellnesscenter, Garage. Der Clou dieses komfortablen Hauses in unmittelbarer Nähe der Grand'Place sind die zwölf sogenannten »Fashion Rooms«. Sie wurden von den besten jüngeren Modeschöpfern Belgiens gestylt, einige minimalistisch, andere hochromantisch. Manche gestatten einen Blick auf den filigranen Rathausturm, von der Dachterrasse ist er allemal zu sehen.

6 The Hotel €€€

38, Boulevard de Waterloo
Tel. 02 5 04 33 35
www.thehotel-brussels.be
433 Z., Restaurants, Bars, 24-Std.-Roomservice, Konferenzräume, Fitnessraum, Garage. Die neuen schwedischen Eigentümer haben das ehemalige Hilton-Hotel farbiger und flotter gestylt und im letzten Stock eine hinreißende Panorama-Lounge geschaffen. Geblieben sind die Top-Lage an der exklusiven Shoppingmeile, die von Etage zu Etage schönere Aussicht, das nonstop geöffnete Café d'Egmont am gleichnamigen Park und der tadellose Service.

Agenda Louise €€

6, Rue de Florence
Tel. 02 5 39 00 31
www.hotel-agenda.com
38 Z., Garage, Garten. Nahe der Ave. Louise. Sehr gutes Preis-Leistungs-Verhältnis, auch Zimmer mit kleiner Küche.

4 Atlas €€

30–34, Rue du Vieux Marché-aux-Grains
Tel. 02 5 02 60 06
www.atlas.be

88 Z., Behindertenservice, Konferenzräume, Garage. Haus im Designerlook zwischen dem altem Fischmarkt und der Einkaufsstraße Rue Antoine Dansaert, nicht weit von den Sehenswürdigkeiten der Innenstadt entfernt.

Au Repos des Chasseurs €€

11, Ave. Charles-Albert
Tel. 02 6 60 46 72
www.repos-des-chasseurs.com

11 Z. Für alle, die es ländlich-ruhig haben wollen: Das kleine Hotel mit einem bekannten Wild-Restaurant liegt am idyllischen Forêt de Soignes.

8 The Dominican €€

9, Rue Léopold
Tel. 02 2 03 08 08
www.dominican.be

150 Z., Restaurant, Bar-Lounge, Sauna, Hammam, Fitnessraum, Klimaanlage. In dem früheren Kloster hinter der Oper wohnte von 1815 bis 1825 der Maler Jacques-Louis David, dessen bekanntestes Bild wohl die Krönung von Napoleon I. ist. Die Zimmer des schick gestylten Hauses um einen Innenhof sind großzügig und ruhig. Die Bar mit offenem Kamin ist ein trendiger Treff für Nachmittagstee, Apéritif und Drinks.

1 Hotel Bloom! €€

250, Rue Royale
Tel. 02 2 20 66 11
www.hotelbloom.com

305 Z. Die hellen Zimmer sind von Studenten europäischer Kunsthochschulen sehr individuell dekoriert worden. Angenehme Konferenzräume und schicker bis äußerst bunter Lounge-Restaurant-Bereich.

5 Hôtel-Café Pacific €€

57, Rue Antoine Dansaert
Tel. 02 2 13 00 80
www.hotelcafepacific.be

12 Z. Komfortable, cool gestylte Zimmer mitten im Viertel der Modeschöpfer und Designer, außerdem gehört ein nettes Art-déco-Café dazu.

18 NH Hotel du Grand Sablon €€

2–4, Rue Bodenbroek
Tel. 02 5 18 11 00
www.nh-hotels.com

193 Z., Behindertenservice, Restaurant, Konferenzräume, Nachtbar, Garage. Am Grand Sablon, also in bester Lage. Unter seinem neuem Besitzer wurde es gründlich renoviert.

22 The Vintage Hotel €€

45, Rue Dejoncker
Tel. 02 5 33 99 80
www.vintagehotel.be

29 Z. Das Boutiquehotel in einer Seitenstraße der Avenue Louise ist im Stil der 1960er- und 1970er-Jahre eingerichtet. Einer der besten belgischen Sommeliers kredenzt in der beliebten Winebar mit Terrasse ausgewählte Tropfen.

2 Welcome €€

23, Quai au Bois à Brûler
Tel. 02 2 19 95 46
www.hotelwelcome.com

17 Z., Restaurant, Garage. Jedes Zimmer ist mit Mitbringseln aus einem fernen Land üppig und originell eingerichtet. Das Hotel liegt in einer Seitenstraße des Fischmarkts, also nicht weit von wichtigen Highlights der Innenstadt entfernt.

16 A la Grande Cloche €
10–12, Place Rouppe
Tel. 02 5 12 61 40
www.hotelgrandecloche.com
75 Z., Garage. Es ist ein bisschen altmodisch; dafür sind das Zentrum und die Marollen rasch zu erreichen.

21 Beverly Hills €
71, Rue du Prince Royal
Tel. 02 5 13 22 22
www.hotelbeverlyhills.be
35 Z. Im Einkaufsviertel nahe der Place Louise gelegenes Haus im postmodernen Stil. Für Shoppingfreunde sehr praktisch.

7 Floris Arlequin €
17–19, Rue de la Fourche
Tel. 02 5 14 16 15
www.florishotels.com,
92 Z. Freundliche, gemütliche Bleibe in der Ilôt Sacré, im Herzen der Altstadt.

10 George V €
23, Rue t'Kint
Tel. 02 5 13 50 93
www.hotelgeorge5.be
16 Z. Einfache Unterkunft am Rand des Mode- und Szeneviertels um die Rue Antoine Dansaert. Wer sein Geld lieber beim Einkaufsbummel und abends loswerden möchte, ist mit diesem Haus gut bedient.

11 La Légende €
35, Rue du Lombard
Tel. 02 5 12 82 90
www.hotellalegende.com
32 Z. Einfaches Hotel in unmittelbarer Nähe von Manneken Pis, Grand'Place, Sablon und Rue Antoine Dansaert.

The White Hotel €
212, Ave. Louise
Tel. 02 6 44 29 29
www.thewhitehotel.be
53 Z. Ganz in Weiß gehaltene Zimmer mit Designmöbeln, einige sogar mit Terrasse. Nur wenige Schritte sind es zu den Trendvierteln Place du Châtelain, Place Flagey. Witzige Lounge und hauseigene Scooter.

JUGENDHERBERGEN, -HOTELS

Auskunft
Les Auberges de Jeunesse 28, Rue de la Sablonnière
B-1000 Bruxelles
Tel. 02 2 19 56 76
www.laj.be

Vlaams Jeugdherbergen
Van Stralenstraat 40
B-2060 Antwerpen
Tel. 03 2 32 72 18
www.vjh.be

Auberge Jacques Brel
30, Rue de la Sablonnière
Tel. 02 2 18 01 87
www.lesaubergesdejeunesse.be

Auberge Génération Europe
4, Rue de l'Eléphant
Tel. 02 4 10 38 58
www.aubergesdejeunesse.be

Jeugdherberg Brueghel
Heilige Geeststraat 2/
Rue du Saint-Esprit
Tel. 02 511 04 36
www.jeugdherbergen.be

Centre Vincent van Gogh (CHAB)
8, Rue Traversière
Tel. 02 2 17 01 58
www.chab.be

Sleepwell/Auberge du Marais
23, Rue du Damier
Tel. 02 2 18 50 50
www.sleepwell.be

CAMPING
Im Gebiet der Hauptstadtregion Brüssel gibt es keinen Campingplatz, der den üblichen Komfort bietet, den man als Camper gewöhnt ist. Im nahen Umkreis wird man aber durchaus fündig.

In Brüssel
Camping »A Ciel Ouvert«
203, Chaussée de Wavre
B-1050 Bruxelles
Tel. 02 6 40 79 67
Reiner Zeltplatz in der Nähe des Europäischen Parlaments, nur im Juli und August geöffnet! Für Jugendliche gut geeignet.

In Beersel
Camping Beersel
Steenweg op Ukkel 75
B-1650 Beersel Tel. 02 3 31 05 61
Ca. 10 km südlich von Brüssel via A 7/E 19, Ausfahrt Nr. 14.

In Grimbergen
Camping De Lammekes
Veldkantstraat 64
B-1850 Grimbergen
Tel. 02 2 70 25 97
Ca. 15 km nördlich via R 0, Ausfahrt Nr. 7.

In Wezembeek-Oppen
Camping Paul Rosmant
Warandeberg 52
B-1970 Wezembeek-Oppem
Tel. 02 7 82 10 09
Ca. 10 km östlich via R 0, Ausfahrt Nr. 2.

WAVERSE
celio

TOUREN

Manche Schönheiten von Brüssel schlummern eher im Verborgenen und müssen erst entdeckt werden, anderes fällt direkt ins Auge. Unsere Tourenvorschläge helfen, beides sinnvoll miteinander zu verbinden.

St-Jean-Baptiste
ST-JEAN
Boulevard Baudouin
Place de l'Yser
Canal de Charleroi
Boul. du Neuvième de Ligne
Boul. d'Ypres
Quai au Foin
Théâtre Flamand
Théâtre National
Centre Int. Rogier
Place Rogier
Av. du Boulevard
Botanique
Rue de Flandre
Quai des Charbonnages
Boul. de Nieuport
St-Jean Baptiste au Béguinage
Marché aux Poissons
Musée belge de la Franc-maçonnerie
Église du Finistère
Maison de la Bellone
Place de Brouckère
Place des Martyrs
Comic Museum
Ste-Catherine
Tour Noire
Place de la Monnaie
La Monnaie
Colonne du Congrès
Boulevard Anspach
Rue des Fabriques
Place St-Géry
Place de la Bourse
St-Nicolas
Banque Nationale
des Métiers
Bourse
Galeries St-Hubert
Grand'Place
Cathédrale St-Michel
Notre-Dame aux Riches Claires
Hôtel de Ville
Manneken Pis
Rue d'Anderlecht
Gare Centrale
Mont des Arts
Académies des Beaux Arts
Place St-Jean
Place de l'Albertine
Palais des Beaux-Arts
Éditions Jacques Brel
Espace Magh
Place Rouppe
Place Royale
Musées Royaux des Beaux-Arts
Boul. de l'Empereur
Palais du Midi
Notre-Dame de la Chapelle
Brigittines
Notre-Dame du Sablon
Conservatoire Royal de Musique
Grand Sablon
Maison Breughel
Petit Sablon
Minimes
Palais d' Egmont
Parc d'Egmont
Porte de Namur
QUARTIER DES MAROLLES
Place du Jeu de Balle
Palais de Justice
Place Poelaert
Gare du Midi
Place Louise
Église des Carmes
Église Anglicane
Hôpital St-Pierre
Porte de Hal
Rue Haute
Rue Blaes
Boulevard de Waterloo
Avenue Louise
IXELLES
Fort Jaco
Waterloo

Touren durch Brüssel

Vier ausgedehnte Spaziergänge – wer gut zu Fuß ist, schafft sie in den angegebenen Mindestzeiten. Aber lassen Sie sich lieber Zeit. Es lohnt sich!

Unterwegs in Brüssel

Stadtanlage

Brüssel war im Mittelalter eine bedeutende Siedlung, was nicht zuletzt der große alte Stadtkern mit dem Marktplatz (Grand'Place) beweist. Um 1100 wurde eine erste Stadtbefestigung angelegt, im 14. Jh. erfolgte eine Ausweitung des Stadtkerns. Neben der alten **Unterstadt** im Talboden entstand die Oberstadt auf den Höhen südlich und östlich der Senne. Auch diese nunmehr wesentlich größere Stadt umzog eine Mauer. Deren Verlauf beschreibt heute noch das Fünfeck der großen Boulevards. Im Stadtzentrum rund um die Grand'Place ist trotz moderner Überbauung heute noch das Geflecht gewachsener Straßen und Gassen erkennbar. Auch am merkantilistischen Charakter der Unterstadt hat sich über Jahrhunderte kaum etwas verändert, doch prägen nun Glasfassaden ihre Physiognomie und lassen altehrwürdige städtebauliche Dominanten wie die Kathedrale, das Rathaus und die Zunfthäuser um die Grand'Place wie nostalgisches Spielzeug erscheinen. Von der Unterstadt steigt man über den »Sand« (Grand Sablon und Petit Sablon) oder über den Kunstberg (Mont des Arts) hinauf in die großzügig angelegte »königliche« **Oberstadt** über dem Sennetal mit dem Schloss, dem Palais des Beaux-Arts und etlichen anderen herrschaftlichen Bauten. Ihre weithin sichtbare Landmarke ist der massige Justizpalast.

Die Stadt der kurzen Wege

Brüssel ist, zumindest für den Touristen, überschaubar. Ein Auto braucht man überhaupt nicht. Innerhalb des Fünfecks der Boulevards ist man rasch zu Fuß an allen interessanten Punkten, und was außerhalb liegt – etwa den Cinquantenaire-Park oder das Atomium –, erreicht man bequem mit öffentlichen Verkehrsmitteln. Dementsprechend muss man auch bei der Wahl des Hotels nicht allzu sehr auf den Standort achten: Brüssel ist eine Stadt der kurzen Wege.

Brüssel in drei Stunden

Wer nur wenig Zeit hat und dennoch das Wichtigste sehen will, sollte einen Gang durch die Innenstadt unternehmen. Ausgehend von der **Grand'Place** lernt man dabei das **Manneken Pis** kennen, geht dann den **Mont des Arts** hinauf in die Oberstadt, um die ***Place Royale** und das ***Palais Royal** zu sehen; danach durch den ***Parc de Bruxelles** an der Kathedrale **St-Michel** vorbei wieder hinunter in die Unterstadt zurück zur Grand'Place, um von dort aus die ***Börse** und das ***Théâtre Royal de la Monnaie** (Opéra National) zu erkunden. Dann bleibt immer noch Zeit, um den Kurzbesuch in einem Café in den **Galeries Saint-Hubert** ausklingen zu lassen.

Brüssel repräsentativ

Tour 1

Start und Ziel: Grand'Place
Dauer: 2 – 3 Stunden ohne Museumsbesuch

Dieser Rundgang stellt vor allem das repräsentative Brüssel vor. Er führt von der Unterstadt hinauf in den »königlichen Teil« der Oberstadt.

Ausgangspunkt ist die »gute Stube« der belgischen Hauptstadt, die ① ****Grand'Place** mit ihren im italienischen Barock erbauten Zunfthäusern, dem prächtigen spätgotischen Rathaus und der Maison du Roi mit dem Brüsseler Stadtmuseum. Man verlässt den Platz in dessen Ostecke links von der Maison des Ducs de Brabant und geht die Rue de la Montagne hinauf zur Kathedrale ② ****Saint-Michel** mit ihren wundervollen Glasmalereien und dem Grab von Rogier van der Weyden. Von dort geht man bergan bis zur ③ **Colonne du Congrès** an der **Rue Royale** und auf dieser nach rechts bis zur Kreuzung mit der Rue de la Loi. Dort wendet man sich nach links und passiert das ④ **Palais de la Nation,** den Sitz des belgischen Parlaments. Ge-

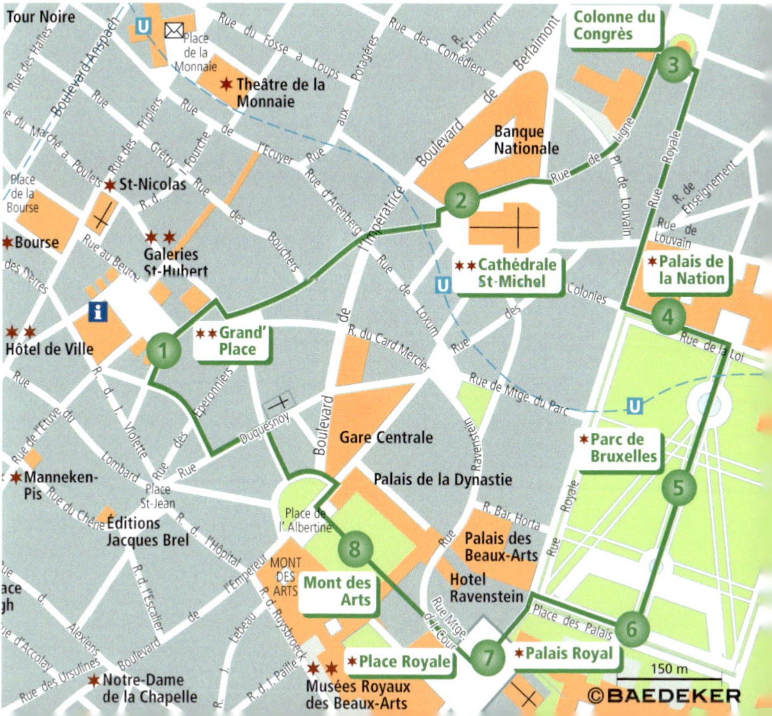

genüber liegt der Eingang zum 5 ***Parc de Bruxelles**, durch den man zum großen Platz vor dem 6 ***Palais Royal** schlendert, dem Arbeitsplatz des belgischen Königs.

Rundum klassizistisch

Dahinter öffnet sich die 7 ***Place Royale**, ein frühklassizistisches Platzensemble von seltener Geschlossenheit, dominiert von der Kirche Saint-Jacques sur Coudenberg und dem Denkmal für Gottfried von Bouillon. Am Platz treffen sich, subtil gebrochen, die Achse der Rue Royale, die die Kuppelkirche Sainte-Marie abschließt, und die Achse der Rue de la Régence, an deren Ende der grandiose Justizpalast mit seiner Kuppel thront. Am Platz liegen die ****Musées Royaux des Beaux-Arts de Belgique**, das ***Musée Magritte** und das Café des **Musée BelVue** im Schatten des Königsschlosses sowie das Dachcafé mit Terrasse im ***Musikinstrumentenmuseum**, dem früheren Jugendstilkaufhaus Old England, mit herrlichem Panoramablick. Danach geht es den 8 **Mont des Arts** hinab und über die Place de l'Albertine und die Rue de la Violette zurück zur Grand'Place, die man zwischen der Maison des Ducs de Brabants und dem Zunfthaus der Brauer wieder betritt.

Tour 2 Kleine Leute und große Künstler

Start und Ziel: Grand'Place
Dauer: 3 – 4 Stunden ohne Museumsbesuch

Dieser Rundgang führt durch zwei Welten, geht er doch vom Kleine-Leute-Viertel der Marollen wiederum hinauf in die Oberstadt zum fast mondänen Sablon und weiter zu den Kunstmuseen.

Zunächst aber geht es zum berühmtesten aller Brüsseler, dem 2 ****Manneken Pis**. Man erreicht es von der 1 ****Grand'Place** geradewegs auf der zwischen dem Rathaus und der Maison du Cygne abgehenden Straße und kann es auch nicht verfehlen – es ist immer von einer Menschentraube umlagert. Von hier geht es nach links über die von Giebelhäusern umstandene Place de la Vieille-Halle aux Blés, wo die 3 **Éditions Jacques Brel** ihr Domizil haben – ein Muss für alle Fans des Chansonniers.

Viertel der kleinen Leute

Vorbei an der Kirche 4 **Notre-Dame de la Chapelle** mit dem Grab Pieter Brueghels d. Ä. und seiner Frau durchquert man dann das ***Quartier des Marolles**, das Immer-noch-Kleineleute-Viertel. Über die Rue Blaes erreicht man die 5 **Place du Jeu de Balle**, und wenn man diesen Spaziergang an einem Samstag unternimmt, erlebt man

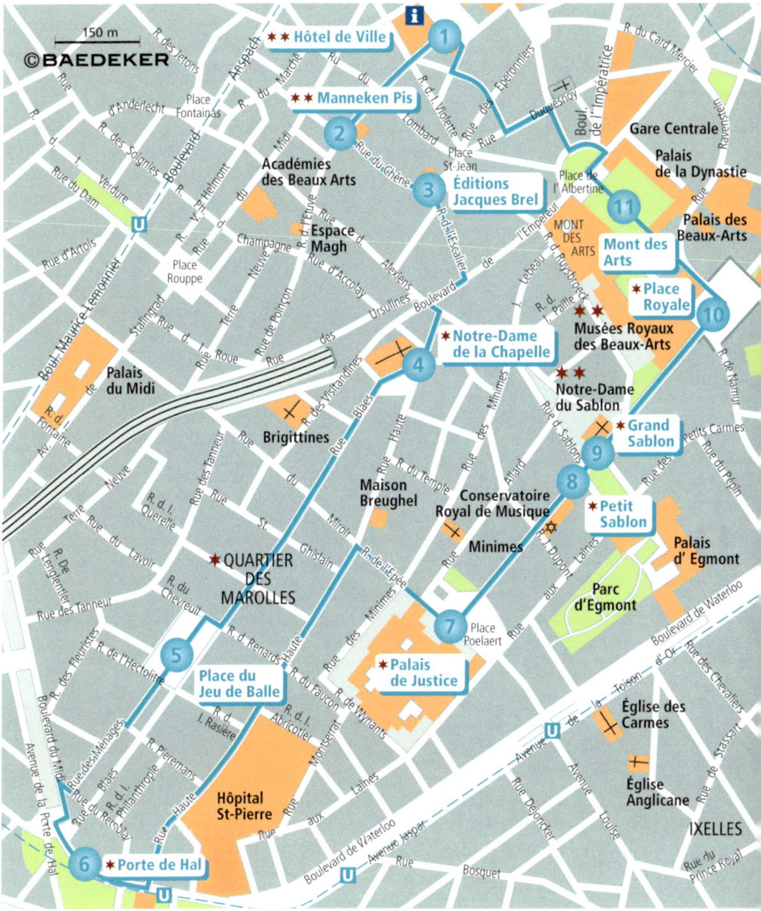

hier einen Flohmarkt, der diesen Namen noch verdient. Der Platz ist der beste Ort, um in einem der Cafés eine Pause einzulegen. Dann geht es weiter auf der Rue Blaes bis zur 6 ***Porte de Hal**, dem letzten erhaltenen mittelalterlichen Stadttor Brüssels. Dort biegt man wieder ein in die Rue Haute, die Hauptstraße der Marollen und fährt von dort mit dem gläsernen Aufzug hinauf zum 7 ***Palais de Justice**. Hier eröffnet sich eine gute Aussicht auf Brüssel. Auf der Rue de la Régence erreicht man bald 8 ***Petit Sablon**, eine sehr hübsche, kleine Parkanlage mit dem Denkmal der Märtyrer Egmont und Hoorn und Bronzestatuetten der Brüsseler Zünfte, und dann, hinter der

Der berühmteste Brüsseler …

Kirche *Notre-Dame du Sablon, den 9 ***Grand Sablon**, das Kontrastprogramm zur Place du Jeu de Balle: mit Galerien der besten und teuersten Antiquitätenhändler, exquisiten Schokoladeboutiquen und Szenetreffs. Weiter die Rue de la Régence entlang erreicht man die 10 ***Place Royale** mit den ****Musées Royaux des Beaux-Arts**, wo eine der weltweit feinsten Kunstsammlungen wartet. Im ***Musée Magritte** kommen die Fans des großen Surrealisten voll auf ihre Kosten. Am Ende des alten Museumsbaus sollte man nach links auf die Place du Musée abbiegen, um das klassizistische Palais de Charles de Lorraine zu sehen. Wie im ersten Rundgang geht es nun wieder den 11 **Mont des Arts** hinab zur Grand'Place. Über dem Mont des Arts lädt die Lounge des »Kwint« (mit Terrasse) zum Apéritif und Blick auf die Altstadt ein. Durch die Gartenanlage geht es, wie im ersten Rundgang, zurück zur Grand'Place.

Tour 3 Zu den Ursprüngen von Brüssel

Start und Ziel: Grand'Place
Dauer: 3–4 Stunden ohne Museumsbesuch

Dieses Mal bleibt man in der Unterstadt. Der Gang führt durch und um den ältesten Teil Brüssels, die sogenannte Ilôt Sacré. Außerdem sieht er einen Abstecher zum belgischen Comicmuseum vor.

Hinter der Maison du Roi an der 1 ****Grand'Place** beginnt die **Ilôt Sacré**, der verwinkelte alte Kern von Brüssel mit seinen vielen Restaurants. Bald stößt man auf den Eingang zu den 1847 eröffneten ****Galeries Saint-Hubert**, damals die größte und eine der ältesten überdachten Ladenpassagen der Welt und heute noch Ort des Luxus. Nachdem man sie durchquert hat, steht man an der Rue du Monta-

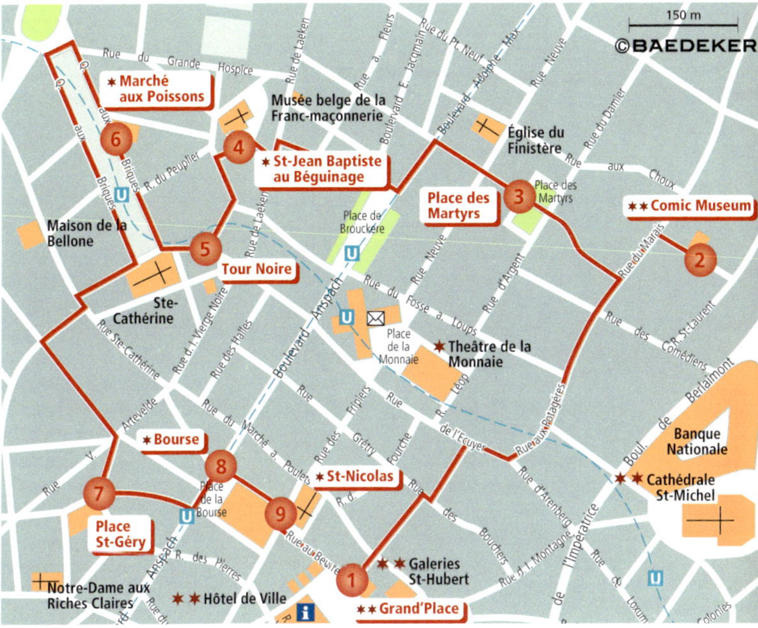

gne-aux-Herbes fast direkt vor dem Traditionscafé À la Mort Subite, wo alteingesessene Brüsseler gerne hingehen.

Etwas abseits

Man folgt dem Straßenzug weiter bis zur Rue des Sables mit dem Comic-Museum ❷ ★★ **Centre Belge de la Bande Dessinée** – das Museumsgebäude ist das einzige erhaltene Jugendstilkaufhaus von Victor Horta. Danach wendet man sich auf der Rue du Persil Richtung ❸ **Place des Martyrs**, einem klassizistischen Platz mit dem Ehrenmal für die in der Revolution von 1830 Gefallenen, überquert den Boulevard Adolphe Max und befindet sich nun in einer stilleren Gegend, in der man auf die flämisch-italienische Kirche ❹ ★ **Saint-Jean-Baptiste au Béguinage** trifft. Von dort marschiert man am mittelalterlichen Stadtturm ❺ **Tour Noire** vorbei auf den ❻ ★ **Marché aux Poissons**, der einst zum alten Hafen von Brüssel gehörte. Heute ist er mit seinen Fischrestaurants ein sehr beliebter Treffpunkt.

Moderne und Ursprung

Anschließend geht es über ein Stück der trendigen Modezeile Rue Dansaert zur ❼ **Place St-Géry**, einem der Szenetreffs Brüssels und einziger Ort in der Stadt, an dem das überdeckelte Flüsschen Senne zutage tritt. In der alten Markthalle gibt es regelmäßig spannende Ausstellungen zu Brüsseler Themen. Von dort erreicht man den Boulevard Anspach, den man gegenüber der **8 *Börse** überquert. In deren unmittelbarer Nachbarschaft laden die ebenso schönen wie beliebten Jugendstilcafés Falstaff und Cirio zur wohlverdienten Pause am Ende des Rundgangs ein, bevor man an der Kirche **9 *St-Nicolas** vorbei wieder zurück zur Grand'Place geht.

Tour 4 Europa, Kunst und Jugendstil

Start und Ziel: Von der Métro-Station Trône zur Métro-Station Maelbeek
Dauer: 4 Stunden ohne Museumsbesuch

Auf dieser Tour bewegt man sich in der Oberstadt: Man lernt die Glitzerfassaden der Europäischen Union kennen, die Ruhe und die Kunstschätze im Parc du Cinquantenaire und schließlich ein schönes Jugendstilviertel.

Startpunkt ist die **1 Métro-Station Trône**. Man geht auf der Rue du Luxembourg zum alten Bahnhof **2 Gare du Luxembourg** – besser gesagt, zu dem, was von ihm übrig geblieben ist, denn es steht nur noch die Fassade. Der Rest musste den ringsum in den Himmel wachsenden EU-Bauten weichen, Stichwort »Bruxellisation«. Hinter diesem Bahnhof ragt das riesige Gebäude des **3 Europäischen Parlaments** auf; man erreicht es auf direktem Weg an der Bahnhofsfassade vorbei. Hinter dem Parlament fällt das Gelände zum hübschen **4 Parc Léopold** ab, den man durchquert, um anschließend zum **5 **Parc du Cinquantenaire** zu kommen.

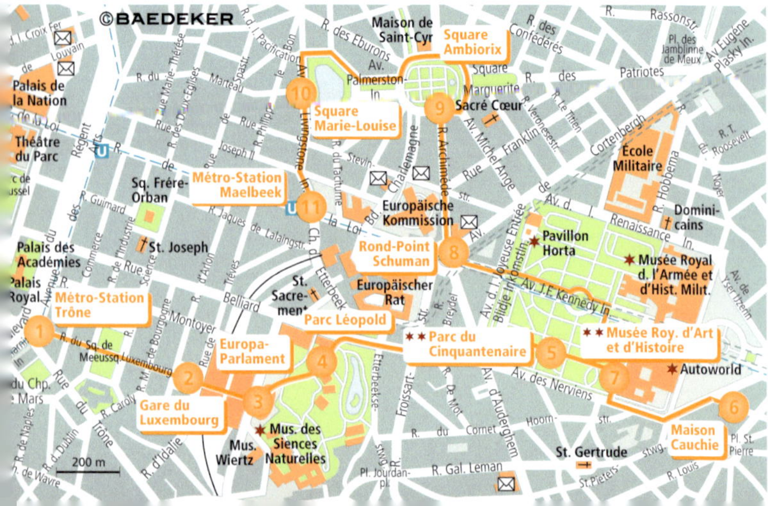

Wer sich für Jugendstil interessiert, sollte den Park zunächst an der Südostecke wieder verlassen und die in der Nähe stehende 6 **Maison Cauchie** anschauen, eines der schönsten Jugendstilgebäude von Brüssel. Noch mehr Jugendstil, dazu Kunsthandwerk aus vielen Epochen und allen Kontinenten bieten die 7 ****Musées Royaux d'Art et d'Histoire**. Dann verlässt man den Park am Westausgang und geht hinüber zum 8 **Rond-Point Schuman** mit dem Gebäude der Europäischen Kommission, dem bekannten Palais Berlaymont (► Abb. S. 35). Die letzte Etappe des Spaziergangs gehört endgültig dem Jugendstil: Über die Rue Archimède mit den beliebten Bars, Cafés und Restaurants geht es zum 9 **Square Ambiorix** mit dem Haus des Malers St-Cyr, dann durch die Avenue Palmerston mit einer noblen Jugendstilfassade an der anderen zum 10 **Square Marie-Louise** mit dem Haus van Eetvelde. Von dort ist es dann nicht mehr weit zur 11 **Métro-Station Maelbeek**.

Viel Jugendstil

Eine Tour mit der Tram 92

Tour 5

Start und Ziel: Vom Bahnhof Schaerbeek zur Tram-Station Fort Jacob
Dauer: Ohne Ausstieg ca. 1 Stunde

Fast 13 Kilometer legt die Tram 92 zurück und bietet unterwegs einen faszinierenden Einblick in Geomorphologie und Geschichte, Architektur und Gesellschaft.

Oft verkehrt noch der ältere Straßenbahntyp T7700, in dem man zwar weniger bequem, dafür aber hoch sitzt und gut sieht. Die Tour beginnt am 1 **Bahnhof Schaerbeek**. Bald taucht das Rathaus dieses Stadtbezirks auf, ein Prachtbau der Neorenaissance, der wie etwas weiter die neugotische Kirche Saint Servais und die gegenüberliegende, elegant zum Parc Josaphat abfallende Avenue Louis Bertrand mit stattlichen Bürgerhäusern und Jugendstilcafés Wohlstand zur Schau stellt.

Einwandererviertel

2 **Haltestelle Robiano**: Die »Maison Autrique« (► Erleben und Genießen, S. 107) ist das erste Haus, das Art-nouveau-Schöpfer Victor Horta entwarf. Die Fassade weist bereits die typischen revolutionären Stilmerkmale auf, das Interieur ist noch eher traditionell. Comicautor François Schuiten hat es mit audiovisuellen Tricks wieder zum Leben gebracht (266, Chaussée Haecht). Heute, das illustrieren Straßen und Fahrgäste, leben in Schaerbeek hauptsächlich Zuwanderer aus dem Maghreb, aus Anatolien und vom Balkan.

Ab der neobyzantinischen Kuppelkirche Sainte-Marie ändert sich das. Angestellte, Beamte, Studenten steigen zu. Die 92 rattert durch

Historische Mitte

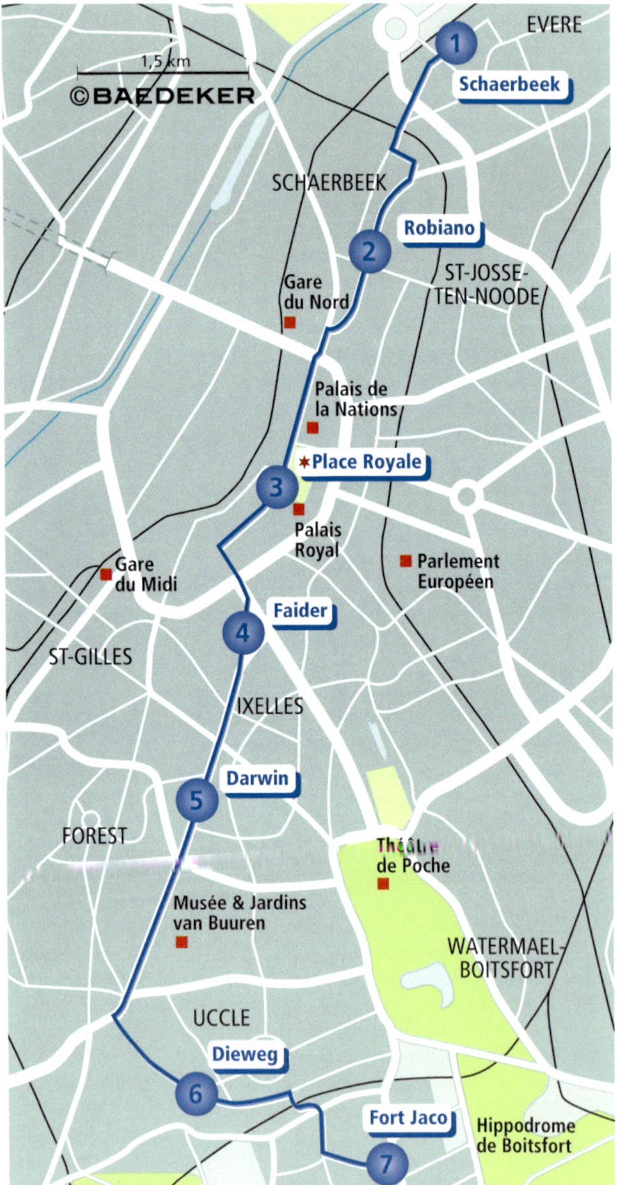
1,5 km
©BAEDEKER
EVERE
1
Schaerbeek
SCHAERBEEK
Robiano
2
ST-JOSSE-
TEN-NOODE
Gare
du Nord
Palais de
la Nations
Place Royale
3
Palais
Royal
Parlement
Européen
Gare
du Midi
Faider
4
ST-GILLES
IXELLES
Darwin
5
FOREST
de Poche
Musée & Jardins
van Buuren
WATERMAEL-
BOITSFORT
UCCLE
Dieweg
6
Fort Jaco
Hippodrome
de Boitsfort
7

die schnurgerade Rue Royale, vorbei am alten Botanischen Garten – an der Haltestelle öffnet sich die fantastische Achse zur Basilique de Koekelberg –, dem Parc Royal, gesäumt von Parlament und Ministerien, Botschaften und Königspalast. Kokett macht die Tram auf der klassizistischen ***Place Royale** einen Bogen um das Reiterdenkmal des Kreuzfahrers Gottfried von Bouillon. **❸ Haltestelle Royale**: Im obersten Stockwerk des atemberaubenden Art-nouveau-Baus »Old England« lockt das »Restaurant du MIM« mit leckeren Gerichten, Sonnenterrasse und Panoramablick (2, Rue Montagne de la Cour, Di. – So., 10.00 – 16.30 Uhr, www.restomim.com).
In schneller Folge hält die Straßenbahn nun an den Highlights Sablon und Justizpalast und biegt dann in die schicke Shoppingmeile Avenue Louise ein. Anwälte, Damen der Schickeria und blasierte Schüler der Elitegymnasien Molière und Saint-Pierre steigen ein und aus. Noch ein Schwenk, da ist die Chaussée de Charleroi mit ihren Trendlokalen und -boutiquen und, an der Ecke der Rue Saint-Bernard, dem Haus in dem der Militärarzt Gottfried Benn »Gehirne« schrieb.

Palais und Villen

❹ Haltestelle Faider: Zaabär (► S. 104), 2007 von François-Jean Decarpentrie gegründet, zählt zu den neuen Chocolateries und ist allemal einen Besuch wert. An »Ma Campagne« kreuzt die 92 die herrlich lange Achse der Chaussée de Waterloo und fährt die sanft ansteigende, schier endlose Avenue Brugmann hinauf. Patrizierpalais in Neo-Stilen säumen sie und traumhafte Jugendstilhäuser wie »Les Hiboux« (Nr. 55, Architekt Edouard Pelseneer), von dessen Front Eulen grüßen, daneben das »Hôtel Hannon« von Jules Brunfaut mit seinem Tiffany-Glas-Erker, Victor Hortas »Hôtel Dubois«, dessen riesiges Salonfenster verblüfft (Nr. 80), an der Ecke der diskret schicken Avenue Molière das majestätische »Hôtel Vandenbroeck« des französischen Horta-Schülers Paul Vizzavona.
❺ Haltestelle Darwin: Die Rue Darwin führt – vorbei am Jugendstil-Wellnesscenter »Darwin Aqua Club« (Nr. 15, Architekt Emile Blérot, www.darwinacquaclub.be) zur Place Brugmann. »Gaudron« ist vom Frühstück bis zum Apéritif Trendtreff mit (bei kühlem Wetter beheizter) Terrasse zum Sehen und Gesehenwerden (3, Place Georges Brugmann, tgl. 7.00 – 20.00 Uhr, www.gaudron.be), nebenan führt die »Librairie Candide« internationale Presse. Das Fest fürs Auge geht weiter, wenn die Avenue Brugmann sich lasziv nach Uccle hinabsenkt. Art déco – mit dem meisterlichen »Hôtel Haerens« von Antoine Courtens (Nr. 384) – und Bauhausstil wechseln sich mit Art nouveau und Cottages ab. Ab der Senke gleitet die Tram am Parc du Wolvendael entlang.

Geschichte und Gesellschaft

❻ Haltestelle Dieweg: Seit 1958 wird niemand mehr auf dem abschüssigen Cimetière du Dieweg begraben. Ausnahmen waren Tim-und-Struppi-Schöpfer Hergé und Starviolinist Philippe Hirschhorn.

Die neunte Kunst

In keinem europäischen Land sind Comics (franz.: bandes dessinées, ››BD‹‹) so beliebt wie in Belgien und vor allem als ››neunte Kunst‹‹ anerkannt. Das zeigt sich auch in den Straßen von Brüssel.

Legende

Comic-Museen   Comic-Shops   Wandgemälde   U - - Me

1 COMIC-ZENTRUM (CBBD)
SLUMBERLAND (IM CBBD)
20, Rue des Sables

2 MOOF COMICFIGURENMUSEUM
116, Rue Marché aux Herbes

3 **MAROLLES**
QUICK & FLUPKE: 195, Rue Haute
BOULE & BILL: 195, Rue du Chevreuil
ODILON VERJUS: 13, Rue des Capucins
BLONDIN ET CIRAGE: 15, Rue des Capucins
PASSE-MOI L'CIEL: 91, Rue des Minimes
LA PATROUILLE DES CASTORS: Rue Blaes

4 **GRAND PLACE/BOURSE**
TINTIN: Rue de l'Etuve
LE PASSAGE: 19, Rue Marché-au-Charbon
VICTOR SACKVILLE: Rue Marché-au-Charbon
BROUSSAILLE: Rue Marché-au-Charbon
RIC HOCHET: 9, Rue du Bon Secours
MONSIEUR JEAN: 28, Rue des Bogards
OLIVIER RAMEAU: Rue du Chêne

5 LA BOUTIQUE TINTIN
13, Rue de la Colline

6 MULTI BD ET LA BULLE D'DOR/
MULTI JEUNESSE
124 – 128, Boulevard Anspach

7 BRÜSEL
100, Boulevard Anspach

8 **WESTLICHER BOULEVARD ANSPACH**
NÉRON/NERO: Place Saint-Géry
CAROLINE BALDWIN: 10, Place de Ninove
L'ANGE DE SAMBRE: Rue des Chartreux
CORI LE MOUSSAILLON: 21, Rue des Fabriques
LES RÊVES DE NIC: 33, Rue des Fabriques
LUCKY LUKE: 40, Rue de la Buanderie
ASTERIX: 40, Rue de la Buanderie

9 HERGÉ-MUSEUM (MUSÉE HERGÉ)
26, Rue du Labrador, 1348 Louvain-la-Neuve

Rund 200 Pflanzenarten überwuchern die Mausoleen jüdischer Großbankier-Dynastien wie Errera und Lambert, die herrliche Platte, die Victor Horta für die Familie Stern schuf, die letzten Ruhestätten der Reformpädagogin und Feministin Isabelle Gatti de Gamond und des Art-nouveau-Mitbegründers Paul Hankar (Dieweg 95, tgl. 8.00 – 16.00 Uhr).
Wieder geht's bergab, zur Place Saint-Job, nachts ein Trendtreff der jeunesse dorée von Uccle. Zu den beliebtesten Lokalen gehört hier »L'Imprimerie« (► S. 69). Ein letztes Mal müht sich die 92 bergauf zum 7 **Fort-Jaco**, durch das Villenviertel, in dem Brüssels Old Money und ausländische Botschafter heimisch sind. An Bord schwatzt ihr philippinisches Personal, kräht der Nachwuchs, albern die Heranwachsenden, die noch nicht mit Papas Bentley oder Mamas Range Rover fahren dürfen.

Ausflüge

Die folgenden Ziele liegen alle im Einzugsbereich von Brüssel. Auch Ausflüge nach Antwerpen, Mechelen, Leuven, Brügge oder Gent sind dank guter Straßen- und Bahnverkehrsverbindungen rasch zu bewerkstelligen.

Beersel

Beersel liegt 10 km südlich von Brüssel im hübschen Sennetal und ist bekannt für sein Lambic, die Gueuze und das Kriek. Sehr sehenswert ist die um 1300 auf dreieckigem Grundriss erbaute **Wasserburg** Beersel.

❶ Anfahrt: mit Tram 55 bis Drogenbos, dann DeLijn-Bus 154; mit dem Auto auf der A 7/E 19 Richtung Paris bis Ausfahrt Nr. 19; tgl. ab 10.00 Uhr, Jan. geschlossen; Eintritt: 2,50 €

La Hulpe

Im stattlichen früheren Gutshof der Domaine Solvay, ca. 12 km südlich von Brüssel, ist die **Fondation Folon** untergebracht. In 15 Sälen sind Werke und Archivmaterial aus dem Nachlass des weltberühmten Grafikers Jean-Michel Folon (1934 – 2005) zu bewundern. Seine träumerischen, pastellfarbenen Szenen standen auf den Titelblättern internationaler Magazine, auf Postern und Postkarten. Schöner Shop und angenehmes Café.

❶ Anfahrt: mit dem TEC-Bus 366 ab Étangs d'Ixelles; mit dem Auto über Avenue Louise, Avenue Roosevelt und Chaussée de la Hulpe; Di. – So. 10.00 – 18.00 Uhr; Eintritt: frei

Gaasbeek

Das Dorf Gaasbeek im Pajottenland, ca. 14 km südwestlich gelegen, besitzt ein **Schloss**, das Mitte des 16. Jh.s erbaut wurde. Es beherbergt heute ein Museum mit Möbeln, Keramik, Porzellan, Kupferwaren,

Tagsüber Stadtbesichtigung und Ausflüge, abends ein gutes Gespräch beim Bier im À la Mort Subite, so lässt sich's aushalten.

Gold- und Silberarbeiten, Waffen, Wandteppichen aus Brüssel und Tournai (15. – 17. Jh.), Elfenbeinschnitzereien aus dem 18. Jh. und Gemälden flämischer und spanischer Meister.

❶ Anfahrt: mit DeLijn-Bus Linie 142 ab Bruxelles-Midi; mit dem Auto auf dem Ring R 0 über Abfahrt Nr. 16 und über Vlezenbeek; April – Okt. tgl. außer Mo. 10.00 – 18.00 Uhr; Eintritt: 7 €

Grimbergen

In Grimbergen, 12 km nördlich von Brüssel, wurde im 12. Jahrhundert eine **Abtei** gegründet, die ausgesprochen wohlhabend werden sollte. Davon zeugt heute noch die 1660 bis 1700 erbaute Kirche, deren Barockausstattung eine der reichsten Belgiens ist. Auch wenn die Norbertiner es nicht mehr selber brauen, lohnt es sich auf jeden Fall, das Bier probieren. Es gehört zu den bekanntesten Marken Belgiens.

❶ Anfahrt: mit DeLijn-Bus 232 ab Bruxelles-Nord; mit dem Auto auf dem Ring R 0 bis Ausfahrt Nr. 7 (Grimbergen) **T**

Botanischer Garten von Bouchout

Wer exotische Pflanzen mag, muss Bouchout, 14 km nördlich bei Meise, besuchen. Hier wurde 1958 der Nationale Botanische Garten (Nationaal Plantentuin van Bouchout) eröffnet, rund um ein aus dem 12. Jh. stammendes Wasserschloss, das im 19. Jh. Residenz der Schwester König Léopolds II. war, der Kaiserin von Mexiko.

❶ Anfahrt: mit DeLijn-Bus 250 ab Bruxelles-Nord; mit dem Auto auf der A 12 Richtung Antwerpen bis Ausfahrt Nr. 3; tgl. ab 9.30 Uhr, Eintritt: 5 €

CBC
CBC
CBC

SEHENSWERTES VON A BIS Z

Brüssel ist keine »schöne« Stadt im üblichen Sinn, zu sehr haben die Zeitläufte ihr Gesicht verändert. Ihre größte Sehenswürdigkeit, die Grand'Place, ist gar das Ergebnis eines kriegerischen Akts. Doch es lohnt sich, die schönen Ecken dieser Stadt zu entdecken.

Anderlecht

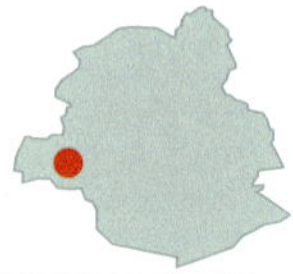

A–C 8–11

Lage: Südwestlich der Kernstadt

Industrie, Arbeiterwohnviertel, der Kanal von Charleroi und Bahngleise kennzeichnen Anderlecht, den nach Brüssel und Uccle drittgrößten Stadtbezirk der belgischen Hauptstadt. Der Ort, wo schon im 1. Jh. n. Chr. eine römische Villa stand und der 1046 erstmals urkundlich erwähnt wird, erhielt im 19. Jh. mit der Industrialisierung sein Gepräge. Bekannt ist Anderlecht v. a. wegen des Royal Sporting Club (RSC) Anderlecht, eines der erfolgreichsten Fußballvereine Belgiens, der im Constant-Vanden-Stock-Stadion beim Parc Astrid antritt.

***Musée Bruxellois de la Gueuze**

In den nördlichsten Teil von Anderlecht führt der Besuch eines der originellsten Museen Brüssels, das kein passionierter Biertrinker auslassen sollte. Nördlich der Gare du Midi (56, Rue Gheude) liegt das Musée Bruxellois de la Gueuze (Brasserie Cantillon) – ein lebendiges Museum. Es ist die einzige Brüsseler Brauerei, die Lambic, Faro und Gueuze (▶ Baedeker Wissen S. 84) noch **nach alten handwerklichen Verfahren** braut. Braumeister Jean-Pierre van Roy und sein Sohn Jean haben sich der Wahrung der Brautradition verschrieben und deshalb in der über hundert Jahre alten Brauerei wenig verändert – das schafft eine unverwechselbare Atmosphäre, die man auf einem selbstgeführten Rundgang erlebt, ausgestattet mit Informationsblättern (auch in Deutsch). Anschließend werden die Biere – Lambic, Gueuze, Faro, Kriek und Vigneron – verkostet. Brausaison ist Mitte Oktober bis Anfang April. Im November besteht sogar die Möglichkeit, beim »brassin public« den ersten Schritt der Herstellung kennenzulernen.

ⓘ Métro/Prémétro: Midi (2, 6 bzw. 3, 4, 31, 32), Mo. – Fr. 9.00 – 17.00, Sa. 10.00 – 17.00 Uhr, Führungen nach Voranmeldung Tel. 02 5 21 49 28, Eintritt: 5 €, www.cantillon.be)

***Saints-Pierre et Guidon**

Die Stiftskirche Sts-Pierre et Guidon (Sint-Pieter-en-Guidokerk) unmittelbar an der fast gleichnamigen Métro-Station wurde im 9. oder 10. Jh. gegründet, zeigt sich heute aber als **einer der bemerkenswertesten gotischen Kirchenbauten Brabants**, denn er wurde im Wesentlichen im 14. bis 16. Jh. errichtet. Lediglich der im 16. Jh. begonnene Turm wurde erst 1898 vollendet. Die Kirche bildet mit der Maison d'Erasme und dem alten Anderlechter Beginenhof ein **einzigartiges Ensemble sakraler Architektur** aus Gotik und Renaissance. Sie ist dem hl. Guido von Anderlecht († 1012) geweiht, dem Schutzpatron der Pferde, zu dessen Ehren am Pfingstmontag und am ersten Sonntag nach dem 12. September Wallfahrten mit Pferdeseg-

Der RSC Anderlecht, Belgiens Fußballclub Nr. 1, hat treue Fans.

nung stattfinden. Der dreischiffige Kirchenraum besitzt eine Reihe **mittelalterlicher Wandmalereien**. So findet man im rechten Querschiff eine »Verklärung Christi« (1400 – 1411), in der Chapelle de Notre-Dame de Grâce im rechten Seitenschiff Engelsdarstellungen, auf den Bögen und rund um den Altar Szenen aus dem Leben des hl. Guido (15./16. Jh.) sowie im linken Seitenschiff u. a. das Martyrium des hl. Erasmus und den hl. Guido im Pilgergewand. Beachtenswert sind ferner der prächtige Triumphbogen-Christus (14. Jh.), die Statue der hl. Katharina (14./15. Jh.; linkes Seitenschiff) sowie mehrere Gemälde, darunter eine »Anbetung der Heiligen Drei Könige« (linke Seite des Chors). Im Chor erinnern Grabmäler an Jean de Walcourt, Herr von Aa († 1364), und Arnulf von Hoorn, Herr von Gaasbeek († 1505); im linken Querschiff ist Albert Ditmar († 1439) begraben, der aus Bremen stammende Leibarzt der Burgunderherzöge Anton, Johann IV. und Philipp der Gute. Unter dem Chor befindet sich die Ende des 11. Jh.s wohl als oberirdische Kirche erbaute fünfschiffige **Krypta** mit dem Sarkophag (11./12. Jh.) des hl. Guido.

ℹ Métro: St-Guidon (5), Tram: 31, 81, Mo. – Fr. 14.00 – 17.30 Uhr, Eintritt: frei

Musée du Béguinage

Hinter der Kirche liegt der 1252 gegründete Anderlechter Beginenhof (Vieux Béguinage d'Anderlecht; 8, Rue du Chapelain). Es existieren noch vier Gebäude aus dem 17. Jh., in denen das **Leben der Beginen** sowie die Geschichte Anderlechts erläutert werden.

ℹ Di. – So. 10.00 – 12.00, 14.00 – 17.00 Uhr, Eintritt: 1,25 €, das Ticket gilt auch für das Erasmushaus

***Maison d'Erasme**

Zwischen 1517 und 1521 besuchte der Humanist **Erasmus von Rotterdam** (1466/1469 – 1536) mehrmals Anderlecht; 1521 wohnte er auf Einladung des Chorherren Pieter Wijchman mehrere Monate im Gästehaus des Anderlechter Augustinerklosters, das 1468 bis 1515 ausgebaut wurde und heute als Maison d'Erasme (Erasmushuis, 31, Rue du Chapitre) an den Humanisten erinnert. Neben Renaissancemöbeln, Wandbehängen und spanischen Ledertapeten enthält es v. a. eine Sammlung von Schriftstücken, die das Leben des Verfassers der »Laus stultitiae« (**»Lob der Torheit«**) erhellen. Gezeigt werden Briefe, Erstausgaben seiner Werke, Briefe Karls V., Gemälde und Skizzen (u. a. von Holbein und Dürer). 1987 legte René Pechère (▶ Berühmte Persönlichkeiten S. 59) den »Jardin des maladies« an mit Heilpflanzen, die Erasmus beschrieben und verwendet hat. 2000 kam ein anmutiger »Jardin philosophique« hinzu.

ⓘ Di. – So. 10.00 – 18.00 Uhr, Eintritt: 1,25 €, das Ticket gilt auch für den Beginenhof, www.erasmushouse.museum/public

** Atomium

D 2

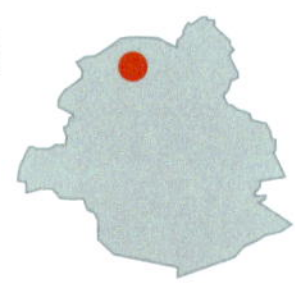

Lage: Heysel
Métro: Heysel (6)
ⓘ Di. – So. 10.00 – 18.00 Uhr
Eintritt: 11 €, **www.atomium.be**

Von April bis Oktober 1958 besuchten 42 Mio. Menschen die Weltausstellung in Brüssel. Sie bestaunten vor allem das 102 m hohe Atomium, die 165-milliardenfache Vergrößerung eines Eisenkristallgitters. Brüssel hatte ein neues Wahrzeichen – dabei sollte das Atomium nach Ende der Weltausstellung wieder abgerissen werden.

Die **beeindruckende Konstruktion**, entworfen von André Waterkeyn, wurde von März 1956 bis Oktober 1957 unter Leitung der Architekten André und Michel Polak gebaut – ein typisches Symbol des fortschrittsgläubigen »Atomzeitalters« der 1950er-Jahre. Neun Kugeln mit einem Durchmesser von je 18 m stellen die Atome eines Eisenkristallgitters dar. Jede Kugel ist mit jeweils 48 Dreiecken aus rostfreiem Stahl belegt. Aus ästhetischen Gründen wurde das Gitter auf eine Kugel gesetzt, was zusätzliche Stützen in Gestalt der drei 36 m hohen und je 110 t schweren Stahlträger und eine besonders stabile zentrale Röhre erforderlich machte. Diese ist das Rückgrat des Atomiums und ruht auf 59 Stahlpfählen, die 17,50 m tief im Untergrund versenkt sind. In ihr fährt der Aufzug zur obersten Kugel. Die Röhren haben einen Durchmesser von 3 m (Zentralröhre: 3,30 m); mit 29 m sind die Röhren der Außenkanten die längsten; die Diagonalröhren erreichen 23 m. **Fünf Kugeln sind zugänglich**: die Basiskugel mit einer Ausstellung über die Expo '58, die Zentralkugel mit der Bar, die »Waterkeyn«-Kugel für Wechselausstellungen, die Kugel für Kinder (nur nach Voranmeldung) und die oberste Kugel mit Restaurant und Panorama (per Aufzug). Für die Außenseiten der Kugeln entwarf Ingo Maurer ein Lichtdesign, die das Atomium nachts geradezu magisch erscheinen lassen. Im Inneren schuf der Deutsche die angenehme Beleuchtung der Röhren.

RUND UM DAS ATOMIUM

Bruparck

Allerlei Vergnügungseinrichtungen im Schatten des Atomiums offeriert der Bruparck. Er besteht aus vier Attraktionen, die auch jeweils getrennt Eintritt verlangen: die Miniaturstadt Mini-Europe, der Badepark Océade, das Riesenkino Kinépolis mit 20 Sälen und Le Village, wo sich hinter nachgebauten Brabanter Fassaden Cafés, Restaurants und Souvenirläden versammeln. Der Badepark **Océade** bietet u. a. Wellenbad, Sauna-Landschaft, einen interaktiven »Aqua Fun Park« und zehn aufregende Wasserrutschen, deren größte »Turbo Kamikaze« heißt (www.oceade.be).
Am attraktivsten ist ***Mini-Europe**, wo mehr als 300 Bauwerke aus den Staaten der EU im Maßstab 1:25 nachgebildet sind: Big Ben, der Eiffelturm, das Rathaus von Brüssel ... Dazu speit der Vesuv Feuer, fährt der Thalys-Hochgeschwindigkeitszug, startet eine europäische »Ariane«-Rakete und stürzt die Berliner Mauer ein. In der interaktiven Ausstellung **»Spirit of Europe«** kann man dem europäischen Gedanken nachspüren (www.minieurope.com).

Océade: Mi. – Fr. 10.00 – 18.00, Sa., So., Fei. und Schulferien bis 21.00 Uhr, Eintritt: 16,80 €, www.oceade.be

Mini-Europe: Mitte März – Juni, Sept. 9.30 – 18.00, Juli/Aug. bis 20.00, Okt. – Anf. Jan. 10.00 – 18.00 Uhr, Eintritt: 13,40 €, Kombiticket mit Atomium 22,70 €, mit Océade 24,90 €, www.mini-europe.be

Stade Roi Baudouin

Nördlich an den Bruparck grenzt die Betonschüssel des Stade Roi Baudouin, des früheren Heysel-Stadions, das 1930 nach Plänen von van Neck gebaut wurde und **mehr als 70 000 Zuschauer** fasst. 1994/95 gestaltete Ob van Reth die Fassade neu.

Planetarium

Südlich vom Bruparck bietet das Nationale Planetarium unter seiner **24 m durchmessenden Kuppel** Ausflüge in die Sternenwelt und eine ständige Ausstellung.

ℹ Eintritt: 6 €, Kombiticket mit Atomium 15 €, Vorführungen: www.planetarium.be

Parc des Expositions

Nördlich vom Atomium beginnt das Anfang der 1930er-Jahre zur Hundertjahrfeier des Königreichs und zur dritten Brüsseler Weltausstellung 1935 angelegte Messegelände. Zentrales Bauwerk ist der stufenförmige **Palais du Centenaire** im Stil des Art déco. Besonders auffallend ist der 31 m hohe Zentralteil mit seinen vier Betonzinnen, die von großen Statuen des Bildhauers Égide Rombaux bekrönt werden – Allegorien auf die Schifffahrt, den Transport mit Pferden, die Dampfkraft und die Luftfahrt.

Parc d'Osseghem

Östlich des Atomiums erstreckt sich dieser hübsche Park. Jules Buyssens legte ihn 1932 – 1934 an. Die sanft ansteigende, wunderbar geschwungene Allee ist gesäumt von Rasenstreifen und zwei Doppelreihen zylinderförmig geschnittener Blutbuchen. Der elegante Weg führt zu einem **Belvedere mit Aussicht** über das sanfte Tal, das den Park vom Königsschloss Belvédère trennt. Über romantische Seitenwege gelangt man zu einem amphitheaterförmigen »théâtre de verdure« für bis zu 3000 Zuschauer und ans Ufer des länglich gewundenen Weihers.

* Basilique Nationale du Sacré-Cœur

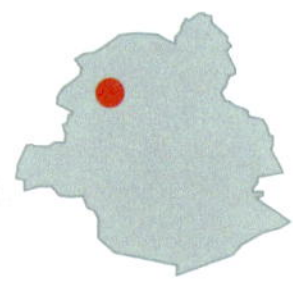

B 5

Lage: Koekelberg
Métro: Simonis (2)
Kuppel: April – Okt. tgl. 9.00 – 17.00, Nov. – März tgl. 10.00 – 16.00 Uhr

Direkt schön ist sie vielleicht nicht, aber mit ihren gewaltigen Ausmaßen setzt die »Koekelberg-Basilika« im Nordwesten der Stadt quasi als Pendant zum Palais de Justice einen zweiten unübersehbaren städtebaulichen Akzent.

National-monument

Die Basilique Nationale du Sacré-Cœur (Nationale Basiliek van het Heilig Hart) ragt aus dem Elisabethpark am Ende des Boulevards Léopold II. auf. Dieser König hat den Bau der Basilika **anlässlich des 75-jährigen Bestehens Belgiens** angeregt und 1905 höchstpersönlich den Grundstein gelegt; 1920 jedoch wurden die Arbeiten vorläufig eingestellt. 1951 erfolgte die Weihe, doch erst 1969 war das Nationalmonument fertiggestellt: 90 m hoch, 167 m lang und 108 m breit. Die ursprüngliche Planung als gotische Kathedrale – als Maquette im südlichen Querschiff zu sehen – wurde mit der Wiederaufnahme der Bauarbeiten 1926 aufgegeben. Es entstand ein Konglomerat von diversen

? BAEDEKER WISSEN

Schöner Überblick

Man erwartet es vielleicht nicht, aber von der Kuppel (Durchmesser: 33 m) der Basilique Nationale du Sacré-Cœur bietet sich eine schönere Aussicht auf Brüssel und sein Umland als vom Atomium (Eintritt: 4 €). Die Kirche gilt übrigens als das größte Art-déco-Gebäude der Welt.

Stilen und Materialien, das sich durch eine mächtige Kuppel und zwei schlanke Türme auszeichnet. Backstein und Terrakotta verschaffen dem immens großen Hauptschiff immerhin ein wenig Wärme. Beachtenswert sind die Kirchenfenster von Jean Huet mit Szenen aus Bibel und Religionsgeschichte, die fast 4,50 m hohe bronzene Herz-Jesu-Skulptur am Hochaltar von Georges Minne (1941) und eine Ausstellung zur Baugeschichte.

Boulevards

D–F 6–9

Im 19. Jh. tat Brüssel städtebaulich einen gewaltigen Sprung nach vorn auf dem Weg zu einer europäischen Metropole. Zu einem guten Teil mit verantwortlich dafür war die Anlage repräsentativer Straßenzüge.

BOULEVARDS DU CENTRE (INNERE BOULEVARDS)

Städtebaulicher Impuls

Die Inneren Boulevards (Boulevards du Centre) – Boulevard Adolphe Max, Boulevard Anspach und Boulevard Lemonnier – durchschneiden die Kernstadt etwa vom Nord- bis zum Südbahnhof parallel zu dem älteren, von der Rue Neuve und der Rue de Midi gebildeten Straßenzug. Sie entstanden **1867 bis 1874**, als man die Senne kanalisierte und überbaute, um die umliegenden Viertel zu entwässern. Verantwortlich für die Planung war Léon Suys, der Architekt der Börse (▶ Bourse). Die Anlage der Boulevards vertrieb die angestammten Einwohner und zog wohlhabende Bürger und Adlige an, die sich repräsentative Häuser errichten ließen. Damit erhielt Brüssel einen entscheidenden Impuls in seiner Entwicklung, in dessen Folge es zur echten Metropole aufstieg.

Place De Brouckère

An dem nach Bürgermeister Charles de Brouckère (Amtszeit 1848 bis 1860) benannten Platz teilt sich der Boulevard Anspach in die zum äußeren Boulevardring ziehenden Boulevards Adolphe Max und Émile Jacqmain. In der Mitte des Platzes stand früher das Monument Anspach, ein 20 m hohes Brunnendenkmal zur Erinnerung an den **Bürgermeister Jules Anspach** (Amtszeit 1863 – 1879), neben Léopold II. der Hauptförderer der Boulevards; es wurde am ▶ Marché aux Poissons wieder aufgestellt. Überdimensionale Neubauten haben das Gesicht des Platzes verändert; vor allem das Centre Monnaie, der Philips-Bau und das Anspach Center sind an die Stelle der Fin-de-Siècle-Gebäude getreten, die dem Platz einst ein kräftiges Pariser Flair gaben. Das 1891 erbaute **Hôtel Métropole**, die von Säu-

Den reichen Charme des Fin de Siècle bietet das Hotel Métropole.

len und Figuren überquellende **Maison des Chats** daneben, das **Hôtel Continental** und das 1933 im Art-déco-Stil errichtete **Kino Eldorado** lassen die vergangene Attraktivität ahnen. Zwischen dem Katzenhaus und dem Métropole liegt der Eingang zur Einkaufspassage **Passage du Nord** von 1882.

Boulevard Anspach

Der anschließende Boulevard Anspach ist zusammen mit dem Boulevard Adolphe Max und der Rue Neuve die belebteste Straße der Stadt. In seiner Mitte liegt der Börsenplatz mit der Börse (▶ Bourse). Die parallel zu den Boulevards laufende **Rue Neuve** verbindet die Place de la Monnaie (▶ Théâtre de la Monnaie) mit der Place Rogier. Wo heute geschäftiges Treiben herrscht, gab es im Mittelalter Wäschereien und Gemüsegärten. Die Straße wurde erst im 17. Jh. angelegt. Heute ist sie eine Fußgängerzone, in der sich Kaufhäuser, Modegeschäfte und Ladenpassagen wie die Galerie du Commerce, das Inno und das City 2 aneinanderreihen. Etwa auf halber Strecke steht die zu Beginn des 18. Jh.s erbaute Kirche **Notre-Dame du Finistère**. Ihre Marienstatue Notre-Dame du Bon Succès kam 1625 aus dem schottischen Aberdeen ins Brüsseler Augustinerkloster und 1814 an ihren heutigen Platz. Jeden Montag um 12.45 Uhr wird auf der Loret-Orgel (1856) ein Gratis-Konzert gegeben.

Die Kirche **Notre-Dame de Bon-Secours** (Onze Lieve Vrouw van Bijstand) liegt an der Rue du Marché-au-Charbon (Kohlenmarkt), die südlich der Börse nach links vom Boulevard Anspach abzweigt. 1664 – 1694 anstelle einer ehemaligen Spitalkirche errichtet, ist sie eines der schönsten Bauzeugnisse der flämischen Renaissance in Brüssel. Ungewöhnlich ist der kuppelgekrönte Hauptturm auf sechseckigem Grundriss, an den sich drei Apsiden anschließen. Über dem Portal erkennt man das Wappen Karls von Lothringen sowie Jakobsmuschel und -stab, das Zeichen der Jakobspilger. Auf dem 1705 nach einer Vorlage von Jean-Pierre van Baurscheit geschaffenen Hochaltar steht eine hochverehrte Marienstatue aus dem 16. Jahrhundert.

BAEDEKER TIPP !

Charme der Belle Époque

Eine Übernachtung im Hôtel Métropole kommt recht teuer. Günstiger (wenn auch nicht billig) ist ein Tässchen Kaffee im Hotelcafé, das wunderbare Belle-Époque-Interieur gibt es gratis dazu. Auch die Cocktailbar ist ein beliebter Treffpunkt der Brüsseler.

Boulevard Maurice Lemonnier

An den Boulevard Anspach schließt sich ab der Place Fontainas der Boulevard Maurice Lemonnier an, der über die Place Anneessens – mit einem Denkmal des 1719 von den Österreichern hingerichteten **Frans Anneessens** – führt und unweit des Südbahnhofs (Gare du Midi) auf der Place de la Constitution endet.

BOULEVARDS EXTÉRIEURS · CEINTURE (ÄUSSERE BOULEVARDS)

Im Verlauf der alten Stadtbefestigung

Die das Fünfeck des alten Brüsseler Stadtgebiets in einer Länge von 8 km umschließenden Äußeren Boulevards (»ceinture« = Gürtel) sind von 1818 bis 1840 anstelle der Stadtbefestigung aus dem 14. Jh. angelegt worden. Mittlerweile sind sie als Ringstraße vom Autoverkehr heftig in Anspruch genommen und haben ihr Aussehen, vor allem durch Unter- und Überführungen, sehr verändert. Dennoch gibt es auch hier einige zum Bummel einladende Abschnitte, insbesondere **ab der Métro-Station Trône hinab zur Place Louise.**

Boulevard du Jardin Botanique

Der nordöstliche Boulevard du Jardin Botanique zieht von der Place Rogier zur oberen Stadt. An seiner Nordseite liegt der alte Botanische Garten (► Rue Royale). Die **Place Rogier** am Ort der Porte de Cologne (Kölner Tor) der Stadtbefestigung ist einer der geschäftigsten Plätze Brüssels. Die markantesten Bauten sind der versetzte Büroturm der Dexia-Bank, der nachts mit bunten LED-Elementen erstrahlt, an der Nord- und das Manhattan Center an der Westseite. Die erste Eisenbahn auf dem europäischen Festland fuhr am 5. Mai 1835 von Mechelen nach Brüssel. Diese Lok kam noch aus England, doch wenig später baute Monsieur Cockerill aus Lüttich die erste belgische Lok. Die Geschichte der Belgischen Eisenbahn erzählt das **Musée des Chemins de Fer Belge** im Nordbahnhof. Das Areal westlich vom Nordbahnhof überragen 134 m hoch die durch eine Brücke verbundenen Stahl- und Glaswürfel der **Belgacom Towers**.

Musée des Chemins de Fer Belge: Mo. – Fr. und 1. Sa. im Monat 9.00 – 16.30 Uhr, Eintritt: frei

Rue de Brabant

Unter der Bahnlinie hindurch geht es zur Rue d'Arschot, der ziemlich schäbigen Rotlichtmeile von Brüssel. Parallel dazu verläuft die Rue de Brabant. Die **Läden arabischer, türkischer und pakistanischer Händler** bilden einen regelrechten Basar, der am Wochenende Kauflustige aus halb Europa lockt. Brüsseler schätzen die Plattenläden.

Boulevard Bischoffsheim

Jenseits der Kreuzung mit der ► Rue Royale, die vom Hochhaus der Prévoyance Sociale (1957) überragt wird, folgt der Boulevard Bischoffsheim. Am nördlichen Ende der Rue Royale erkennt man die Kirche Ste-Marie à Schaerbeek. Im weiteren Verlauf zur Place Madou kommt man an der Place Henri Frick mit dem alten Observatorium von 1823 vorbei; gegenüber liegt die klassizistische **Place des Barricades, wo in Haus Nr. 4 Victor Hugo wohnte**.

Boulevard du Régent, Boulevard des Arts

An der Place Madou, an der mit der Porte de Louvain eines der sieben Stadttore lag, beginnt der Boulevard du Régent (Richtung Stadt) bzw. der Boulevard des Arts (weg von der Stadt). Er durchquert die vornehmen Stadtteile in der Nähe des ► Parc de Bruxelles (westlich) und das Quartier Léopold (östlich) bis zur Porte de Namur. Westlich liegen zwischen Boulevard und Park das 1823 – 1829 für den Prinzen von Oranien errichtete heutige **Palais des Académies** und danach die **Place du Trône** mit einem Reiterstandbild Léopolds II. von 1925; dahinter erstreckt sich der Garten des Palais Royal (► S. 242).

***Shoppingviertel**

Als doppelt angelegte Verkehrsader ziehen der **Boulevard de Waterloo** und die **Avenue de la Toison d'Or** von der Porte de Namur im Nordosten zur Porte de Hal im Südwesten. An der Place Louise zweigt die **Avenue Louise** nach Süden zum Bois de la Cambre (► S. 193) ab. Diese drei Straßen, dazu die Place Louise, sind das exklusive Shoppingzentrum der Oberstadt. mit allem, was in Mode und Design Rang und Namen hat. In der von der Porte de Namur abzweigenden **Chaussée d'Ixelles** sind die Einkaufsmöglichkeiten preislich gemäßigter, dafür aber auch viel bunter.

! BAEDEKER TIPP

Second-Hand-Mode ...

... in sehr gutem Zustand, weil nur kurz getragen, zu akzeptablen Preisen, in einer riesigen Auswahl und durchaus auch von großen Designernamen gibt es bei Les Enfants d'Edouard, 175 – 179, Avenue Louise.

* Bourse

E 7

Lage: Place de la Bourse
Tram/Prémétro: Bourse (3, 4, 31, 32)

Ein Kind der Revolution: Die einem griechischen Tempel gleichende Börse an der Place de la Bourse, der wichtigste Handelsplatz des Landes, wurde einst per Dekret vom 19. Messidor des Jahres IX der Französischen Revolution (8. Juli 1801) gegründet.

Erster Handelsplatz

Die Regierung in Paris wies ihr als ersten Standort das ehemalige Augustinerkloster zu; danach wurde sie mehrfach verlegt, um schließlich ihren heutigen Standort am Ort eines im 13. Jh. gegründeten Klosters am neuen innerstädtischen Nord-Süd-Boulevard zu finden. Mit dem Entwurf wurde Léon Suys (1823 – 1887) beauftragt, der ein **klassizistisches Gebäude** mit überreichem Skulpturenschmuck lieferte. Die Bauarbeiten begannen 1871 und im Dezember 1873 konnte die Börse eingeweiht werden.

Hauptfassade

Die prächtige Hauptfassade blickt zum Boulevard Anspach und zeigt sich als Säulenhalle mit Freitreppe. Sechs korinthische Säulen tragen den Sims mit der Aufschrift »Bourse de Commerce« und stützen den dreieckigen Giebel, in dem ein Flachrelief von Jean-Joseph Jacquet **»Das aufrechte Belgien«** darstellt, umgeben von Allegorien auf die »Seefahrt« (links) und die »Industrie« (rechts). Die Attika ist mit Ornamenten überladen; ganz oben ragt eine Allegorie auf Belgien von Jacquet auf, begleitet von den Genien »Handel« und »Industrie«. Das Wappenschild Belgiens beherrscht die Mitte des Unterbaus. An den äußeren Enden des gewölbten Teils stellen zwei Gruppen den Handel »zu Wasser« (links) und »zu Lande« (rechts) dar. Über der Mitteltür, die Uhr umrundend, symbolisieren geflügelte Figuren von Jacques-Philippe De Haen »Das Gute« und »Das Böse«. Die Giebel über den Parterrefenstern tragen Allegorien von »Arbeit und Wohlstand« (links) so-

! BAEDEKER TIPP

Wohin im Börsenviertel?

Natürlich ins Falstaff (17 – 25, Rue Henri Maus), eine Jugendstil-Brasserie, an deren Einrichtung sich seit der Eröffnung 1883 kaum etwas geändert hat: Zu essen gibt es belgische Küche »à des prix démocratiques«, wie die Speisekarte stolz vermerkt. Ebenso angenehm ist das 1900 gegründete Belle-Époque-Café Cirio (16, Rue de la Bourse). Ein wenig versteckt liegt La Bécasse (11, Rue Tabora; auf die Messingplatte im Boden achten!). Dorthin geht man wegen des hauseigenen Biers – säuerliches Lambic und mit Koriander gewürztes Weißbier, stilecht serviert im Steingutkrug, dazu ein Quarkbrot oder Gouda mit Senf.

Außen Pracht und innen (Geld-)Macht: Brüssels Börse ist der wichtigste Finanzplatz in Belgien.

wie »Post und Telegrafie« (rechts). Die Treppe flankiert je ein Löwe, geführt von einem Genius mit einer Fackel, ebenfalls von Jacquet.

Südfassade Die zur Rue Henri Maus zeigende Südfassade wurde von Jules Brunfaut (1852 – 1942) entworfen. Beherrschend sind hier die schlanken korinthischen Säulen, ein girlandengeschmückter Sims und darüber das **Stadtwappen von Brüssel** im Giebelfeld. In den Nischen entdeckt man auf der linken Seite Allegorien auf die »Kunst« und die »Wissenschaft«, rechts die »Wachsamkeit«, einen Hahn haltend. Die Gruppen auf der Attika schuf Antoine van Rasbourgh: links »Asien«, rechts »Afrika«. Zwischen Attika und Säulenwand läuft ein von Carrier Belleuse unter Mitwirkung von Auguste Rodin und Julien Dillens gestalteter Fries.

Rückfassade Die Rückfassade nimmt den **Stil der Vorderfront** noch einmal auf und präsentiert zwei Figuren des Bildhauers Louis Samain, »Handel« und »Schifffahrt«, in der Mitte einen geflügelten Genius von Jacquet und an den äußeren Enden der Attika zwei Kindergruppen: links die »Feldarbeit« von Jean van den Kerckhove, rechts der »Handel« von Égide Melot.

Nordfassade Die zur Rue de la Bourse liegende Nordfassade zeigt allegorische Skulpturen zum Thema »Landwirtschaft« (links) und »Hüttenindustrie« (rechts); auf der Attika sind »Europa« und »Amerika« von Charles-Joseph van Oemberg zu sehen.

RUND UM DIE BÖRSE

Pulsierender Mittelpunkt Brüssels

Die Börse ist nicht nur der Platz für Finanzgeschäfte und ihre Treppe häufig Ort von Demonstrationen, in den Straßen und Gassen um sie herum ist **Tag und Nacht das Leben zu Hause**. In den Cafés und Restaurants trifft man sich, trinkt ein Bier, macht Pause von der Arbeit und vergnügt sich am Abend. Hier findet man einige der schönsten und originellsten Brüsseler Cafés (▶ Tipp S. 167).

Museum Bruxella 1238

Wie es im **Mittelalter** an dieser Ecke Brüssels ausgesehen hat, kann man bei einer Führung im Museum Bruxella 1238 in der Rue de la Bourse erfahren. An der Rue de la Bourse selbst kann man nur einen Blick durch ein Glasdach auf einige freigelegte Mauerreste des 1238 gegründeten Franziskanerklosters werfen.

ⓘ Jeweils am ersten Mi. im Monat um 11.15 Uhr, Beginn am Rathaus!, für Gruppen nach Voranmeldung unter Tel. 02 279 43 55

** Centre Belge de la Bande Dessinée

E 6

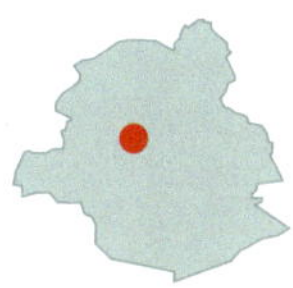

Lage: 20, Rue des Sables
Métro: Rogier, Botanique (2, 6)
ⓘ Di. – So. 10.00 – 18.00 Uhr
Eintritt: 8 €
www.cbbd.be

Brüssel ist stolz auf sein Comic-Museum, das sowohl vergnügliche Ausstellungen für alle Comic-Fan bietet als auch echte Forschungsstätte für Kenner der Szene ist. Diese werden schon am Logo des Museums ihre Freude haben: Es zeigt eine leere Sprechblase, auf der der widerspenstige Haarschopf von Hergés Tintin emporsteht.

Juwel des Jugendstils

Selbst wer nichts mit Comics anfangen kann, sollte den Weg in die Rue des Sables nicht scheuen, denn die Ausstellungen sind in den **Magasins Waucquez** untergebracht, dem **einzigen erhalten gebliebenen Kaufhausbau von Victor Horta** (1861 – 1947). Dieser hatte 1903 vom Textilhändler Charles Waucquez den Auftrag zum Bau seines neuen Kaufhauses erhalten, das im Jahr 1906 eröffnet wurde. Äußerlich durchaus unscheinbar, offenbart es innen dank seiner lichten Konstruktion, in der Glasdecken und Eisenkonstruktionen dominieren, aufs Schönste die Grundprinzipien des Jugendstils, die sich besonders in den eleganten Schwüngen des Treppenhauses zeigen. Nachdem das Kaufhaus 1970 geschlossen wurde, dämmerte dieses Juwel vor sich hin und verfiel allmählich. Erst 1986

Heimat der Comics

In keinem europäischen Land sind Comics (franz. bandes dessinées, »BD«) so beliebt und vor allem als »neunte Kunst« anerkannt, nirgendwo sonst gibt es eine derartige Vielfalt an Bildergeschichten wie in Belgien.

Das Land kann auf eine lange, von den USA als dem »klassischen« Comic-Land unabhängige Tradition der Bildergeschichten zurückblicken: 1929 erschien in der Kinderbeilage der Tageszeitung »Le Vingtième« die erste Geschichte mit **»Tintin«**, der wohl bekanntesten Figur aus belgischer Produktion, die bald sehr erfolgreich war. Schon 1946 gab Raymond Leblanc mit der Jugendzeitschrift »Tintin« ein Magazin heraus, das bis in die 1990er-Jahre – unter dem Nachfolgetitel »Hello Bédé« – die erfolgreichste Comic-Zeitschrift Belgiens war.

Quick, Flupke & Co.

Mit Brüssel eng verbunden sind die Namen Hergé als geistiger Vater von Tintin und der beiden Brüsseler Gören **»Quick et Flupke«** (erschienen allerdings in Tournai bei Ed. Casterman) und Edgar Pierre Jacobs mit **»Blake und Mortimer«**. Mit den Éditions Lombard, die Klassiker wie **»Bruno Brazil«**, **»Dan Cooper«** oder **»Les Schtroumpfs«** von Peyo herausbringen, hat einer der wichtigsten belgischen Comic-Verlage seinen Sitz in Brüssel. Auch Brüssel selbst wurde Schauplatz eines Comics: François Schuiten und Benoît Peeters machten es in »Brüsel« zu einer Stadt voller Korruption und Spekulation. Neben dem schon erwähnten Tournai ist Marcinelle bei Charleroi (Ed. Dupuis) ein wichtiger Comic-Verlagsort in Belgien: Dupuis bringen u. a. »**Lucky Luke**« von Morris sowie »**Spirou et Fantasio**« und »**Gaston**« von Franquin und Jidéhem heraus. Die flämische Comic-Variante lieferte Willy Vandersteen mit »**Suske und Wiske**« (deutsch: Wastl) und »Bessy«. Die Strips erscheinen nicht nur in Alben und Heftchen, sondern werden regelmäßig auch in großen Zeitungen abgedruckt. Viele Abenteuer von Tintin wurden als Zeichentrickfilme oder Spielfilme produziert, auch die Schtroumpfs, Lucky Luke oder Spirou fanden Eingang in Film und Fernsehen.

Comic als Studienfach

In den Studios der Gründerväter lernten viele jüngere Talente das Fach. Seit über dreißig Jahren bieten allerdings die Fachhochschulen Saint-Luc und Sint-Lukas das Studienfach Comic-Autor an. Dozenten sind Asse wie Johan de Moor oder Nix. Die Absolventen legen großen

Für Comic-Fans und -Kenner ist sonnenklar, wer das ist: Tintin.

Und wieder ist es nichts mit dem großen Coup: Lucky Luke erwartet die Daltons in der Rue de la Buanderie.

Wert auf die ästhetische Gestaltung, manche Alben sind geradezu abstrakte Kunstwerke. Zu den tonangebenden jüngeren Autoren zählen Dominique Goblet, Midam, Ollie Schrauwen, David Vandermeulen und Thierry van Hasselt. Ein Außenseiter – er hat sich alles selbst angeeignet – ist **Philippe Geluck** mit **»Le Chat«**, der vor Witz sprühenden, belehrenden Katze.

Brüssel für Comic-Fans

Für Comic-Freunde ist Brüssel genau der richtige Ort: An erster Stelle stehen natürlich ein Besuch im belgischen **Comic-Museum** und im **MooF** (S. 172). Dazu kommt der Einkauf in Läden wie **La Bande de Six Nez** (179, Chaussée de Wavre) und **Brüsel** (100, Boulevard Anspach). Auch einen Stadtbummel sollten Comic-Fans und solche, die es werden wollen, unbedingt unternehmen: Anlässlich des hundertsten Jubiläums der Comics – als Geburtsstunde gilt das Erscheinen des Strips »The Yellow Kid« im Jahr 1896 im New York Journal – hat man nämlich begonnen, Hausfassaden in Brüssel mit Motiven aus belgischen Comics zu bemalen, ▸ Baedeker Wissen S. 152/153). Beim Brüsseler Tourismusbüro (▸ Praktische Informationen, Auskunft) erhält man eine Broschüre, die alle Fassaden verzeichnet (▸Baedeker Wissen S. 152).

begann die Restaurierung und mit der Installation des Comic-Zentrums 1989 fand man eine sehr angemessene Nutzung.

Die Welt der belgischen Comics

Die belgische Comic-Landschaft beginnt im Zwischengeschoss, wo man sehr vergnüglich lernt, wie ein Comic entsteht und wie viel Arbeit nötig ist, um einen Zeichentrickfilm herzustellen. In der »Schatzkammer« werden in ständigem Wechsel Originalzeichnungen aus dem großen Fundus gezeigt. Im Obergeschoss werden **die belgischen Comic-Helden** vorgestellt, so das Marsupilami, Spirou und Fantasio. Man kann die Mondrakete von Tintin und Kapitän Haddock aus der Nähe bestaunen, sieht Gaston Lagaffes wie immer chaotisches Büro und erlebt im Saloon, wie Lucky Luke schneller als sein Schatten zieht. Im Erdgeschoss warten eine Schmöker- und Studienbibliothek (mit 40 000 Bänden die weltgrößte!), ein sehr gut ausgestatteter Comic- und Souvenirladen und das **Café Horta**. Dort beschreibt eine weitere Ausstellung die Geschichte des Hauses.

MooF

Ein weiteres wunderbares Museum für Comic-Fans wurde im Herbst 2011 eröffnet: das Museum of original Figurines, kurz MooF. Es präsentiert über 650 Comic-Figuren in allen möglichen Gößen sowie Originalzeichnungen und zeigt Zeichentrickfilme. Mitbringsel gibt es in der MooF-Boutique.

ⓘ 116, Marché-aux-herbes (Galerie Horta), Métro: Gare Central (1, 5), Di. – Sa 10.30 – 17.30, So. bis 15.30 Uhr, Eintritt: 6,50 €, www.moof-museum.be

Éditions Jacques Brel

E 7

Lage: Place de la Vieille-Halle aux Blés

Métro: Gare Centrale (1, 5)

ⓘ Di. – So. 12.00 – 18.00, Juli/Aug. tgl. 10.00 – 18.00 Uhr

Eintritt: 5 €

www.jacquesbrel.be

Mit Jacques Brel durch Brüssel und Paris – hier können die Fans des großen Chansonniers ihn noch einmal erleben.

Pilgerstätte für Fans

Vom ▸ Manneken Pis die Rue du Chêne hinauf kommt man auf die Place de la Vieille-Halle aux Blés, an der einige schöne Giebelhäuser aus dem 18. Jh. stehen. An Haus Nr. 11 sollten die Fans von Jacques Brel nicht vorbeigehen, denn in den Éditions Jacques Brel finden sie nicht nur Ton- und Bilddokumente ihres Idols, sondern auch die Ausstellung **»J'aime les belges«**, die Jacques Brel und sein Verhältnis zu seinem Heimatland thematisiert.

Tour de Villers, Tour d'Angle

In naher Umgebung der Place de la Vieille-Halle aux Blés sind zwei Reste der mittelalterlichen Brüsseler Stadtbefestigung aus dem 13. Jh. erhalten. Die Stadtmauer war ca. 4 km lang und mit sieben Toren sowie vierzig Türmen versehen. Einer davon ist in der Rue de Villers die Tour de Villers (Villerstoren), deren Reste noch knappe 15 m hoch sind. Von hier lief die Mauer nach Südosten über die heutige Place de Dinant bis zur Ecke Boulevard de l'Empereur/Rue de Rollebeek, wo die Tour d'Angle (Hoektoren) steht, auch Tour d'Anneessens genannt, weil hier 1719 **Frans Anneessens, der Zunftälteste der Gilden**, eingesperrt worden war. Anneessens wurde auf der ▶ Grand' Place enthauptet.

Forest

C / D 10 / 11

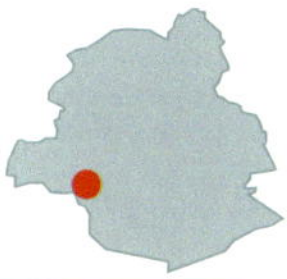

Lage: 3 km südwestlich vom Stadtzentrum

Tram: 32, 97

Den Stadtbezirk Forest (Vorst) kennt man, wenn überhaupt, wegen des hiesigen großen Audiwerks. Dabei gibt es hier durchaus einige hübsche Flecken.

Ursprünglich Waldgebiet

Er verdankt seinen Namen dem ▶ Forêt de Soignes, von dem im heutigen Stadtgebiet noch der 1878 angelegte, 13 ha große Parc de Forest und der durch einen Straßenzug davon getrennte 23 ha große Parc Duden geblieben sind. Letzterer war einst ein Privatpark des deutschen Geschäftsmanns Wilhelm Duden, der sich hier 1829 niedergelassen hatte. Wenig östlich vom Parc Duden erhebt sich auf der Place de l'Altitude Cent **St-Augustin, eine der wenigen Art-déco-Kirchen Brüssels**.

Saint-Denis

Die Chaussée de Bruxelles führt vorbei an der Westseite des Parc Duden weiter zu einem schönen Beispiel gotischen Kirchenbaus in Brüssel, zur kleinen Kirche St-Denis, an deren Stelle sich schon im 7. Jh. ein Gotteshaus befunden hat. Hier hat sich der Legende zufolge die **hl. Alène**, Tochter des Herrn von Dilbeek, heimlich taufen lassen. Darüber erzürnt, ließ ihr Vater sie zu Tode prügeln. Nach ihrer Beisetzung in der Kapelle geschahen Wunder am Grab, die schließlich auch Alènes Vater dazu bewegten, sich zum Christentum zu bekehren. Die jetzige Kirche wurde ab ca. 1250 errichtet. Ihr ältester Teil ist die Chapelle Ste-Alène mit dem Steingrabmal der Heiligen (vermutlich 11. Jh.) und einem vierflügeligen Altarbild des Brüsseler Malers Cornelius van Coninxloo (16. Jh.). Weiterhin beachtenswert sind eine Christusfigur (13. Jh.), Reliquiengefäße (15. und 16. Jh.), ein schmiedeeisernes Gitter (17. Jh.) und im rechten Seitenschiff ein

Grabstein aus der ersten Hälfte des 13. Jahrhunderts. Die ehemalige Benediktinerabtei hinter der Kirche, 1106 gegründet und 1764 durch Brand teilweise zerstört, ist heute das **Kulturzentrum von Forest**.

Hôtel communal Das gegenüber der Abtei gelegene, 1925 – 1938 von Jean-Baptiste Dewin gebaute Hôtel communal zählt zu den **Meisterwerken des Brüsseler Art déco**. Der 48 Meter hohe Turm mit den vergoldeten allegorischen Figuren von Victor Rousseau wurde dem von Josef Hoffmanns Palais Stoclet nachempfunden Seine Basreliefs stellen die wichtigsten damaligen Handwerkerberufe von Forest dar: Brauer (die Wielemans-Dynastie stellte wiederholt den Bürgermeister), Schumacher und Wäscherinnen. Das Innere gestalteten die Frères De Coene aus Kortrijk mit verschiedenen Ardenner Marmorsorten und tropischen Edelhölzern, die Glasfenster entwarf Georges Baltus. Besonders eindrucksvoll sind die Eingangshalle mit der monumentalen Treppe und der Trausaal (wenn eine Hochzeit stattfindet, kann man einen Blick ins Innere werfen).

Kunsthalle Wiels Das ehemalige Brauhaus der Brauerei Wielemans-Ceuppens – seinerzeit das größte Europas – ist eines der seltenen Industriegebäude im Internationalen Stil. Das faszinierende Spiel von horizontalen und vertikalen Linien erdachte 1930 der Architekt Adrien Blomme. Nach der Übernahme von Wielemans-Ceuppens durch den Leuvener Giganten Artois wurde die Produktion 1988 eingestellt. 2005 begann eine gründliche Renovierung, 2007 zog die Kunsthalle Wiels ein, die beste **internationale und belgische Avantgarde** präsentiert.

ⓘ Tram: 82 – 97 (Wiels), Bus: 49, 50 (Wiels), Mi. – So. 11.00 – 18.00, am 1. u. 3. Mi. des Monats bis 21.00 Uhr, Eintritt: 7 €, www.wiels.org

* Forêt de Soignes

G / H 13

Lage: Südöstlich vom Stadtzentrum
Tram: 94 (Boitsfort Gare)
Bus: 95 (Heiligenborre)

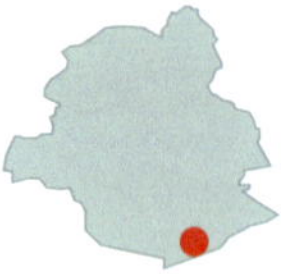

Ist den Brüsselern nach Erholung in der Natur, steuern sie gerne den Forêt de Soignes (Zoniënwoud) an. Dieser einst 12 000, heute 4000 ha große Wald mit prächtigen Buchenhainen, der sich im Nordosten bis nach Tervuren erstreckt und in dem Karl V. jagte, zählt zu den schönsten Belgiens.

Groenendael Mitten im Wald liegt 13 km südöstlich der Stadtmitte (Ausfahrt auf der Avenue Louise durch Ixelles und Boitsfort, dann N 275) in einem schönen Talgrund Groenendael, wo einst eine 1343 von dem Mystiker Ruysbroek gegründete berühmte Augustinerabtei stand. Von ihr ist nur noch ein einziges Gebäude aus dem 18. Jh. erhalten. Am Nordhang des Tals kann man im **Arboretum von Groenendael** über 400 Baum- und Straucharten begutachten und sich im Forstmuseum über Pflanzen und Tiere des Waldes informieren.

> **BAEDEKER WISSEN ?**
>
> *Schon zu Lebzeiten berühmt*
>
> Hugo van der Goes war einer der herausragendsten Meister der altniederländischen Malerei. Auch der burgundische Hof gehörte zu seinen Auftraggebern. 1475 trat er als Laienbruder in das Kloster von Rouge-Cloître ein. Van der Goes litt unter Depressionen; 1482 starb er im Kloster, gerade einmal 42 Jahre alt.

Im Norden des Walds, nahe der Autobahn, wurde im 14. Jh. die **Abtei von Rouge-Cloître** (Rood Klooster) erbaut. Vom Kloster geblieben sind der Südflügel (heute Restaurant) und einige Wirtschaftsgebäude; hier gibt es das Informationszentrum des Forêt de Soignes und das Centre d'Art de Rouge-Cloître, das wechselnde Ausstellungen zu diversen Themen zeigt.

Informationszentrum: Métro: Herrmann-Debroux (5), Mai – Okt. tgl. außer Mo. 14.00 – 18.00, Nov. – April bis 17.00 Uhr

Centre d'Art: Di. – Do., Sa. und So. 14.00 – 17.00 Uhr, Eintritt: 3 €, www.rouge-cloitre.be

Arboretum de Tervuren

Zum nordöstlichen Teil des Forêt de Soignes gehört das Arboretum von Tervuren, in dem die wichtigsten Baumarten aus der Alten und der Neuen Welt gezogen werden.

** Galeries Saint-Hubert

E 7

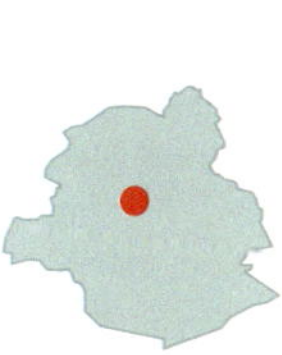

Lage: Zwischen Rue du Marché-aux- Herbes und Rue de l'Ecuyer

Métro: Gare Centrale (1, 5)

Die Galeries Saint-Hubert, einer der elegantesten Orte Brüssels, schließen sich an die Restaurantmeile um die Rue des Bouchers an und stellen eine äußerst angenehme Verbindung zwischen Grand'Place und dem Viertel um die Place de la Monnaie her: Hier schlendert man wettergeschützt an edlen Geschäften, Cafés und Restaurants vorbei von einem Zentrum Brüssels ins andere.

Shoppingmall aus dem 19. Jh.

Der Bau der Galerien wurde 1845 von einer für diesen Zweck gegründeten Aktiengesellschaft beschlossen. Mit der Planung beauftragte man **Jean-Pierre Cluysenaer** (1811 – 1880); Léopold I. legte

Shoppen, bummeln, gut gehen lassen in den Galeries Saint-Huberts

am 6. Mai 1846 den Grundstein. Um Platz zu schaffen, wurde das Zunfthaus der Goldschmiede, das nach 1695 wieder errichtet worden war, ebenso abgerissen wie ein Armenviertel, dessen Bewohner man einfach verjagte. Am 20. Juni 1847 konnten die Galerien eröffnet werden, die mit einer Länge von 213 m die damals größte Einkaufspassage der Welt war. Sie besteht aus drei Ladengalerien: aus der von der Rue du Marché-aux-Herbes laufenden dreistöckigen **Galerie de la Reine**, die nach der Rue des Bouchers bis zur Rue de l'Écuyer hin von der ebenfalls dreistöckigen **Galerie du Roi** fortgesetzt wird, und, von dieser abgehend, der niedrigeren **Galerie des Princes**, wo 1851 Victor Hugos Freundin Juliette Drouet wohnte.
Die erste Filmvorführung in Belgien fand übrigens am 1. März 1896 im Gebäude Galerie du Roi Nr. 7 statt. Eine Plakette erinnert daran.

Bauschmuck Die klassisch inspirierte Fassade an der Rue du Marché-aux-Herbes zeigt neben vier Skulpturen in den Nischen über dem Portal ein Flachrelief mit dem Haupt Merkurs, umgeben von zwei Flüssen. Ganz oben ist der **Wahlspruch »Omnibus omnia«** (»Allen alles«) angebracht, letzte Erinnerung an das Haus der Goldschmiede, das einst an diesem Platz stand. Unter der von Joseph Jacquet geschaffenen Innendekoration fallen in der Nähe der Uhr die allegorischen Figuren »Belgien«, »Brabant« und »Brüssel« auf. An der Ecke Rue des Bouchers und Galerie de la Reine erinnern zwei Plaketten an die Fünfzig- bzw. Hundertjahrfeier des Bestehens der Passage. Der Blick sollte sich aber unbedingt auch nach oben wenden. Cluysenaer konstruierte nämlich das Licht spendende Glasdach derart gefächert, dass die Galerie sowohl belüftet wird als auch vom Regenwasser verschont bleibt. Übrigens befinden sich Wohnungen in den Etagen über den Geschäften (► Baedeker Wissen S. 132). Nur wer eine Vorstellung im Théâtre des Galeries besucht, kommt in den Genuss der Saaldecke, die René Magritte mit einer Himmelslandschaft bemalte.

** Grand'Place

E 7

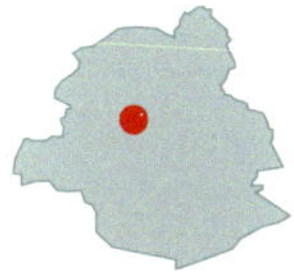

Métro: Gare Centrale (1, 5)
Tram/Prémétro: Bourse (3, 4, 31, 32)

Das Herz der Stadt schlägt auf der Grand'Place (Grote Markt), dem »Salon Brüssels«, im Mittelalter Ort des Handels, Richtstätte, wichtiger Versammlungsplatz und noch heute, trotz der Scharen von Touristen, Marktplatz wie ehedem. Dieser herrliche Mittelpunkt der Kernstadt ist in seiner Geschlossenheit einer der schönsten urbanen Plätze der Erde oder gar, wie Jean Cocteau bemerkte, »die schönste Bühne der Welt«.

Urbanes Zentrum

Auf dieser 110 m langen und 68 m breiten, vom gotischen Rathaus und barocken Zunfthäusern umsäumten Bühne zu wandeln lohnt sich zu jeder Tageszeit: am Morgen, wenn die Blumenstände aufgebaut sind, am Mittag, um vom Terrassencafé aus die Flaneure zu betrachten, und am Abend: Täglich von Ostern bis Oktober zwischen 22.30 und 23.00 Uhr gibt es auf der Grand'Place **»Musique et Lumière«**, »Musik und Licht«. Dann wechselt die Fassadenbeleuchtung in bunte Farben, untermalt von Musik.

Festliche Veranstaltungen

Einmal im Jahr, am ersten Donnerstag und dem darauf folgenden Dienstag im Juli, lebt in Brüssel das 16. Jahrhundert aufs Prächtigste wieder auf, wenn auf der Grand'Place der ****Ommegang** zelebriert wird. Er geht zurück auf eine Mitte des 14. Jh.s begründete Prozession (► Notre Dame du Sablon), die 1549 zu Ehren Karls V., seines Sohnes Kronprinz Philipp und seiner Schwestern Maria von Ungarn und Eleonore von Frankreich vom Brüsseler Rat mit besonderem Aufwand abgehalten wurde. Und immer in geraden Jahren wird im August der gesamte Platz mit einem bunten ****Blumenteppich** belegt (► Abb. S. 10 und 156).

Geschichte

Das Zentrum Brüssels entstand auf einem trockengelegten Sumpf. Ungefähr dort, wo heute das Rathaus steht, bot eine Sandbank die beste Möglichkeit zum Häuserbau. Dies geschah wohl im 11. oder 12. Jh., wie ein 1911 in 1,20 m Tiefe gefundenes Straßenpflaster vermu-

** Hôtel de Ville

Das Brüsseler Rathaus (Stadhuis) ist einer der prächtigsten gotischen Profanbauten in Belgien, leider nicht mehr im originalen Zustand, aber dennoch von überwältigender Schönheit.

1 Löwentreppe
Reliefs in der Decke über der Treppe zeigen die Ermordung von Everard 't Serclaes und wie der Mörder dafür vom Teufel geholt wird sowie Herkenbald, der seinen von ihm für schuldig befundenen Neffen selbst hinrichtet.

2 Gotischer Saal
Hier wurden die Herrscher inthronisiert, zuletzt Wilhelm I., König der Niederlande, am 21. September 1815. Der Saal wurde 1868 neugotisch renoviert und ist mit Mechelner Tapisserien behängt. Die Bronzestatuen zeigen Stadtherren.

3 Ehrentreppe
Die Ehrentreppe flankieren Büsten aller Bürgermeister seit 1830.

4 Maximilianischer Saal
Die Tapisserien (Entwürfe: Charles le Brun, 1619 – 1690) stellen das Leben Chlodwigs dar.

5 Galerie Grangé
Die Herrscherporträts stammen von Louis Grangé (1686 – 1764).

6 Ratssaal
Im einstigen Versammlungssaal der brabantischen Stände hängen Brüsseler Großgobelins von 1717/1718.

7 Trauungssaal
Hier sieht man allegorische Gemälde von Cardon (1881) und an der Decke die Wappen der Zünfte.

8 Balkon
Vom Balkon aus sahen Magistrat und Fürst den Festen zu und wurden Verordnungen bekanntgegeben.

9 Schöffenzimmer
Heute Räume der Beigeordneten

10 Säulengang am rechten Flügel
Die Konsolen und Kapitelle zeigen Erinnerungen an die Häuser, die vor 1695 hier standen.

Rathaus

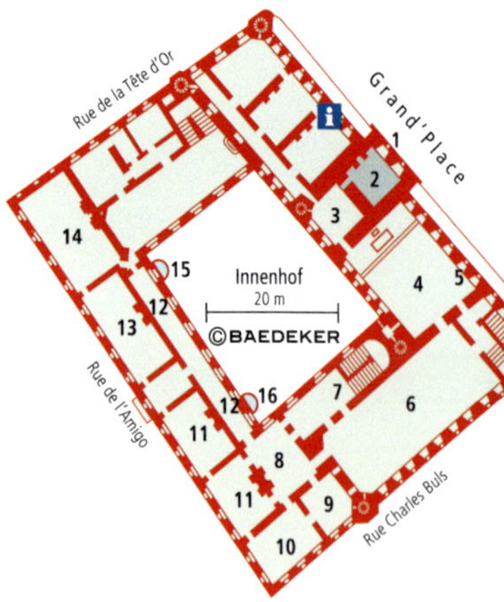

1 Portal (Eingang)
2 Turm (Belfried)
3 Vorraum
4 Trauungssaal
5 Löwentreppe
6 Gotischer Saal
7 Ehrentreppe
8 Vorzimmer des Bürgermeisters
9 Sekretärzimmer
10 Amtsraum des Bürgermeisters
11 Amtsräume der Schöffen
12 Porträtgalerie
13 Maximilianischer Saal
14 Gemeinderatssaal
15 »Schelde«-Brunnen
16 »Maas«-Brunnen

Zur steinernen Pracht ringsherum kommt alle zwei Jahre noch die Blumenpracht.

dieser Nachbildungen, entstanden um 1450, sind im Stadtmuseum in der Maison du Roi (► S. 182) zu sehen.

Turm

Der hoch aufragende elegante Turm wurde nach Plänen von **Jan van Ruysbroeck** von 1449 bis 1454 erbaut. Er gliedert sich in einen viereckigen, vierstöckigen Teil, einen darüberliegenden achteckigen, dreistöckigen Teil und die durchbrochene Spitze. Seitentürmchen überspielen die Übergänge; die Skulpturen über dem Portal stellen Heilige dar. Die Spitze krönt in 91 m Höhe eine 5 m hohe Wetterfahne aus vergoldetem Kupferblech in Gestalt des Erzengels Michael, die Kupferschmied Martin van Rode 1455 herstellte. Die **Skulpturen in der Torhalle** stammen aus dem 15. Jh. und werden Claus Sluter zugeschrieben.
Man sieht es sofort: Das Rathausportal liegt nicht in der Turmachse. Die Legende will wissen, dass sich Jan van Ruysbroeck deshalb voller Verzweiflung vom Turm gestürzt haben soll. Tatsächlich aber hat er bewusst Unterbau und Portal des alten Belfrieds beibehalten und dessen rechte Mauer verbreitert, um ein stabiles Fundament für den Neubau zu bekommen.

Innenräume

Die nur mit Führung zugänglichen Innenräume zeichnen sich durch beachtliche Kunstgegenstände aus, insbesondere sehr schöne **Tapisserien**. Äußerst wertvolle Gemälde von Rogier van der Weyden, die bereits Albrecht Dürer bei seinem Besuch in Brüssel bewundern konnte (► S. 28), gingen beim Beschuss von 1695 leider verloren.

★ MAISON DU ROI

Von der Brothalle zum Gerichtshof

Das sogenannte »Haus des Königs«, neben dem Rathaus das schönste Gebäude des Marktplatzes und diesem direkt gegenüber gelegen, trägt seinen Namen, weil hier der **Gerichtshof** im Namen des Königs von Spanien Recht gesprochen hat. Heute beherbergt es das Brüsseler Stadtmuseum.
Die Maison du Roi geht auf das zu Beginn des 13. Jh.s erbaute Broodhuis, das **Zunfthaus der Bäcker**, zurück. Später erhielt es den Namen **Hertogenhuis** (Herzogshaus), weil bereits vor den Spaniern herzögliche Gerichtshöfe hier untergebracht waren. Dieser erste Bau wurde 1512/13 eingerissen; 1515 begann der Neubau. Mit Anton Keldermans, Ludwig van Bodhegem und Heinrich van Prede waren die bedeutendsten brabantischen Architekten jener Zeit daran beteiligt. Als Philipp II. von Spanien weitere Gerichtshöfe unterbrachte, nannte man den Bau **»Pretorium Regium«**, woraus der Volksmund »Haus des Königs« machte. Im 17. Jh. ließ die Infantin Isabella das Haus aus Stein neu erbauen und weihte es der hl. Jungfrau, deren steinernes Standbild an der Fassade angebracht war. 1695 wurde es fast völlig zerstört, beim Wiederaufbau ab 1768 scherte man sich nicht um architektonische Tradition. Ab Mitte des 19. Jh.s entstand der Neubau in der ursprünglichen Gestalt. Dazu studierte der Stadtarchitekt Victor Jamar alte Stiche und Zeichnungen. 1885 war die Maison du Roi wieder hergestellt.

Fassade und Turm

Haupt- und Seitenfassade, Galerien und Geländersimse aus Blaustein sind mit einem Netzwerk aus weißem Stein aus Gobertange verziert. Die Galerie des Erdgeschosses bilden neun auf zwei frei stehenden Säulen ruhende Bögen. Darüber stützen sich die Arkaden des oberen Stockwerks auf kleine Säulenbündel. Die Skulpturen an der Mittelachse stellen dar: **Maria von Burgund** (sie überließ das Haus des Königs 1477 der Stadt), **Karl V.** (er ordnete den Wiederaufbau an), **Johann I.** der Siegreiche und **Heinrich I.** (er gab Brüssel sein 1229 niedergeschriebenes Stadtrecht). Die Statuetten an Fassade, Dachluken und Giebel sowie die Wappenmotive aus vergoldetem Rotkupfer zeigen zwei heraldische Löwen, vier Banner tragende Löwen von A. Desenfans), einen Armbrust- und einen Bogenschützen (die Waffenherolde von Dillens), einen Bratkoch, der auf den **Spitznamen der Brüsseler, »Kiekenfretters«** (Hühnerfresser), anspielt, sowie vier die militärischen Gilden Brüssels darstellende Personen.
Krone und Brot in der Wetterfahne stehen als Sinnbilder für die Namen Broodhuis und Haus des Königs. Im Juni 1895 wurde ein Glockenspiel von Jef Denijn aus 16 Glocken aufgehängt.

Richtstätte

Vor dem Haus des Königs fanden die Hinrichtungen statt, so z. B. diejenige der **Grafen Egmont und Hoorn**. Am 5. Juni 1568, dem Tag

Einst Brothalle, dann Blutgericht, jetzt Brüsseler Stadtmuseum: die Maison du Roi gegenüber vom Rathaus

vor seiner Enthauptung, wurde Egmont in das Haus verlegt, wo er die Nacht im zweiten Stock verbrachte. Zum Gedenken daran wurde 1864 vor der Freitreppe ein Denkmal von C.-A. von Fraikin an der Stelle eingeweiht, an der die Grafen hingerichtet worden waren; seit 1879 steht das Denkmal allerdings auf dem ► Petit Sablon. Ein weiteres prominentes Hinrichtungsopfer war der Brüsseler Zunftälteste Frans Anneessens.

*Musée de la Ville de Bruxelles

In der Maison du Roi stellt das **Museum der Stadt Brüssel** die Geschichte der Stadt vor: Im Erdgeschoss werden gotische Skulpturen, u. a. Originalsäulenkapitelle vom Rathaus, Bildhauerarbeiten des 16. – 18. Jh.s sowie im ehem. Gildensaal Fayencen und Zinn des 17. – 19. Jahrhunderts gezeigt, ebenso Altarretabeln, Wandteppiche, und im Karyatidensaal Brüsseler Porzellan und Silber des 18. und 19. Jahrhunderts. Die städtebauliche Entwicklung Brüssels wird im ersten Stock mit einem Modell Brüssels im 13. Jh. präsentiert. Im zweiten Stock erläutern Stelltafeln die Chronologie Brüssels. Am interessantesten ist aber der dem Manneken Pis gewidmete Raum, die ***Salle du Manneken Pis**: Der kleine Mann erhielt von prominenten und weniger prominenten Zeitgenossen im Lauf der Zeit über 600 Kostüme geschenkt, in die er ab und zu auch gesteckt wird. Eine Auswahl davon zeigt seine Kleider- und Kostümkammer, u. a. den von Ludwig XV. 1747 verliehenen Anzug.

ⓘ Di. – So. 10.00 – 17.00 Uhr, Eintritt: 4 €, www.brusselsmuseums.be

** ZUNFTHÄUSER AN DER GRAND'PLACE

Aus Trümmern in kürzester Zeit erstanden

Die **herrlichen barocken Zunfthäuser** tragen zur Schönheit und Geschlossenheit des Platzes bei. Sie entstanden nach der französischen Kanonade von 1695 in den darauffolgenden Jahren zwischen 1696 und 1700. Bauherren waren oft reiche Zünfte, sodass jedes Haus einen Namen trägt, der an seine ursprüngliche Bestimmung erinnert. Die meisten zeigen italienischen Barock mit einigen Anpassungen der flämischen Baumeister.

Nordwestseite

Das erste Haus rechts außen an der Nordwestseite (Nr. 1 – 2) ist das **Roi d'Espagne** oder **Haus der Bäcker** und wurde vermutlich von Jean Cosyn entworfen. Es zeigt die klassische dreifache Säulenordnung: dorisch im Erdgeschoss, ionisch im ersten und korinthisch im zweiten Stock. Über der gewölbten Tür erkennt man die **Büste des Bischofs Aubert**, des Schutzpatrons der Bäcker, mit der Inschrift: »Dieser Heilige hat sich während seines Lebens durch seine bewundernswerte Barmherzigkeit für die Armen ausgezeichnet.« Im Mauerwerk darüber sind Medaillons der römischen Kaiser Marc Aurel, Nerva, Decius und Trajan angebracht. In Höhe des zweiten Stocks sieht man eine Büste von Karl II., umgeben von Trophäen, zwei Gefangenen und der Inschrift »König von Spanien« am Sockel. Sechs allegorische Statuen auf dem Geländer oberhalb symbolisieren Kraft, Korn, Wind, Feuer, Wasser und Voraussicht. Die Kuppel wird gekrönt von einer Allegorie des Ruhms.

> **! BAEDEKER TIPP**
>
> *Ins rechte Licht gerückt*
>
> Hohe Häuser werfen lange Schatten. Wer das Rathaus und die schönsten Zunfthäuser an der Westseite der Grand'Place in der Sonne fotografieren will, der muss auf jeden Fall am Vormittag kommen.

Haus Nr. 3, **La Brouette**, »Der Schubkarren«, ist das **Innungshaus der Fettmacher**. Der Architekt ist unbekannt; doch weiß man, dass Jean Cosyn mitgewirkt hat. Es zeigt wieder die dreifache Säulenordnung. In der Giebelnische steht die Statue des heiligen Ägidius, des Schutzpatrons der Fettmacher.

Le Sac, »Der Sack«, heißt Nr. 4, das **Haus der Schreiner und Fassbinder**. Der Architekt ist unbekannt, doch hat der Baumeister und Kunsttischler Pastorana es wieder aufgebaut. Über der Eingangstür zeigt sich die Statue eines Mannes mit einem Sack, in den ein anderer seine Hände steckt.

La Louve (Nr. 5) erhielt den Namen »Die Wölfin« von dem Flachrelief über der Tür, das Romulus und Remus zeigt, die von der Kapitolinischen Wölfin gestillt werden. Es wurde nach dem Wiederaufbau von der **Gilde der Bogenschützen** erworben. Im ersten Stock, zwischen den Triglyphen und den Gesimsen, erinnern Objekte an das

La Louve

Le Roi d'Espagne

Grand'Place

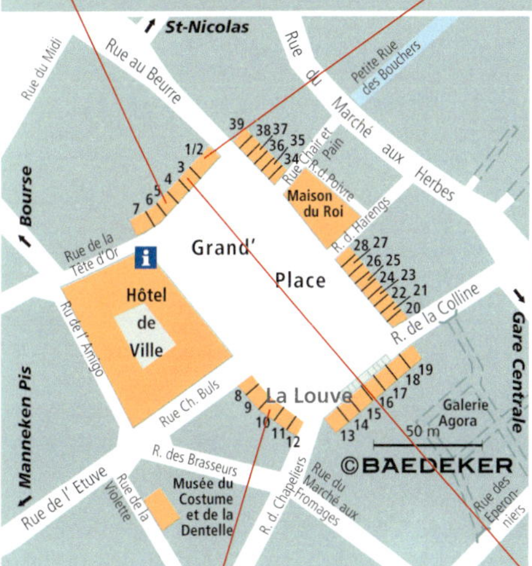

ZUNFTHÄUSER UM DIE GRAND'PLACE

1/2 Roi d'Espagne
3 Brouette
4 Sac
5 Louve
6 Cornet
7 Renard
8 Étoile
9 Cygne
10 Arbre d'Or (Brauereimuseum)
11 Rose
12 Mont Tabor
13 Renommée
13-19 Maison des Ducs de Brabant
14 Ermitage
15 Fortune
16 Moulin à Vent
17 Pot d'Etain
18 Colline
19 Bourse (Balance)
20 Cerf volant
21 Joseph
22 Anne
23 Ange
24/25 Maison des Tailleurs
24 Taupe
25 Chaloupe d'Or
26/27 Pigeon
28 Chambrette de l'Amman
34 Heaume
35 Paon
36 Petit Renard
37 Chêne
38 Sainte Barbe
39 Ane

L'Arbre d'Or

La Brouette

BAEDEKER TIPP !

Viel Glück

Am »Stern«, Ecke Grand'Place/ Rue de Charles Buls, zeigt eine Relieftafel den sterbenden Everard 't Serclaes. Die Figur ist immer von Menschen umringt und völlig blank poliert – es soll nämlich Glück bringen, wenn man sie berührt.

Bogenschießen. In Höhe des zweiten Stocks stehen Statuen (von links nach rechts): »Hier die Wahrheit«, ein offenes Buch in der Hand, neben ihr kauert ein Adler; »Da die Falschheit«, sie hält eine Maske und wird von einem Fuchs begleitet; »Gebe es Frieden«, von Tauben umgeben und ein Bündel tragend; sowie »Sei die Uneinigkeit entfernt«, sie schwingt eine Fackel. Die Inschriften lauten über der Wahrheit »Die Stütze des Reiches«, über der Falschheit »Die Fallen des Staates«, über dem Frieden »Die Rettung des Menschen« und über der Uneinigkeit »Der Ruin der Republik«. In Höhe des dritten Stocks zieren Medaillons von Trajan, Tiberius, Augustus und Caesar die Säulen. Zwischen der Wahrheit und dem Trajan-Medaillon beleuchtet eine Sonne die Welt. Daneben stellen ein Vogelkäfig und ein Netz die List dar. Zwischen dem Augustus-Medaillon und dem Frieden lässt der Kaiser auf einem Globus den universalen Frieden erscheinen. Auf dem letzten Mauerpfeiler symbolisieren ein blutendes Herz und zwei Fackeln den Bürgerkrieg. Im Giebel zeigt ein Flachrelief »Apollo, die Pythonschlange verfolgend«, darüber ein Phoenix mit der Aufschrift »Verbrannt, bin ich dank der Sorge der Innung von Sebastian stolzer auferstanden«.

Le Cornet (Nr. 6) erhielt 1434 seinen Namen (»Das Füllhorn«) von der **Innung der Flussschiffer**. Es wurde 1697 durch das von Pastorana errichtete Haus ersetzt. Passenderweise ist der Giebel als Heck eines Schiffes gestaltet. Ein Flachrelief zeigt das Füllhorn. Über der zweiten Etage fängt ein Triton einen Fisch, flankiert von zwei berittenen Kollegen; den Heckaufbau ziert ein Medaillon mit dem Bildnis Karls II. von Spanien.

Le Renard (Nr. 7), »Der Fuchs«, das baulich als eine Mischung aus dreifacher Säulenordnung und barocker Fantasie mit Elementen des Louis-XIV-Stils daherkommt, gehörte der **Innung der Kurzwarenhändler**. Im Zwischenstock stellen vier Flachreliefs Felle bearbeitende Kinder, einen Stoffladen, einen Färberladen und einen Töpferladen dar. Fünf Statuen symbolisieren Europa, Asien, Afrika, Amerika und in der Mitte Justitia; vier Karyatiden tragen das Goldene Vlies, Ähren, Trauben und Blumen. Ganz oben grüßt Nikolaus.

In der Rue de la Tête d'Or zeigt das Musée du Cacao et du Chocolat die **Kunst des Pralinenmachens**. Gegründet hat es Jo Draps, die Tochter des Godiva-Gründers. Natürlich darf man auch kosten.

Musée du Cacao et du Chocolat

ⓘ Di. – So. 10.00 – 16.30 Uhr, Mo. ebenfalls, falls Feiertag, Eintritt: 5,50 €, www.mucc.be

Südwestseite

Das erste Haus an der Südwestseite, links vom Rathaus, ist **L'Étoile** (Nr. 8) »Der Stern«, das kleinste und eines der ältesten Häuser am Platz und bereits im 13. Jh. **Amtsstube des Stadtamtmanns**. Es wurde 1852 anlässlich der Straßenverbreiterung abgerissen und 1897 auf einem Säulengang erneut erbaut. Hier pflanzte 1356 der Graf von Flandern, Louis de Maele, seine Banner auf, nachdem er das Großherzogtum Brabant erobert hatte. Einige Monate später gelang es dem Volkshelden Brüssels, **Everard 't Serclaes**, das Banner abzureißen. Kurz darauf kehrten die Herzöge nach Brüssel zurück; 't Serclaes wurde vom Herrn von Gaasbeek gefangen genommen und gefoltert. Er lag schon im Sterben, da fand ihn ein Pfarrer, der ihn in den »Stern« brachte, damals das Haus der herzoglichen Gerichtsherren. Daraufhin zerstörten die aufgebrachten Brüsseler das Schloss von Gaasbeek.

Le Cygne (Nr. 9), »Der Schwan« wurde 1698 von Pierre Fariseau wieder aufgebaut und war ab 1720 das **Innungshaus der Fleischer**. Stilistisch ist es schon deutlich vom Louis-XIV-Stil beeinflusst. Über der Tür breitet ein Schwan seine Flügel aus. Der Balkon in Höhe des ersten Stocks war zur damaligen Zeit eine Neuheit. Die drei Statuen (1904) über der zweiten Etage stellen die Fülle, die Landwirtschaft und die Fleischerei dar. Einer der prominentesten Bewohner von »Le Cygne« war während seiner Brüsseler Exiljahre **Karl Marx**, der im Gebäude auch diverse Versammlungen seines »Deutschen Arbeiter-Bildungs-Vereins« abhielt. Heute ist hier eines der besten Brüsseler Restaurants zu Hause.

L'Arbre d'O (Nr. 10), »Der goldene Baum«, wurde von der **Brauerzunft**, die es den Teppichwebern abgekauft hatte, wieder aufgebaut. Architekt Guillaume de Bruyn hat hier die erste einzeln stehende Säule in Brüssel errichtet. Erdgeschoss und Obergeschosse erinnern an den italienischen Klassizismus; der halbrunde Giebel ist im flämischen Barock gehalten. Dessen Aufbau schmückt seit 1752 das imponierende Reiterstandbild Karls von Lothringen. Drei Flachreliefs stellen die Weinlese, den Biertransport und die Hopfenernte dar. Im Haus ist das **Brauereimuseum** des Belgischen Brauerverbands CBB (Musée des Brasseurs Belges) untergebracht. Zu sehen sind eine im Stil des 17. Jh.s eingerichtete Brauerei im vorderen Bereich sowie im hinteren Bereich eine Ausstellung zur heutigen Brautechnik. Im Eintrittspreis ist ein Glas des hier gebrauten Biers enthalten.

Das benachbarte **La Rose** (Nr. 11), »Die Rose«, ist 1702 fertiggestellt worden und trägt den Namen der Familie van der Rosen.

Kulisse für den »Ommegang«: die Maison des Ducs de Brabants

Le Mont Thabor (Nr. 12) von 1699 ist ebenfalls ein eher einfaches Bürgerhaus und auch unter der Bezeichnung »Aux Trois Couleurs« (»Zu den drei Farben«) bekannt.

Musée des Brasseurs Belges: tgl. 10.00 – 17.00, Dez. – März Sa. u. So 12.00 – 17.00 Uhr, Eintritt: 5 €, www.beerparadise.be

Südostseite

Die gesamte Südostseite des Platzes nimmt die **Maison des Ducs de Brabant**, das »Haus der Herzöge von Brabant« (Nr. 14 – 19) ein. Es wurde von Guillaume de Bruyn wieder aufgebaut und besteht eigentlich aus **sechs Bauten mit einer einzigen Stirnseite**. »L'Ermitage« (»Die Einsiedelei«, Nr. 14), »La Fortune« (»Das Glück«, Nr. 15), »Le Moulin à Vent« (»Die Windmühle«, Nr. 16; einst Zunfthaus der Müller), »Le Pot d'Etain« (»Der Zinntopf«, Nr. 17; ehem. Zunfthaus der Tischler), »La Colline« (»Der Hügel«, Nr. 18; ehem. Zunfthaus der Steinhauer, Steinschneider, Schieferbrecher und Maurer) und »La Bourse« (»Die Börse«, Nr. 19). Eine Reihe von 19 Büsten brabantischer Herzöge ziert die Kapitelle der Halbsäulen. Pfeilerverzierungen in Gestalt von Werkzeugen erinnern an die Zünfte, die hier ihre Häuser hatten; am Gebäude »La Colline« stellen zwei Flachreliefs den kaiserlich-österreichischen Adler dar. Das Flachrelief im Tympanon ist eine Allegorie des Wohlstands. Nicht in die Fassade eingebunden ist rechts außen der Ende des 17. Jh.s errichtete »König von Bayern«, **Le Roi de Bavière**, Nr. 13, auch als »La Renommée« (»Die Berühmte«) bekannt. Auf dem Hauptgesims ist Gambrinus mit Gerste in der Linken und Hopfen in der Rechten zu sehen. An der in flämischem Barock gestalteten Fassade der »Waage«, **La Balance** (1704; Ecke Rue de la Colline) tragen zwei »Mohrenfiguren« den Balkon.

Nordostseite

Das erste Haus hier, **Le Cerf Volant** (Nr. 20), »Der fliegende Hirsch«, ist ebenfalls ein gutes Beispiel flämischer Architektur des 17. Jahrhunderts. Die beiden nächsten Häuser, **Joseph et Anne** (Nr. 21 und 22), haben eine gemeinsame Fassade und sind eher schlichte Bürgerhäuser (Ende 17. Jh.). **L'Ange** (»Der Engel«, Nr. 23) ist 1696 wiederum im flämischen Barockstil errichtet worden.
La Chaloupe d'Or (Nr. 24), »Die Goldschaluppe«, und **La Taupe**, »Der Maulwurf« (Nr. 25), gehörten einst der **Schneiderinnung**. Sie wurden nach 1695 im flämischen Barock nach Vorlagen von Guillaume de Bruyn errichtet und ähneln etwas dem »Goldenen Baum«. Über der Tür steht die Büste der heiligen Barbara, Schutzpatronin der Schneider, im Giebel der in Brüssel geborene heilige Bonifaz, Bischof von Lausanne.
Das 1697 erbaute Haus **Le Pigeon** (Nr. 26/27), »Die Taube«, gehörte der **Malerinnung**. 1852 wohnte hier Victor Hugo nach seiner Flucht aus Frankreich. **La Chambrette de l'Amman** (Nr. 28), »Die Amtmannskammer«, wurde im klassischen Stil mit dreifacher dorischer Säulenordnung erbaut. Sie heißt auch »Aux Armes du Brabant« nach dem angebrachten brabantischen Wappen.
Die Nr. 34, links von der Maison du Roi, **Le Heaume**, »Der Helm«, hat ihren Namen schon seit dem 15. Jahrhundert. Die benachbarten Häuser **Nr. 35 – 39** sind weitere Beispiele des flämischen Barock. Sie heißen **Le Paon** (»Der Pfau«, Nr. 35), **Le Petit Renard** (»Der kleine Fuchs«, Nr. 36), **Le Chêne** (»Die Eiche«, Nr. 37), **Ste-Barbe** (Nr. 38) und **L'Âne** (»Der Esel«, Nr. 39).

* Grand Sablon

E 8

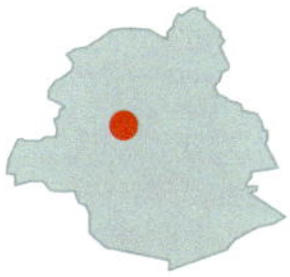

Lage: zwischen Boulevard de l'Empereur und Rue de la Régence
Tram: 92, 94

Nobles Wohnviertel, sehr gute, nicht billige Einkaufsgegend und Treffpunkt an warmen Sommerabenden: Der von ▸ Notre-Dame du Sablon zur Unterstadt hin abfallende Grand Sablon ist einer der stimmungsvollsten Plätze Brüssels. An Wochenenden findet hier ein Antiquitäten- und Buchmarkt statt, der viele schöne Sachen für den gehobenen Geschmack und den entsprechenden Geldbeutel anbietet.

Repräsentatives Viertel

Der »Zavelpoel« oder »Marais de Sablon« war bis ins Mittelalter eine karge, sandige Fläche, wo noch im 13. Jh. Tote aus dem Sint-Jans-Spital beerdigt wurden und die Armbrustschützen übten. Mit dem Bau der ersten Kapelle für die Schützen am Ort der heutigen Kirche ▸Notre-Dame du Sablon wurde die Gegend belebt und vom 16. Jh. an ließen sich Adlige **»auf dem Sand«** nieder, darunter die Egmont, die Culembourg, die Bréderode und die Thurn und Taxis, die allesamt herrschaftliche Stadtpalais bezogen. So ist fast der ganze Platz noch heute von repräsentativen Häusern aus dem 17. und 18. Jh. umstanden, in die mittlerweile Antiquitäten- oder Modegeschäfte, Cafés und Restaurants eingezogen sind. An der Place du ▸Grand Sablon beginnt und endet der Ommegang (▸Feiertage, Feste und Events, S. 96). In der Platzmitte erinnert die **Fontaine de la Minerve** an Thomas Bruce, Duke of Aylesbury und Pair von England, der im 18. Jh. nach Brüssel ins Exil gegangen war. Dankbar für seine freundliche Aufnahme, stiftete er den von Jacques Bergé entworfenen Brunnen (1751). Er zeigt Minerva, ein Medaillon mit den Bildnissen Franz I. und Maria Theresias von Österreich haltend.

> **!** AEDEKER TIPP
>
> *Marcolini*
>
> Einmal im Leben sollte man ein Täfelchen Grand-Cru-Schokolade von Marcolini gekostet haben – der Meister sucht die Bohnen persönlich aus, röstet sie und verblüfft mit tollen Geschmacksnuancen. Auch die Pralinenkreationen sind ihr Geld wert. Der japanisch anmutende Flagshipstore (1, Rue des Minimes/Ecke Grand Sablon) und das freundliche Personal machen den Genuss komplett.

Ilôt Sacré

E 7

Lage: Stadtmitte
Métro/Prémétro/Tram: De Brouckère (1, 5 bzw. 3, 4, 32), Bourse (3, 4, 31, 32)

Im »Bauch von Brüssel« herrscht Tag und Nacht reges Treiben, findet man hier doch eine endlos anmutende Reihe von Restaurants und Kneipen für jeden Geschmack.

Es ist nicht alles Gold, was glänzt

Allerdings ist nicht alles, was laut, bunt und auf überladenen Tischen und in Vitrinen vor den Restaurants angeboten wird, auch tatsächlich sein Geld wert; man sollte sich also nicht gleich vom erstbesten Kellner, der einem eine Platte Muscheln unter die Nase hält, in sein Etablissement hineinziehen lassen. Durch die Gassen der Ilôt Sacré lässt man sich einfach treiben. Ab und zu wird man schmale Gänge entdecken, die sich als kaum mehr als 1,5 m breite Sackgässchen, sogenannte Impasses, entpuppen. Am Ende der Impasse de Schuddeveld findet man das **Marionettentheater Toone**, einst eine Brüsseler Institution. Auch das weibliche Pendant zum ▶ Manneken Pis ist hier zu Hause: **Jeanneke Pis** wurde 1985 vom Gaststättenbesitzer und Bildhauer Denis-Adrien Debouverie geschaffen, um noch mehr Touristen anzulocken. Künstlerisch gelungen kann man das Werk nicht nennen.

> **!** BAEDEKER TIPP
>
> *Gewusst wo*
>
> Die Gastronomie im Ilôt Sacré hat keinen übermäßig guten Ruf. Trotzdem kann man hier gut essen. Verlässliche Adressen sind: das 1894 gegründete Chez Leon, Spezialist für »Moules et Frites«, wo Kinder unter 12 umsonst essen (▶ S. 87); nicht weniger traditionsbeladen ist schräg gegenüber das Aux Armes de Bruxelles, besonders wenn es um »Croquettes de Crevettes« geht (▶ S. 87).

Der Name dieses Stadtviertels, »Ilôt Sacré« (fläm. allerdings »Vrije Gemeente«), geht auf die Senne-Insel zurück, auf der der Herzog von Niederlothringen in der zweiten Hälfte des 10. Jh.s eine Burg und eine Kapelle errichten ließ. Aktuell wurde die Bezeichnung wieder durch den Journalisten Louis Quiévreux, der sie zum Motto seines Kampfs gegen den schon begonnenen Abriss des mittelalterlichen Viertels Ende der 1950er-Jahre machte. 1960 konnte der **Abbruch per königlichen Erlass gestoppt** werden. Streng genommen umfasst das Viertel die Straßenzüge zwischen Rue du Lombard im Süden, Rue du Midi, Rue Tabora und Rue des Fripiers im Westen, Rue de L'Écuyer und Rue d'Arenberg im Norden und Boulevard de l'Impératrice im Osten, also das historische Zentrum Brüssels unter Einschluss der ▶ Grand'Place. Heutzutage allerdings versteht man darunter die Fußgängerzone von Rue des Bouchers, Petite Rue des Bouchers, Rue des Dominicains und kleiner Seitenstege. Im Mittelalter waren hier die Metzger ansässig, im 19. und frühen 20. Jh. zahlreiche Caf'conc' und Cabarets. Jacques Brel (▶ Éditions Jacques Brel), Barbara oder Georges Moustaki traten dort zum ersten Mal ins Scheinwerferlicht.

Ixelles

F–H 9–11

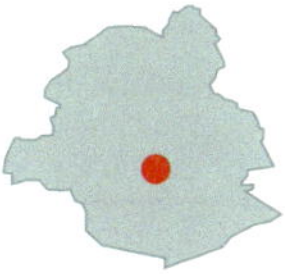

Lage: südöstlich der Kernstadt
Tram: 81, 83
Bus: 38, 60, 71

Ixelles (Elsene, vom ndl. els = Erle) wandelte sich vom ländlichen Bezirk am Flüsschen Maelbeek zum vornehmen Wohnviertel und ist die Wiege des Brüsseler Jugendstils (▶ S. 195) – allein dafür lohnt sich der Weg.

Buntes Viertel

Doch auch einiges andere hat der Stadtteil zu bieten, nicht zuletzt eine lockere Atmosphäre dank zahlreicher Studenten und, vor allem an der Chaussée d'Ixelles, eine bunte Menge von Geschäften.
Ixelles erstreckt sich südlich des Äußeren Rings (Boulevards Exterieurs). Seine **Hauptachse** ist die an der Porte de Namur beginnende Chaussée d'Ixelles, die zur Place Fernand Coq führt, dem Zentrum mit dem Rathaus. Der Violinvirtuose Charles-Auguste de Bériot ließ das klassizistische Schlösschen 1830/31 bauen und verbrachte dort glückliche Momente mit seiner Gefährtin (von März 1836 bis zu ihrem Tod im September 1836 Ehefrau), der berühmten Sängerin Maria Malibran.

***Musée d'Ixelles**

In der Rue Jean van Volsem 71 zeigt das Museum von Ixelles neben Werken des 16. bis 18. Jahrhunderts hauptsächlich belgischen Impressionismus, Fauvismus und Nachkriegskunst. Die nahezu vollständige **Sammlung von Plakaten des Malers Henri de Toulouse-Lautrec** ist bemerkenswert.

ℹ Tram/Bus: Place Flagey (81 bzw. 38, 59, 60 und 71), Di.–So. 9.30–17.00 Uhr, Mo. und an Fei. geschl., Eintritt: 7 €, www.museedixelles.irisnet.be.

Historisches Zentrum

Die Chaussée d'Ixelles endet an der **Place Flagey**, dem historischen Kern des Stadtbezirks. Hier ragt ein gelbes, schiffähnliches Art-déco-Klinkergebäude auf: der ehemalige Sitz des belgischen Rundfunks und Fernsehens, 1938 nach Plänen von Joseph Diongre vollendet. Die mit Edelholz herrlich verkleideten Sendesäle werden heute regelmäßig für Konzerte und Festivals wie Ars musica genutzt. Ein Blick auf das Programm lohnt sich auf jeden Fall. Das Café Belga im Erdgeschoss und seine Terrasse gehören zu den beliebtesten Treffpunkten des kosmopolitischen Brüssel. Schräg gegenüber dem alten Funkhaus erinnert ein Denkmal daran, dass **Charles de Coster** hier lebte und seine »Geschichte von Ulenspiegel und Lamme Goedzak« verfasste. Südlich davon erstrecken sich die Étangs d'Ixelles, zwei schmale Weiher. Am Ufer angeln ältere Männer, auf den Bänken schwatzen Kindermädchen, schmusen Studenten, die Sandwege sind bevölkert von Brüsseler Damen mit ihren Hündchen und Joggern. Ein paar bemerkenswerte Jugendstilhäuser säumen die Avenue du Général de Gaulle und ihre Nebenstraßen und locken zu einem ausgiebigen Spaziergang.

? BAEDEKER WISSEN

Matonge

Ca. 13 000 Kongolesen und andere Schwarzafrikaner leben in Brüssel, die meisten in St. Josse und Molenbeek. Einkaufsziel und Treffpunkt ist aber »Matonge« – so heißt eigentlich das Vergnügungsviertel von Kinshasa. In Brüssel bezeichnet es das Areal zwischen Chaussée de Wavre und Chausée d'Ixelles. Ein lohnendes Ziel für einen Bummel. Und zum Essen geht es ins Île de Gorée (28, Rue St-Bonface, Tel. 02 513 52 93).

***Abbaye de la Cambre**

Wenig südlich der Teiche, jenseits der Place de la Croix Rouge, liegt sehr romantisch an der Maelbeek-Quelle die ehemalige Zisterzienserinnenabtei de la Cambre (Abdij ter Kameren), 1201 gegründet und 1796 säkularisiert. Kirche und Abtei bilden mit der grünen Umgebung ein malerisches Ensemble, das besonders bei abendlicher Beleuchtung zur Geltung kommt – **eine Oase der Stille** in der Hektik Brüssels. Hinter der Kirche entspringt in einem Wasserbecken der Maelbeek. Am Steilhang zwischen der Abteirückseite und der Avenue De Mot wurde Anfang des 18. Jahrhunderts ein Garten im französischen Stil angelegt, die älteste erhaltene Anlage von Brüssel. Eine monumentale Treppe und danach elegantere Stufen führen zu drei Terrassen, die streng symmetrisch mit förmlichen Rabatten und Eiben gestaltet sind. Jules Buyssens restaurierte die Anlage 1927 nach alten Stichen und rahmte sie »pittoresk« mit Rhododendron, Linden, Kastanien und Platanen ein.

Durch ein monumentales Portal gelangt man in den Ehrenhof. Die einst gotische Abtei, Ende des 16. Jh.s während der Religionskriege zerstört, wurde im 17./18. Jh. barock wieder aufgebaut und nach der Säkularisierung als Militärschule, Baumwollspinnerei und Armenhaus genutzt. Seit Mitte der 1920er beherbergt sie das Nationale Geografische Institut und die Staatliche Hochschule für Architektur und Dekorative Kunst »La Cambre«. Die **Abteikirche** Notre-Dame de la Cambre (14. Jh.) ist ein eleganter gotischer Bau mit hohem, schmalem Längsschiff (54 x 11 m) und barockem Gewölbe. Der Kreuzgang wurde 1599 neu angelegt; die Fenster mit den Wappen von 41 Äbtissinnen und adligen Klosterfrauen kamen 1934 hinzu.

Musée Constantin Meunier

Der große belgische Bildhauer Constantin Meunier (1831 – 1905) wohnte westlich der Abtei in der Rue de l'Abbaye Nr. 59. Hier werden nicht nur **ca. 170 Skulpturen** gezeigt, sondern auch rund 120 Zeichnungen und Gemälde.

🛈 Tram: Abbaye (94), Di. – Fr. 10.00 – 12.00 u. 13.00 – 17.00 Uhr, Eintritt: frei, www.fine-arts-museum.be

***Bois de la Cambre**

Was für die Pariser der Bois de Boulogne, ist für die Brüsseler der Bois de la Cambre (Ter Kameren Bos). 1842 verleibte sich die Stadt Brüssel auf der Suche nach einer »grünen Lunge« diesen damaligen Teil des ► Forêt de Soignes ein und beauftragte den deutschen Landschaftsarchitekten Keilig damit, einen Park anzulegen. Um hinzugelangen, mussten die Brüsseler allerdings gut 20 Jahre lang teilweise unwegsames Gelände überwinden, da sich die Gemeinden Ixelles und St-Gilles, denen das Areal gehörte, lange gegen die Brüsseler Ausdehnungsgelüste sperrten. Erst 1864 wurde per Gesetz der Bau der prachtvollen Avenue Louise als direkte und rasche Verbindung von der Innenstadt zum Bois de la Cambre ermöglicht. Heraus kam das bis heute bestehende Kuriosum, dass **die Avenue Louise und**

der Bois de la Cambre zur Ville de Bruxelles gehören und nicht etwa zu Ixelles, St-Gilles oder Uccle.
Der Park selber ist mit 124 ha zwar relativ klein, doch da an ihn praktisch nahtlos der Forêt de Soignes anschließt, entstand eine **große Park- und Waldlandschaft**. Es gibt einen See, auf dem man Boot fahren kann; Restaurants, Spielwiesen, Wege und Sportanlagen in unmittelbarer Nähe locken besonders an Wochenenden Tausende aus der Innenstadt. Den Eingang flankieren zwei Wegzollhäuschen von 1835/36, die ursprünglich an der Porte de Namur standen.

Université Libre de Bruxelles

Am Ostrand des Bois de la Cambre entlang verläuft die Avenue Franklin D. Roosevelt. Die sanft abfallende Prachtstraße mit einem breiten Rasenstreifen zwischen den Fahrbahnen wurde 1909/10 anlässlich der Zweiten Weltausstellung in Brüssel angelegt und hieß Avenue des Nations. Nach dem Zweiten Weltkrieg wurde sie umbenannt. Villen in vielen Neostilen, aber auch architektonische Juwele wie das Art-nouveau-Haus Delune oder die Villa Empain (► S. 275) säumen sie, in vielen residieren Botschafter. Nach der Weltausstellung, die am 14. August 1910 mit einem Großbrand tragisch endete, schenkte die Stadt Brüssel das Gelände der **1834 von Freimaurern gegründeten Freien Universität** (Université Libre de Bruxelles, ULB), die bis dahin in zahlreichen Gebäuden in der Innenstadt untergebracht war. Der »Campus Solbosch« wurde 1928 – 1930 bebaut, Blickfänger ist das Gebäude im flämischen Neorenaissancestil von Alexis Dumont. Hier waren ursprünglich Rektorat, Verwaltung und

Der Bois de la Cambre ist nicht weit von Brüssels Zentrum entfernt.

Zentralbibliothek untergebracht. Aufgrund der starken Expansion wurden in den 1970er-Jahren auf dem ehemaligen Exerziergelände »Plaine« in Etterbeek neue Gebäude für die Naturwissenschaftliche und die Technische Fakultät gebaut. 1992/93 baute das renommierte Architektenbüro Art&Build auf dem »Solbosch« die dreieckige, mit Carraramarmor verkleidete neue Bibliothek und 2005 – 2008 entstand das Gebäude für die »Solvay Brussels School of Economics and Management«. Die ULB betreibt neun Museen, darunter das **Museum für Zoologie**. Auf dem »Campus de la Plaine« kann man das **Pharmazie- und Heilpflanzenmuseum** besuchen.

Muséum de Zoologie: Tram ULB (25, 94), Di. – Do. 13.00 – 17.00 Uhr während des Schuljahrs, Mo., Fr. und vormittags nach Vereinbarung, Eintritt: 3,50 €, www.ulb.ac.be

Musée des Plantes Médicinales et de la Pharmacie: Bus: Fraiteur (71, 72), Mo. – Fr. 9.00 – 18.00, Sa. bis 12.00 Uhr, Eintritt: frei, www.ulb.ac.be

Cimetière d'Ixelles

Zwischen den beiden Universitätsbereichen liegt der Friedhof von Ixelles, auf dem u. a. der Dichter **Charles de Coster** (1827 – 1879), der Autor des »Thyl Ulenspiegel und Lamme Goedzak«, der Jugendstilarchitekt **Victor Horta**, der Industrielle **Ernest Solvay** (sein Jugendstilgrab wurde von Victor Horta entworfen) und der Maler **Antoine Wiertz** begraben sind.

** Jugendstil in Brüssel

Als eines der Zentren der Jugendstilbewegung in Europa kommt Brüssel in der Geschichte dieses im französischsprachigen Raum mit Art nouveau bezeichneten Kunststils eine besondere Bedeutung zu.

Übersichtsplan S. 198/199

Obwohl v. a. in der Nachkriegszeit noch manches Meisterwerk abgerissen wurde, wie z. B. Hortas Maison du Peuple, stehen in Brüssel heute noch rund **2000 Jugendstilgebäude**: wenige öffentliche Bauten wie die von Henri Jacobs entworfene Schule in der Rue Josaphat (Ave. Louis Bertrand), zum größten Teil aber Wohn- und Geschäftshäuser des damaligen Bürgertums (▶ Baedeker Wissen S. 196/197). Bis auf wenige Ausnahmen, allen voran das zum Museum umfunktionierte ehemalige Wohnhaus von Victor Horta im Stadtteil St-Gilles, sind die meisten nur von außen zu besichtigen.

Avenue Louis Bertrand

Die **sozialreformerischen Ansätze** der ersten Künstlergeneration des Art nouveau und ihre Ablehnung des bürgerlichen Gründerzeitmiefs rückte sie weltanschaulich in die Nähe der ebenfalls noch

Eine neue Kunst

Die Geburtsstunde des Jugendstils schlug in Brüssel: Victor Hortas Hôtel Tassel gilt als das erste reine Jugendstil-Bauwerk. Der neue Stil konnte tatsächlich beanspruchen, eine »neue Kunst« (»art nouveau«) zu sein, denn er erfasste die gesamte Lebenswelt von der Hausfassade bis zur Türklinke in einer nicht gekannten, organischen Formensprache.

▶ Große Namen des Brüsseler Art Nouveau

- Victor Horta (1861 – 1947)
- Paul Cauchie (1875 – 1952)
- Paul Hankar (1859 – 1901)
- Gustave Strauven (1878 – 1919)
- Henri van de Velde (1863 – 1957)
- Josef Hoffmann (1870 – 1956)
- Paul Saintenoy (1852 – 1952)
- Gustave Serrurier-Bovy (1858 – 1910)

Briefkasten
Paul Hamesse
im Restaurant »De
Ultieme Hallucinatie«

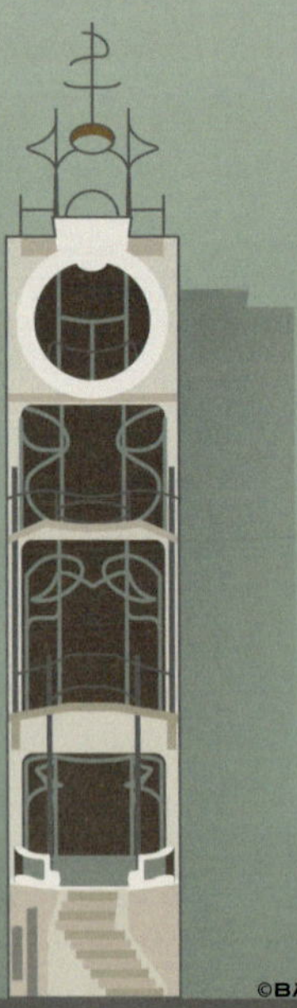

©BAEDEKER

Gustave Strauven, 1903: Wohnhaus Saint-Cyr
11, Square Ambiorix

Paul Cauchie, 1905: La Maison Cauchie
5, Rue des Francs

Türklinke
Victor Horta
im »Hôtel Tassel«

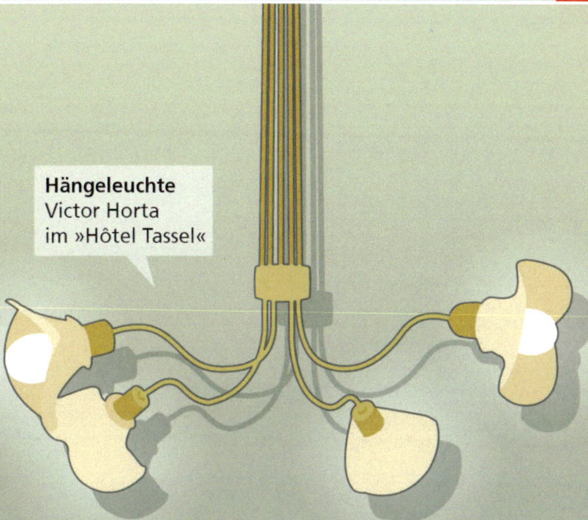

Hängeleuchte
Victor Horta
im »Hôtel Tassel«

Weltkulturerbe in Brüssel

Seit dem Jahr 2000 gehören die von Victor Horta entworfenen Gebäude Hôtel Tassel, Hôtel Solvay, Hôtel van Eetvelde sowie Maison und Atelier Horta zum UNESCO-Weltkulturerbe. Andere wunderbare Jugendstilgebäude in Brüssel hätten es sicher auch verdient.

Victor Horta, 1893–1894: Hôtel Tassel
6, Rue Paul Emile Janson

Victor Horta, 1894: Hôtel Solvay
224, Avenue Louise

Jugendstil in Brüssel

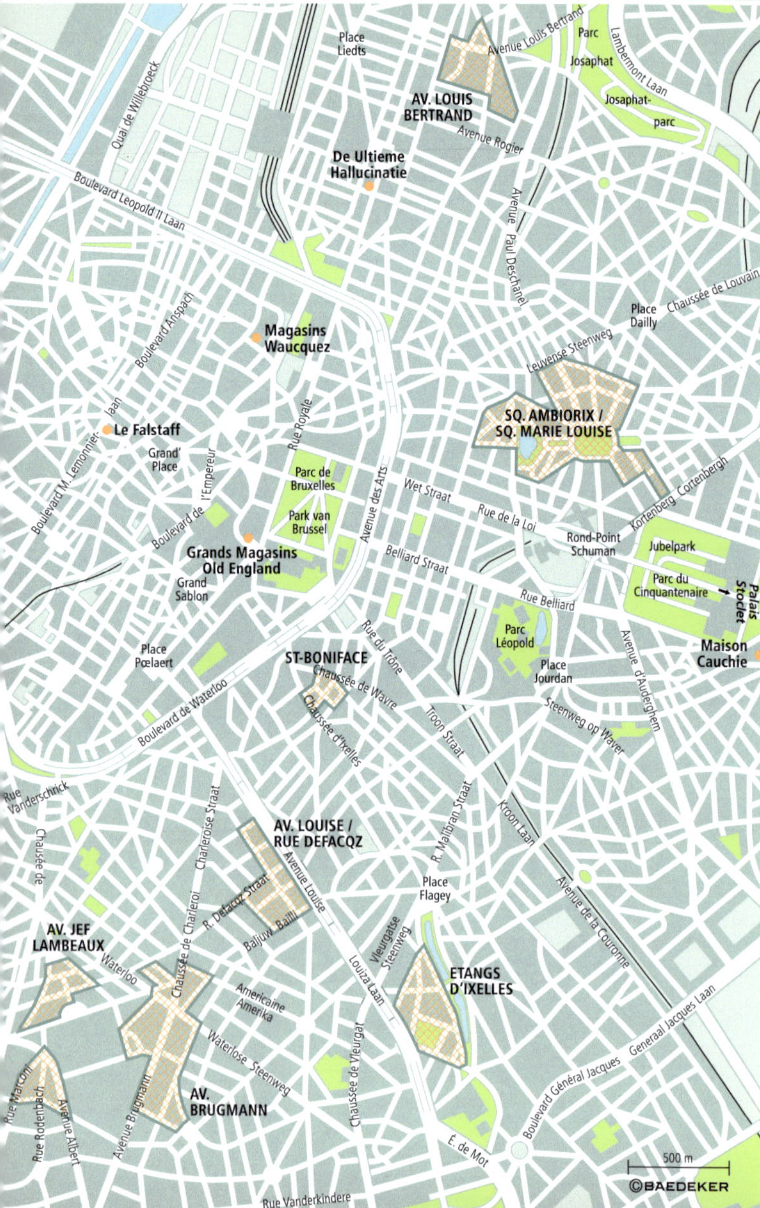

AVENUE LOUIS BERTRAND

Ave. Louis Bertrand
Nr. 38: Privathaus
(François Hemelsoet)
Nr. 55 – 65: Wohn- und Geschäftshäuser (1906, Gustav Strauven)

Chaussée de Haecht
Nr. 266: Hôtel Autrique
(1893 Victor Horta)

Rue Henri Bergé
Nr. 81 u. 83: Wohn- und Geschäftshäuser (François Hemelsoet)

Rue Josaphat
Nr. 229 u. 281: Schule
(1907, Henri Jacobs)

Rue Kessels
Nr. 86 u. 88: Privathäuser
(François Hemelsoet)

SQUARE AMBIORIX/ SQUARE MARIE LOUISE

Rue Philippe le Bon
Nr. 55: Privathaus
(1902, Armand Van Waesberghe)
Nr. 70: Privathaus
(1899, Victor Taelemans)

Square Gutenberg
Nr. 5, 8, 19: Privathäuser (1898/896, Armand Van Waesberghe)

Rue du Cardinal
Nr. 46: Privathaus (De Lestre/Van Kriekingen
Nr. 55: Privathaus
(1900, Jules Brunfaut)

Ave. Palmerston
Nr. 2, 4, 6: Hôtel Van Eetvelde und Mietshaus
(1895/1998 Victor Horta)
Nr. 3: Hôtel Deprez-Van de Velde
(1896, Victor Horta)
Nr. 14, 18: Hôtel Defize u. Privathaus (1898/1901, Léon Govaerts)

Rue du Taciturne
Nr. 34: Privathaus (1900, Paul Santenoy)

Rue St-Qentin
Nr. 30, 32: Privathäuser
(1899, Gustave Strauven)

Boulevard Clovis
Nr. 15: Privathaus
(1902, Jules Permont)
Nr. 85 – 87: Privathaus
(Gustav Strauven)

Rue de Pavie
Nr. 32: Privathaus
(1905, Victor Taelemans)

Square Ambiorix
Nr. 11: Maison de St-Cyr
(1903, Gustav Strauven)

Ave. de la Brabançonne
Nr. 50: Privathaus
(1899, Armand Van Waesberghe)

Rue Charles Quint
Nr. 103: Atelier Potvin
(1898, Paul Hamesse)

Rue Van Campenhout
Nr. 51: Privathaus
(1901, Gustav Strauven)

Rue Le Corrège
Nr. 35: Privathaus
(1899, Ramaekers)

Ave. Michel-Ange
Nr. 80: Privathaus
(1899, Victor Taelemans)

SAINT-BONIFACE

Rue St-Boniface
Nr. 18, 19, 20, 27: Privathäuser
(1900/1901, Ernest Blérot)

Rue Ernest Solvay
Nr. 12, 14, 15, 17, 19: Privathäuser
(1900/1901, Ernest Blérot)
Nr. 32: Privathaus
(1907, Victor Taelemans)

ÉTANGS D'IXELLES

Rue du Lac
Nr. 2: Privathaus
(1904, Léon Delune)
Nr. 6: Haus Ernest Delune (1900)

Rue de la Vallée
Nr. 2 – 10, 18 – 22, 26, 28, 32: Privathäuser (1903 – 1905, Ernest Delune)
Nr. 31: Wohnhaus
(1901, Ernest Delune)
Nr. 40: Privathaus
(1903, Ernest Delune)
Nr. 7: Wohnhaus Franz Tilley 1902)
Nr. 9, 11, 22: Privathäuser
(1901/1902, Ernest Blérot)

AVENUE GÉNÉRAL DE GAULLE

Ave. Général de Gaulle
Nr. 27, 27a – c: Privathäuser
Ernest Delune)
Nr. 39: Doppelhaus
(1902, Ernest Blérot)

Rue du Monastère
Nr. 30: Privathaus
(1897, Ernest Blérot)

Rue de Belle Vue
Nr. 30, 32: Privathäuser
(1898, Ernest Blérot)

AVENUE LOUISE/ RUE DEFACQZ

Rue Defacqz
Nr. 48: Maison Ciamberlani
1897, Paul Hankar)
Nr. 50: Maison René Janssens
(1897, Paul Hankar)
Nr. 71: Wohnhaus von Paul Hankar
(1893)

Rue de Livourne
Nr. 48: Hôtel Otlet
(1894, Octave Van Rysselberghe)
Nr. 83: Wohnhaus von Octave Van Rysselberghe (1912)

Rue Paul Émile Janson
Nr. 6: Hôtel Tassel
(1893, Victor Horta)
Nr. 23 – 25: Privathaus
(1900, Paul Hankar)

Rue Faider
Nr. 83: Privathaus
(1900, Albert Rosenbloom)
Nr. 85: Privathaus
(1900, Armand Van Waesberghe)

Avenue Louise
Nr. 224: Hôtel Solvay
(1894, Victor Horta)
Nr. 346: Hôtel Max Hallet
(1903, Victor Horta)

AVENUE JEF LAMBEAUX

Rue de Savoie
Nr. 52: Privathaus
(1908, Paul Vizzanova)

Ave. Jef Lambeaux
Nr. 8, 12: Privathäuser
(1898, Georges Peerboom)
Nr. 11: Privathaus (1900, Alphonse und Victor Boelens)
Nr. 25: Privathaus
(1906, Paul Hamesse)

Rue Antoine Bréart
Nr. 7: Privathaus
(1898, Paul Hankar)
Nr. 101: Privathaus
(1906, Paul Vizzanova)

Place Antoine Delporte
Nr. 17: Privathaus
(1907, Paul Hamesse)

Rue Vanderschrick
Nr. 15 – 25: Privathäuser
(Ernest Blérot)

Rue Marconi
Nr. 32: Sozialwohnungen
(1901, Léon Govaerts)

AVENUE BRUGMANN

Ave. Brugmann
Nr. 55: Maison Les Hiboux
(1899, Édouard Pelseneer)
Nr. 80: Maison Dubois
(1901, Victor Horta)
Nr. 176: Hôtel Vandenbroeck
(1908, Paul Vizzanova)

Rue Américaine
Nr. 25: Musée Horta (1898)

Rue Africaine
Nr. 92: Privathaus
(1905, De Lestre de Fabribeckers)

Rue Félix Delhasse
Nr. 11, 13: Privathäuser
(1907, Paul Hamesse)
Nr. 24: Privathaus (1905, Lambot)

Rue de la Jonction
Nr. 1: Hôtel Hannon
(1903, Jules Brunfaut)

Rue Henri Wafelaerts
Nr. 53: Orthopädische Klinik
(1910, Antoine Pompe)

Rue Franz Merjay
Nr. 93: Privathaus
(1907, Paul Vizzanova

Rue Émile Bouillot
Nr. 14: Privathaus
(1906, Alphonse Boelens)

jungen sozialistischen Partei. Die ersten wichtigen Auftraggeber waren auch Freimaurer, oft von Hause aus vermögende, aber progressiv eingestellte Professoren der ULB. Für sie war der Art nouveau, der sich von Formen absetzte, die mit dem Christentum assoziiert wurden, ein identitätsstiftender Stil. Insbesondere in den Bürgerwohnungen von Victor Horta mit ihren zentralen Treppenhäusern, die über mehrere Absätze zur Lichtkuppel führen, wird der **Bezug zum Freimaurertum** sinnfällig. Ein eifriger Förderer der Jugendstilarchitekten war Louis Bertrand, sozialistischer Bürgermeister von Schaerbeek. In der nach ihm benannten Avenue (Tram: 92) und in deren Umgebung entstanden einige **Wohn- und Geschäftshäuser nach Plänen des Horta-Schülers Gustav Strauven** und des weniger bekannten Architekten François Hemelsoet, des Weiteren eine Grundschule von Henri Jacobs und das **Hôtel Autrique von Victor Horta**.

Square Ambiorix/ Square Marie Louise

Ein **Panoptikum der Jugendstilarchitektur** entfaltet sich in diesem gediegenen Viertel zwischen dem Square Marie Louise und dem weitläufigen Square Ambiorix (Métro: Maelbeek (1, 5)), das in der zweiten Hälfte des 19. Jh.s als Wohngegend des Großbürgertums erschlossen wurde. Victor Horta baute in der breit angelegten Avenue Palmerston neben einigen anderen Gebäuden 1895 für Baron van Eetvelde, einen der ersten Männer im Umkreis von König Léopold II., in nobler Lage an der Einmündung der Avenue in den Square Marie Louise ein Wohnhaus (**Hôtel van Eetvelde**), das durch eine zurückhaltende Eleganz und fein ausgearbeitete Details wie die Fenstergitter besticht. Das Interieur ist dagegen verschwenderisch in grünem Marmor und Achat gehalten. Ganz anders wirkt das extravagante **Wohnhaus des Malers Georges de St-Cyr** am Square Ambiorix, das wie der Sieg des Dekors über die Gesetze von Statik und Schwerkraft anmutet. Das nicht einmal 4 m breite, aber vier Stockwerke hohe Gebäude zwängte Architekt Gustav Strauven zwischen die Nachbarhäuser. Die Konstruktion erlaubte die völlige Auflösung der Wand zugunsten großer Fensterflächen. Das Ergebnis ist jedoch weit davon entfernt, konstruktivistisch auszusehen, ganz im Gegenteil: Alles an dieser Fassade verströmt spielerische Leichtigkeit, Transparenz und Bewegung – von den filigranen schmiedeeisernen Balkongittern bis zu den vegetabil geschwungenen, mit einer feinen Binnengliederung versehenen Fensterrahmungen.

Rue Saint-Boniface

Spaziert man durch die Rue Ernest Solvay oder die Rue St-Boniface (Métro: Porte de Namur (2, 6)), stößt man vor allem auf Jugendstilwohnhäuser, die der viel beschäftigte Architekt **Ernest Blérot** entworfen hat. Sie stammen fast alle aus dem ersten Jahrzehnt des 20. Jh.s, einer Zeit also, als der Jugendstil in Brüssel seinen Höhepunkt erreicht hatte und gleichzeitig bereits neue Architekturströmungen auf den Plan traten, die dessen Ende ankündigten. In der Rue Vanderschrick, im unteren Teil von Saint Gilles, entwarf Blérot für die nördliche Straßenseite und die Ecken mit der Chaussée de Waterloo bzw. der Rue Jean Volders, 1900 – 1902 insgesamt 14 Häuser für Auftraggeber der Mittelschicht. Bei aller stilistischen Einheit ist jedes Haus doch ausgemacht individuell gestaltet und zeugt von der Kreativität des Architekten. Wie sehr der Art nouveau **in Brüssel ein Massenstil** war, belegen auch die Sozialwohnungen von Léon Govaerts (1901) in der Rue Marconi Nr. 32 im Stadtbezirk Forest.

Étangs d'Ixelles

Zwischen den Teichen von ▸ Ixelles (Tram: 81, 94; Bus: 71) und der Avenue Louise entstanden um die Wende vom 19. zum 20. Jh. zahlreiche Wohnhäuser, besonders in der Rue de la Vallée und der heutigen Avenue Général de Gaulle. Vor allem Ernest Blérot und Ernest Delune waren hier am Werk. An der Avenue Louise entstand 1903 nach Plänen von Horta das **Hôtel Max Hallet**.

Avenue Louise/Rue Defacqz

Auf **die Anfänge des Brüsseler Jugendstils** stößt man in den Straßenzügen auf der Grenze zwischen St-Gilles und ▸ Ixelles (Tram: 94). Dem heutigen Betrachter mögen die einfachen, noch recht strengen Wohnhäuser von **Paul Hankar und Octave van Rysselberghe** vielleicht unspektakulär und nicht sehr jugendstiltypisch erscheinen, doch für die Zeitgenossen waren sie bereits eine klare Absage an die überladenen Häuserfassaden des späten Historismus. Als **frühestes Beispiel des Art nouveau** in Brüssel gilt das 1893 entstandene **Wohnhaus von Paul Hankar**. Auch **Victor Horta** hat hier mit zwei Stadthäusern, dem **Hôtel Tassel** und dem **Hôtel Sol-**

vay aus den Jahren 1893/1894, Architekturgeschichte geschrieben. Wintergärten und Ausstellungshallen, die ersten repräsentativen Bauten, bei denen die Eisenkonstruktion nicht mehr versteckt wurden, mögen ihn dazu inspiriert haben, das Tageslicht in seine Häuser zu holen und die Räume nach außen und nach innen zu öffnen.

Avenue Brugmann

Wie in der Gegend um die Avenue Louise/Rue Defacqz gibt es auch in diesem Viertel **einige sehr frühe Jugendstilbauten** (Tram: 92). Neben dem alles in den Schatten stellenden Wohnhaus von Victor Horta (Musée Horta) sollte man sich hier die **Privatklinik Van Neck** anschauen, mit der Antoine Pompe nach Meinung der Architekturkenner das »Testament des Art nouveau« geschaffen hat. Das **Hôtel Hannon** entwarf Jules Brunfaut, die Innenausstattung besorgten Louis Majorelle und Emile Gallé (1, Ave. de la Jonction). Es beherbergt heute die Fotoschau **Contretype**.

Contretype: Tram: Ma Campagne (92), Mi. – Fr. 11.00 – 18.00, Sa. und So. (außer an Fei.) ab 13.00 Uhr, Eintritt: 2,50 €, www.contretype.org

**** Musée Horta**

Als Brüssels berühmtester Art-nouveau-Architekt Victor Horta 1898 sein Wohn- und Atelierhaus in St-Gilles (**25, Rue Américaine**) vollendete, stand er, wie er in seinen Memoiren schrieb, »auf dem Gipfel seines Glücks«. Diese Einschätzung traf die Situation ziemlich genau, denn nach 1900 war die Zeit der floralen Muster und geschwungenen Linien vorbei und der strengere Wiener Jugendstil verdrängte die von ihm geprägte Richtung. Mit seinem Haus, das er bis ins kleinste Detail selbst entworfen hatte, hinterließ er ein höchst eindrucksvolles Zeugnis seiner Arbeit. 1961 kaufte der Stadtbezirk St-Gilles das vom Abriss bedrohte Gebäude und öffnete es 1969 dem Publikum. Seit 1973 bildet es mit dem anschließenden Atelierhaus wieder eine Einheit. Das Mobiliar stammt überwiegend aus anderen Horta-Häusern in Brüssel, **nur einige Stücke gehören zur Originalausstattung**. Das Haus steht auf einem länglichen Grundriss mit schmaler Straßenfront. Am Atelierhaus (rechts) fällt die durchgängige Fensterfront in der dritten Etage auf, hinter der die Zeichner arbeiteten. Das Wohnhaus besitzt eine symmetrische Fassade, deren großzügige Fensteröffnungen durch die (hinter Stein gelegte) Eisenkonstruktion möglich wurden. Der zierliche Balkon über dem Eingang ist an einem gusseisernen Träger aufgehängt und durch filigrane Eisenstützen mit dem darüberliegenden Erker verankert. **Dreh- und Angelpunkt ist das Treppenhaus**, das dank zierlicher Geländer, geschickt platzierter Spiegel und einem Glasfenster anstelle des Dachs größer erscheint, als es tatsächlich ist. Die Kühle der Marmortreppe fangen der warme Ton der Holztüren und das bernsteinfarbene Licht auf. Die Treppe führt hinauf in das offene Wohn- und Musikzimmer. Gartenseitig liegen das mit weißem Ziegelmauerwerk verkleidete Speisezimmer sowie ein später angebauter Salon mit Wintergarten, auf der Straßenseite schließt sich an das Musikzimmer der Bürotrakt mit einem Salon und Hortas Arbeitszimmer an. Besonders originell ist das **Parkett des Speisezimmers**, das teppichartig in den Mosaikboden eingelegt wurde. Im zweiten Obergeschoss waren die Privaträume: zwei Salons, ein Schlaf- und ein Ankleidezimmer. Das winzige Bad versteckte Horta hinter den Spiegeln des Ankleidezimmers. In der darüberliegenden Etage hatte u. a. Hortas Tochter Simone ihr Schlafzimmer.

ℹ Tram: Place Janson (81, 83, 92, 97), Di. – So. 14.00 – 17.30 Uhr, Eintritt: 7 €, www.hortamuseum.be

Avenue Jef Lambeaux

Zwischen Place Maurice van Meenen und dem neugotischen Gefängniskomplex südlich der Place Delaporte erstreckt sich um die Avenue Jef Lambeaux ein gediegenes Wohnviertel (Tram: Horta (81, 93, 97)). Bis auf ein frühes Wohnhaus von Paul Hankar entstanden die meisten Häuser hier kurz nach der vorigen Jahrhundertwende. Als Architekten traten u. a. Paul Hamesse und der **Horta-Schüler Paul Vizzavona** in Erscheinung, der zum Konkurrenten seines Meisters aufsteigen sollte.

***Palais Stoclet**

Etwas entfernt von den anderen Jugendstilarealen liegt östlich der Kernstadt an der Avenue de Tervuren das von dem Wiener Architekten **Josef Hoffmann** entworfene Wohnhaus (Nr. 281) des Ingenieurs Adolphe Stoclet – ein imposantes und außergewöhnliches **Gastspiel der Wiener Secession in der Jugendstilmetropole Brüssel**. Stilistisch zeichnet sich an dem recht strengen, klar gegliederten Bau das Ende des Jugendstils und der Beginn von Art déco und der modernen Architektur ab. In den leider nicht zugänglichen Innenräumen hinterließ der Secessionskünstler Gustav Klimt ein Wandmosaik.

Berühmt: der Turm des Palais Stoclet

Im südlichen Stadtteil Uccle (102, Ave. Vanderaey) steht **Haus Bloemenwert**, ein weiterer **Gründungsbau des belgischen Jugendstils**, das Wohnhaus von Henry van de Velde, das dieser 1895 entworfen hatte. Die Laufbahn van de Veldes ist untypisch für Vertreter des belgischen Art

nouveau, was zu Spannungen mit den anderen Baumeistern und schließlich zu van de Veldes Übersiedlung nach Deutschland führte. Während Hankar und Horta – und später ihre Schüler – eine solide Architektenausbildung hatten, war van de Velde von Haus aus Maler. Zu Beginn der 1880er-Jahre wandte er sich unter dem Einfluss der englischen Jugendstilpropheten William Morris und John Ruskin der Buchgestaltung und der Dekorationskunst zu; später war er Leiter der Kunstgewerbeschule in Weimar. Auch die Einrichtung und Ausstattung seines Wohnhauses entstand ganz nach seinen Vorstellungen – gemäß der Idee des Jugendstils, dass das ganze Leben ein einziges Kunstwerk sein solle.

Maison Cauchie

Das Haus des Malers Paul Cauchie an der Südostecke des ► Parc du Cinquantenaire (5, Rue de Francs) besticht durch die Sgraffito-Fassade und die Einrichtung im Mackintosh-Stil.

ℹ Métro: Merode (1, 5), Führungen: 1. Wochenende im Monat 10.00 – 13.00 und 14.00 – 17.30 Uhr, Teilnahme: 5 €, www.cauchie.be

Weitere Einzelgebäude

Grands Magasins Old England (► Musée des Instruments de Musique), Magasins Waucquez (► Centre Belge de la Bande Dessinée) und Le Falstaff (► Bourse).

* Laeken

E–G 2–3

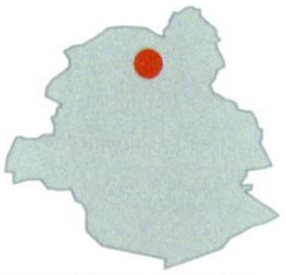

Lage: Avenue du Parc Royal
Métro: Bockstael (6), dann Bus 53
www.monarchie.be

Im Brüsseler Norden liegt die 160 ha große Domäne Laeken rund um das Château Royal de Laeken. Hier leben heute die königliche Familie und Königin Fabiola. Die Öffnung der Gewächshäuser im Frühjahr ist ein großer Publikumsmagnet.

Château Royal de Laeken

Direkt am Schlosspark hält der Bus. Das ursprüngliche Schloss wurde 1782 – 1784 im klassizistischen Stil für den österreichischen Statthalter Albert von Sachsen-Teschen erbaut. Noch als Erster Konsul erwarb es Bonaparte 1804. Dann wurde es vom holländischen König genutzt und seit 1831 ist es die **Residenz der belgischen Könige**. Nach einem Brand 1890 ließ König Léopold II. das Schloss von Alphonse Balat restaurieren und an beiden Seiten um Pavillons erweitern. 1904 kamen die beiden von Charles Girault entworfenen Seitenflügel im Louis-XVI-Stil hinzu. Geplant war eine noch umfangreichere Erweiterung zu einem »Palais de la Nation«, einschließlich Kongresshalle. Das Vorhaben wurde aus finanziellen Gründen nicht verwirklicht. Heute wohnen **Kronprinz Philippe und seine Familie** im Schloss, darüber hinaus wird es von König Albert II. für Besprechungen oder Empfänge genutzt.

Parc de Laeken

Den besten Blick auf das Schloss hat man gegenüber vom Parc de Laeken aus. Hier wurde 1878 das neugotische Monument für Léopold I. errichtet. Es zeigt den ersten belgischen König umgeben von Allegorien der neun Provinzen des Landes am Sockel. Östlich davon liegt das **Belvédère**, 1788 erbaut und seit seiner Heirat 1958 die Privatwohnung des heutigen Königs Albert II. und Königin Paola. Westlich vom Parc de Laeken liegt die **Domaine Stuyvenberg**. Sie wurde zu Beginn des 16. Jh.s erbaut und gehörte Louis van Bodhegem, dem Erbauer der Maison du Roi an der ▶ Grand'Place. Léopold II. erwarb das im 18. Jh. ausgebaute Anwesen für die königliche Familie; u. a. war es von 1951 bis zu deren Tod Alterssitz von Königin Elisabeth, der Witwe Alberts I. Seit 1999 lebt hier Königin Fabiola, die Witwe von König Baudouin.

> **!** BAEDEKER TIPP
>
> *Nach Laeken?*
>
> Ein Ausflug zum Schloss lohnt sich eigentlich nur, wenn die Gewächshäuser geöffnet haben. Ansonsten ist der Schlosspark geschlossen und man kann lediglich durchs Gitter schauen und ein wenig im kleinen Parc de Laeken gegenüber spazieren gehen. Chinesischer Pavillon (▶ S. 106) und Japanischer Turm haben allerdings ganzjährig geöffnet.

***Serres Royales**

Die unter Léopold II. errichteten Königlichen Gewächshäuser bilden das Herz des Schlossparks und sind deren Hauptattraktion – jedenfalls für drei Wochen von etwa Mitte April an, wenn sie öffentlich zugänglich sind. Léopold II. ließ Alphonse Balat (1818 bis 1895) zwischen 1870 und 1879 und noch einmal 1885 und 1886 riesige, kunstvoll gestaltete Glas-Eisen-Konstruktionen errichten, von denen allein die Kuppel des Wintergartens 60 m durchmisst und 30 m Höhe erreicht. Die Kapelle **Église de Fer** entstand 1892. Im Palmenhaus richtete sich der König eine Wohnung ein, in der er sein letztes Lebensjahr zubrachte. Mit den Treibhäusern schuf der Gartenliebhaber, der besonders Kamelien schätzte, **die größte unter Glas gehaltene Zierpflanzenlandschaft des europäischen Kontinents.** Seit 1993 hegt und pflegt Königin Paola, eine anerkannte Expertin, die einzigartige Sammlung.

ⓘ drei Wochen ab etwa Mitte April, in der Regel tgl. 9.30 – 16.00 Uhr, Fr. nur nachmittags, Fr., Sa. und So. auch 20.00 – 22.00 Uhr, Eintritt: 2,50 €

Tour Japonaise und Pavillon Chinois

Im Nordosten der Domäne ließ Léopold II. den Japanischen Turm der Pariser Weltausstellung von 1900, der ihn sehr beeindruckt hatte, wiedererrichten. Heute werden hier **Ausstellungen zu japanischer Kunst** gezeigt. Ebenfalls von der Pariser Weltausstellung 1900 hier-

hergebracht und jenseits der Avenue J. van Praet dort aufgestellt, wo schon unter Albert von Sachsen-Teschen ein Chinesischer Turm stand, wurde der Chinesische Pavillon. Er beherbergt **chinesisches Porzellan**, insbesondere Teekannen.

Di. – So. 10.00 – 16.45 Uhr, Eintritt: 4 €

Neptunbrunnen

In der Mitte des großen Kreisels, an dem die Schnellstraße A 12 beginnt, steht ein **Abguss des Neptunbrunnens von Giambologna** (Jean de Boulogne, 1529 – 1608), den Léopold II. vom Original auf der Piazza del Nettuno in Bologna anfertigen ließ.

Notre-Dame de Laeken

Nach dem Tod seiner Frau Louise-Marie von Orléans ließ König Léopold I. 1851 einen Wettbewerb für den Bau einer **Grabeskirche für die belgische Königsfamilie** ausschreiben, den der junge, später als Architekt des ► Palais de Justice berühmt gewordene Joseph Poelaert gewann. Die Grundsteinlegung für den Bau der mächtigen neogotischen Kirche Notre-Dame de Laeken (Onze Lieve Vrouw te Laeken) am Westrand der Domäne erfolgte 1854, die Weihe 1872. Fassade, Portale und Vollendung des Hauptturms sind ein Werk des Münchener Architekten von Schmidt.
Aus der nicht sehr interessanten Innenausstattung sticht die als »Notre-Dame de Laeken« bekannte und verehrte Madonnenstatue auf dem Hochaltar heraus. Sie stammt vermutlich aus dem 13. Jahrhundert. Hinter dem Hauptaltar befindet sich die **Krypta mit den königlichen Gräbern**. Sie ist wie die Kirche nur am Sonntagnachmittag geöffnet und außerdem am Todestag von König Albert I. (17. Februar), König Baudouin (31. Juli), Königin Astrid (29. August) und König Léopold III. (25. September), ebenso an Allerheiligen, Allerseelen (2. November), am Tag der Dynastie (15. November) und am ersten Septemberwochenende.
Der angrenzende Friedhof, der Ende des 18. Jh.s angelegte ***Cimetière de Laeken**, ist bekannt für seine teils monumentalen Grabmäler. Hier liegen bedeutende Belgier, darunter Brüsseler Bürgermeister, die Architekten **Joseph Poelaert** und **Alphonse Balat**, der Maler Fernand Khnopff, der Schriftsteller Michel de Ghelderode und die Sängerin Marie Felicité Garcia, genannt **Malibran**, für deren Grab der französische Dichter Lamartine die Verse geschrieben hat. Das Grab des Kunstkritikers Jef Dillens ist mit Rodins »Denker« geschmückt. Auf dem Friedhof steht noch der Chor der alten Kirche von Laeken (13. Jh.), ein schönes Beispiel der reinen Frühgotik.

Notre Dame de Laeken/Krypta: i. d. R. So. 14.00 – 17.00 Uhr, an speziellen Tagen (siehe oben) 9.30 – 17.00 Uhr
Cimetière de Laeken: Di. – So. 8.30 – 16.30 Uhr

Nur rund drei Wochen im Jahr sind die Königlichen Gewächshäuser geöffnet – und leuchten dann am Abend besonders schön.

★★ Manneken Pis

E 7

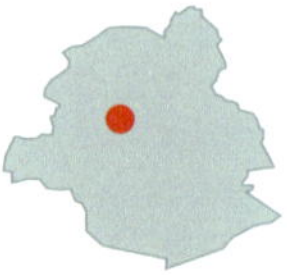

Lage: Rue de l'Étuve, Ecke Rue du Chêne
Métro/Prémétro/Tram: Gare Centrale (1, 5), Bourse (3, 4, 31, 32)

Nur wenige Hundert Meter von der Grand'Place entfernt steht er: ein kleiner Junge aus Bronze, der ungeniert in ein Brunnenbecken pinkelt – Manneken Pis, das berühmteste Wahrzeichen Brüssels und zugleich auch der »älteste Bürger der Stadt«.

Ein bewegtes Leben

Die ständig von wild fotografierenden Touristenscharen umlagerte, nur 60 cm hohe Brunnenfigur hat eine bewegte Geschichte hinter sich: 1619 erhielt **Jérôme Duquesnoy der Ältere** vom Rat der Stadt den Auftrag, einen Ersatz zu schaffen für eine ähnliche, bereits in Urkunden von 1388 genannte Figur, und zwar für den an dieser Ecke plätschernden, »Juliaenskenborre« genannten Brunnen. Die neue Figur wurde mehrfach geraubt, u. a. 1745 von englischen Soldaten. 1747 stießen die Franzosen dabei auf den heftigen Widerstand der Brüsseler. 1817 stahl der entlassene Sträfling Antoine Licas den kleinen Mann, den man nach langer Suche zerbrochen wiederfand. Der Dieb wurde zu Zwangsarbeit verurteilt und auf der Grand'Place öffentlich gebrandmarkt; Manneken Pis aber erstand in Bronze gegossen neu. Das ebenfalls 1619 entstandene Podest und zwei kleine Becken, Arbeiten des Steinmetzen Daniel Raessens, wurden 1770 durch eine Nische aus Blaustein ersetzt.

Der kleine Mann verrichtet stetig sein Geschäft.

Viele Legenden ranken sich um Manneken Pis. Die beliebteste besagt, ein kleiner Junge habe, als Brüssel im 13. Jh. belagert wurde, die brennende Lunte an den von den Feinden gelegten Pulverfässern auf unorthodoxe Weise gelöscht. Eine andere berichtet, der einige Monate alte Herzog Gottfried III. von Brabant, von seinem Vater in die Schlacht bei Reinsbeke mitgenommen, habe sich während des Kampfs in seiner Wiege erhoben und sein Geschäft verrichtet, was den Feind zutiefst beleidigte. Einer dritten Legende zufolge stellt die Figur den jüngsten Sohn des zur Zeit des ersten Kreuzzugs in Brüssel lebenden Grafen d'Hove dar, wie er anlässlich einer Prozession zu Ehren des hl. Sakraments nicht mehr an sich halten konnte. Noch eine Variante: Eine Hexe soll einen Jungen dabei ertappt haben, wie er ihre Haustreppe »besprengte«. Zur Strafe habe sie ihn auf ewig zu dieser Beschäftigung verdammt, indem sie ihn in Stein verwandelte.

Kleider machen auch kleine Leute

Manneken Pis wirft sich an besonderen Tagen auch in Schale: Seine Garderobe umfasst inzwischen **über 600 Kostüme**, alles Geschenke aus der ganzen Welt. 1698 soll das Männchen als erstes Gewand eine bayerisch-blaue Tracht vom bayerischen Kurfürsten und damaligen Generalstatthalter der Niederlande, Max Emmanuel, erhalten haben. 1747 schenkte ihm König Ludwig XV. von Frankreich einen Anzug aus golddurchwirktem Brokat und machte es zum Ritter des Ordens des hl. Ludwig als Wiedergutmachung für den Diebstahlversuch der Franzosen 1747. Dieser Anzug und weitere können in der Maison du Roi an der ▸ Grand'Place besichtigt werden. Manneken hat 1985 ein recht hässliches Schwesterchen namens **Janneke Pis** bekommen: Sie erleichtert sich in der Impasse de la Fidelité in der ▸ Ilôt Sacré. Es gibt auch ein Hündchen: **Zinneke Pis** hebt sein Bein in der Rue des Chartreux (Nähe ▸ Place St-Géry).

★ Marché aux Poissons

D / E 6

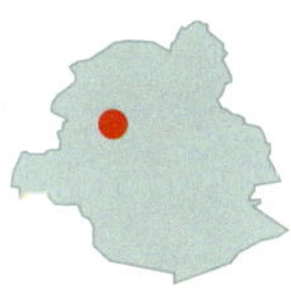

Lage: Quai aux Briques/ Quai au Bois à Brûler
Métro: Ste-Catherine (1, 5)

Fisch, zumindest für die Küche zu Hause, wird an diesem Platz kaum mehr verkauft, doch die vielen Fischrestaurants setzen in gewisser Weise die Tradition fort. Besonders an Sommerabenden, wenn man an den Terrassentischen sitzen kann, lohnt sich ein Gang in diese Ecke Brüssels.

Mehr als nur Fisch

Dabei war der Name Marché aux Poissons (Vismarkt = Fischmarkt) noch nie ganz korrekt für den lang gestreckten, von Bäumen umstandenen Platz und das Wasserbecken, die sich an die Nordwestseite von Sainte-Catherine anschließen, denn hier wurde mit wesentlich mehr gehandelt als nur mit Fisch. Hier lag **der alte Innenstadthafen**, des-

BAEDEKER TIPP !

Frischer Fisch

Reell und einigermaßen bezahlbar: Jacques, wo die Brüsseler hingehen, wenn ihnen nach Meeresgetier in zwangloser Atmosphäre ist (44, Quai aux Briques, Tel. 02 513 27 62), und Bij den Boer (60, Quai aux Briques, Tel. 02 512 61 22).

sen letzte Becken 1910 überdeckt wurden. Er begann am Marché aux Porcs, wo der Kanal von Willebroek einmündete, reichte nach Südosten bis zu Sainte-Catherine, die auf einem zugeschütteten Becken erbaut worden ist, zog weiter nach Norden und dann nach Osten bis zum jetzigen Théâtre Flamand. Die Straßen- und Platznamen zeigen noch an, was wo ausgeladen und gehandelt wurde: am Quai aux Briques Ziegelsteine, am Quai au Bois à Brûler Brennholz, am Quai au Foin Heu, am Quai aux Pierres de Taille Quadersteine usw. Auch der Fischmarkt lag hier am einstigen Bassin des Marchands auf der Seite des Quai aux Briques; der Name ist geblieben.

Quai aux Briques, Quai au Bois à Brûler

An diesen beiden Kais gewinnt man noch am ehesten den Eindruck innerstädtischer Hafenatmosphäre, wurde doch Ende der 1980er-Jahre wieder ein Teil der Becken freigelegt, überdies ist ringsum eine erkleckliche Zahl von Häusern überwiegend aus dem 17. und 18. Jahrhundert erhalten geblieben. Das repräsentativste ist das **Cheval au Marin** am nördlichen Ende des Quai aux Briques, das ursprünglich 1680 erbaut und 1897 wieder errichtet wurde. Direkt benachbart erhebt sich das **Monument Anspach**, das 1897 eingeweihte Brunnendenkmal für Bürgermeister Jules Anspach (1829 – 1879), das einst an der Place de Brouckère stand. An den alten Hafen erinnert ein großes Schleusenrad.

Sainte-Catherine

Die gesamte Südseite des Platzes beherrscht die Kirche Sainte-Catherine (Sint-Katelijnekerk). Auf den ersten Blick erweckt sie den Eindruck einer imposanten, sehr alten Kirche, tatsächlich aber ist sie erst von 1854 an nach Plänen von Joseph Poelaert und Wynand Janssens in einer Mixtur aus Romantik, Gotik und Renaissance auf dem zugeschütteten Hafenbecken erbaut worden. Sie ersetzte die baufällig gewordene Katharinenkirche aus dem 14./15. Jh., deren Fundamente allmählich im feuchten Untergrund einsanken. Von dieser ist nur der isoliert stehende Turm erhalten. Im dreischiffigen Kirchenraum sind noch einige Gemälde aus der Vorgängerkirche zu sehen. Das bedeutendste hängt an der linken Wand der Kapelle rechts vom Hauptaltar: **»Die Aufnahme der hl. Katharina in den Himmel« von Gaspard de Crayer** (1584 – 1669); der Altar in dieser Kapelle trägt eine Darstellung der heiligen Anna von Cornelius Schut (1597 – 1655). Weiterhin bemerkenswert sind Werke des Brüsseler Malers Theodor van Loon (1585 – 1650), vor allem seine Verkündigungsszene neben dem Hauptaltar, sowie eine »Brüsseler Chronik« und eine »Anbetung

Feinen Fisch gibt es am alten Fischmarkt neben Sainte-Catherine.

der Könige« von Jan van Orley (1665 – 1725) links bzw. rechts vom Portal. Weitere Gemälde findet man außerdem in der Sakristei, dazu Silbergerät und liturgische Gewänder.

UMGEBUNG DES FISCHMARKTS

Tour Noire

An der Place Ste-Catherine hinter der Kirche steht, eingezwängt in einen Neubau, mit der Tour Noire (Zwarte Toren) ein **Rest der ersten Brüsseler Stadtbefestigung**. Er ist der am besten erhaltene von vier übrig gebliebenen Türmen der Stadtmauer, was er Bürgermeister Charles Buls verdankt, der ihn 1888 vor dem Abriss rettete und restaurieren ließ. Der Turm besitzt Schießscharten und auch ein Teil des Grabens ist noch zu erkennen.

Maison de la Bellone

Die Maison de la Bellone (Bellonehuis) in der Rue de Flandre westlich vom Fischmarkt ist eines der schönsten Bauwerke des späten 17. Jh.s in Brüssel. Das wahrscheinlich von Jean Cosyn entworfene, reich geschmückte Patrizierhaus – einst »Haus des Ommegang« – ist nach der Büste über dem Portal benannt, die die römische Kriegsgöttin Bellona darstellt. Die sie umgebenden Fahnen und Trophäen versinnbildlichen den triumphalen Sieg der Österreicher unter Prinz Eugen von Savoyen über die Türken in der Schlacht von Zenta 1697. Medaillons an der Fassade zeigen römische Kaiser. Heute werden hier im **Haus des Schauspiels** Ausstellungen, Theatervorführungen und Konzerte geboten. Das Bellone Café hat in der Regel bis 22.00 Uhr geöffnet.

* Marollen (Quartier des Marolles)

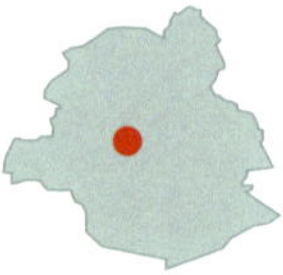

D/E 8

Lage: Südzipfel der Kernstadt
Métro: Louise (2, 6), Porte de Hal, Midi (2, 3, 4, 6)

Unterhalb des Palais de Justice liegen die Marollen, noch immer das volkstümlichste Viertel Brüssels, immer noch bewohnt von den »kleinen Leuten«, auch wenn schon einige gestylte Läden Einzug gehalten haben. Seit Jahren nämlich rückt vom Sablon die Gentrifizierung vor. Hier ist nichts malerisch herausgeputzt, hier lässt sich kein kulturhistorischer Gang absolvieren – hier schlendert man einfach durch, schaut in die Schaufensterauslagen, sieht manches verfallene, aber auch manches schön restaurierte Haus.

Die Marolliens sind aufmüpfig

Auch viele Ausländer wohnen und wohnten hier – waren es früher etwa russische Juden, die nach 1917 einzogen, sind es heute vor allem Nordafrikaner. Die Marolliens sind für ihre Renitenz bekannt, was sie schon um 1330 bewiesen, als die hier ansässigen Leinenweber sich gegen den Adel erhoben. Auch in späteren Zeiten wehrten sie sich immer gegen die Obrigkeit, wie zuletzt gegen umfassende Sanierungspläne. Nur in den Marollen, und auch dort immer weniger, wird noch »**Bruxellois-Marollien**« gesprochen, eine deftige Mischung aus Französisch und Niederländisch mit spanischen Brocken. Sie ist **das Grundelement des »Zwanze«**, des Brüsseler Humors, der ziemlich dick aufträgt und in Toones Marionettentheater fröhliche, aber für Touristen eher unverständliche Urstände feiert.

! BAEDEKER TIPP

Samstags in die Marollen

Der beste Tag für einen Bummel durch die Marollen ist der Samstag, denn dann ist der Flohmarkt größer und unterhaltsamer als an Werktagen (auch sonntags wird er abgehalten, aber dann haben die Geschäfte geschlossen). Wer Hunger hat, sollte einmal eine »caricole« – Gemüsebrühe mit Meeresschnecken – probieren, die es an fliegenden Ständen gibt. Danach setzt man sich am besten in eine der umgebenden Kneipen, trinkt einen Kaffee oder ein Bier.

Das Viertel verdankt seinen Namen einem heute nicht mehr existierenden, im 17. Jh. gegründeten Kloster der Apostolischen Schwestern vom Maricollen-Orden (»mariam colentes« = Anbetung Mariens). Lag das Gelände im 14. Jh. noch außerhalb der Stadtmauer, mit dem Lepra-Hospital Sint-Pieter als dem einzigen großen Gebäude, wurde es mit der Ausdehnung der Stadt **schon im 15. und 16. Jh. zum Viertel der kleinen Leute**, der Tagelöhner und Kleinhandwerker, der Bettler und Armen, der Prostituierten und Trunkenbolde, die ihm einen schlechten Ruf verschafften, aber dennoch immer mehr Zuwanderer anzogen, sodass es bald völlig überbelegt war. Kein Wunder, dass die belgische Arbeiterbewegung hier einen ihrer Hauptstützpunkte hatte.

Ein Spaziergang durch das Viertel

Ein guter Ausgangspunkt ist die Place Poelaert am ► Palais de Justice, die den besten Blick über Brüssel und auf die Dächer des Viertels bietet. Mit dem gläsernen Aufzug schwebt man hinab zur Place Brueghel und auf die **Rue Haute**, die Hauptachse der Marollen. Unten geht es nach rechts zum Haus Nr. 132, nahe der Ecke Rue du Porte Rouge, die ihren Namen von einem der roten Tore hat, die nachts geschlossen wurden, um die Prostituierten fern zu halten. Dort lebte von 1563 bis 1569 Pieter Brueghel d. Ä., der sich für seine Gemälde sicherlich manche Anregung bei seinen Nachbarn geholt hat. Die **Maison Brueghel** ist heute Museum. Vorbei an Mode-, Trödel- und anderen Läden kommt man zur Kirche ► Notre-Dame de la Chapelle, in der Brueghel begraben ist.

Maison Brueghel: nur für Gruppen nach schriftlicher Anfrage, Maison Brueghel, 132, Rue Haute, B-1000 Bruxelles

****Flohmarkt auf der Place du Jeu de Balle**

Vom Kirchplatz marschiert man auf der parallel zur Rue Haute laufenden **Rue Blaes** zurück, wo die Antiquitäten- und Möbelgeschäfte zu Hause sind. Sie führt auf die Place du Jeu de Balle. Ihr niederländischer Name Vossenplein (»Fuchsplatz«) erinnert an die alte Lokomotivenfabrik Société de Renard (Renard bedeutet Fuchs), die den Menschen des Marollenviertels im 19. Jh. Arbeit gab. Nachdem sie Pleite gegangen war, spielte man hier Pelota, ein Ballspiel baskischen Ursprungs – so kam der französische Name zustande. Den Platz dominiert die Feuerwehrkaserne aus roten Ziegeln von 1863 – Hauptattraktion ist allerdings der **Flohmarkt, der diesen Namen tatsächlich noch verdient**. Nicht edles Silber oder polierte Möbel, sondern abgewetzte Hosen, Nägel und Schrauben, Porzellan, Bilder, Teppiche, Radios, Kinderwagen, Käfige, Uhrwerke, Schallplatten, Öfen, Pelzwerk, alte Motoren, der röhrende Hirsch oder eine feurige Carmen für den Platz über dem Sofa, alte Waffen, Orden und Helme werden feilgeboten. Von der Suche nach interessantem Krimskrams kann man sich in den umliegenden urigen Kneipen erholen. Kleiner Tipp für Comic-Fans: Auf einer Hausfassade der Rue de Chevreuil (Nordwestecke) toben **Boule et Bill** durch die Straßen.

Flohmarkt: tgl. 7.00 – 14.00 Uhr

***Porte de Hal**

Jenseits des Platzes führt die Rue Blaes zur 1381 erbauten Porte de Hal (Hallepoort), dem einzigen Stadttor, das von der zweiten Brüsseler Befestigung übrig geblieben ist. Diese wurde 1782 – 1784 eingerissen; das am Stadtausgang Richtung Halle gelegene Tor, bereits seit

Die Porte de Hal, einzig erhaltenes Stadttor

1564 ohne Funktion, überstand nur, weil es als Gefängnis gebraucht wurde. Seine heutige Gestalt hat wenig mit dem quaderartigen mächtigen Block mit Durchfahrtstor aus dem 14. Jh. zu tun, denn der Bau wurde 1868 – 1870 von Henri Beyaert restauriert und erheblich verändert, vor allem durch die neogotischen Aufbauten. 1847 eröffnete in der Porte de Hal als eines der ersten dieser Art in Europa ein Museum für Waffen, Altertümer und auch Volkskunde. Nun präsentiert das Festungstor eine **Ausstellung über seine eigene Geschichte und das mittelalterliche Brüssel**.

❶ Di. – Fr. 9.30 – 17.00, Sa. und So. 10.00 – 17.00 Uhr, Eintritt: 5 € (frei an jedem 1. Mi. im Monat ab 13.00 Uhr), www.kmkg.mrah.be

Zurück auf der Rue Haute

Das letzte Stück Weg führt von der Porte de Hal auf der Rue Haute zurück zum Aufzug. Rechts liegt das **Hôpital St-Pierre**, hervorgegangen aus der mittelalterlichen Leprastation. Gegenüber erstreckt sich zwischen Rue de la Rasière und Rue Pieremans die **Cité Hellemans**, ein großer Jugendstil-Sozialwohnungskomplex von 1915. An Haus Nr. 239 prangt eine Plakette für **Jean »Toots« Thielemans** mit einer Mundharmonika. Geboren wurde Belgiens berühmtester Jazzer zwar in Nr. 241 – doch der Besitzer des Optikergeschäfts dort verlangte Miete für die Plakette, also hat man sie einfach beim Nachbarn angeschraubt. Kurz vor dem Aufzug passiert man schließlich die **Rue St-Ghislain**, wo Victor Horta 1895 den Kindergarten gebaut hat, gegenüber erhebt sich die Pfandleihanstalt Mont de Pitié.

Mont des Arts

E/F 7

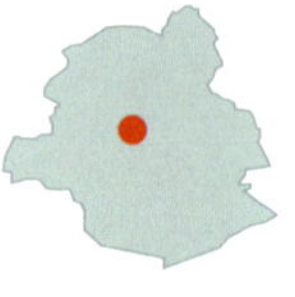

Métro: Gare Centrale (1, 5)
Tram: 92, 94

Der Mont des Arts (Kunstberg) verbindet Brüssels Unterstadt von der Place de l'Albertine aus mit der »königlichen« Oberstadt bis hinauf zur Place Royale. Seinen Namen verdankt er einem angeblichen Ausspruch König Léopolds II., dem mit dem Bau der Königlichen Kunstmuseen ein »Berg der Künste« vorschwebte.

Ein Berg für die Künste

In seiner heutigen Gestalt ist der Mont des Arts Ergebnis der schon vor dem Krieg geplanten, jedoch erst von 1954 an betriebenen und 1969 vollendeten Gestaltung nach Plänen der Architekten Ghobert, van Steenberghen und Houvoux. Die Anlage mit ihren Freitreppen, Terrassen und Gärten ruft jedoch eher den Eindruck einer unharmonisch in die Stadtlandschaft geschlagenen Schneise hervor, besonders durch die monumentalen, die Umgebung beinahe einschüchternden Quader der Bibliothèque Albert I. bzw. des Palais de la Dynastie und den breiten Boulevard. Immerhin – Skateboarder und Inlineskater haben hier ihre helle Freude.

Oberhalb der Terrasse überblickt man die Anlage vor dem Panorama der Brüsseler Unterstadt: links unten die Bibliothèque Albert I., rechts das **Palais de la Dynastie**, dazwischen die Terrasse mit dem Reiterstandbild König Alberts I. und der unterhalb auf dem Boulevard stehenden Statue der Königin Elisabeth. Weiter rechts erhebt sich der Glaskubus, durch den man ins **Square** genannte unterirdische Kongresszentrum gelangt; auch der oberhalb von hier liegende Palais des Beaux-Arts und die ▶ Musées Royaux des Beaux-Arts werden zum Mont des Arts gerechnet.

! BAEDEKER TIPP

Galerie Bortier

Jean-Pierre Cluysenaer, der Architekt der Galeries Saint-Hubert, hat noch eine zweite Einkaufspassage in Brüssel hinterlassen: Die 1848 eröffnete Galerie Bortier zwischen der Rue de la Madeleine und der Rue St-Jean am Fuß des Mont des Arts ist ein sehr heimeliger Ort, vor allem für Bücherfreunde, denn sie ist traditioneller Standort von Antiquariaten.

Bibliothèque Royale Albert I.

Die Albertinum genannte Königliche Bibliothek ist die reichste des Landes. Ihre Museen befassen sich mit Büchern und Buchdruck. Integriert ist die 1346 gegründete, 1590 auf Geheiß von Engelbert II. von Nassau in Brabanter Gotik neu errichtete **Chapelle de Nassau**. Sie ist **der letzte Rest des prächtigen Palais de Nassau**, das dem Palais de Charles de Lorraine weichen musste. Im Lauf der Zeit war die Kapelle u. a. Hopfenlager für einen Bierbrauer und Museumsdepot, in dem die 1877 gefundenen Dinosaurier untergestellt waren, die nun im ▶ Muséum des Sciences Naturelles zu sehen sind. Heute finden in der Kapelle Wechselausstellungen statt.

Das Buchmuseum und Schenkungskabinett **Librarium** liefert einerseits einen guten Einblick in die Geschichte der schriftlichen Überlieferung von der Antike bis heute, andererseits präsentiert es Nachlässe und Schenkungen belgischer Geistesgrößen. Dazu gehören u. a. das Arbeitszimmer von Henry van de Velde, dasjenige des Dichters Emile Verhaeren und die Bibliothèque de Bourgogne (seltene Bücher, Pläne und Karten). Drucktechnik des 19. und 20. Jh.s – Lithografie, Typografie, Satz – präsentiert das **Musée de l'Imprimerie** (Druckereimuseum). Im Literaturmuseum **(Archives et Musée de**

la Littérature) sind französischsprachige Manuskripte und Briefe belgischer Persönlichkeiten sowie Druckwerke einzusehen.

Librarium: Mo. – Sa. 9.00 – 17.00 Uhr, Eintritt: frei, www.kbr.be
Musée de L'Imprimerie: auf Anfrage für Gruppen Mo. – Sa. 9.00 – 16.45 Uhr, Eintritt: 30 € pro Gruppe, www.kbr.be
Archive et Musée de la Littérature: Mo. – Fr. 9.00 – 17.00, Juli/Aug. bis 16.30 Uhr, Eintritt: frei, www.aml-cfwb.be

Palais de la Dynastie

In den 1950er-Jahren ist das Palais de la Dynastie entstanden, dessen Bogen die Straße überspannt. Die Figuren rund um die Ziffern der Uhr stellen berühmte Belgier dar; die große, 1,8 t schwere Glocke auf dem Dach schlägt ein »Bürger von Brüssel« an. René Pechère (► Berühmte Persönlichkeiten S. 59) gestaltete 1958 den Garten zwischen den monumentalen Bauten. Das Grundmuster ist klassisch französisch und betont stark die Längsachse. Damit gelingt eine **optische Verbindung zwischen Place Royale und Unterstadt**. Die Aussparungen in den Rabatten, in denen Bänke stehen, die Springbrunnen und die bunten Blumen zwischen den geschnittenen Buchsbaumeinfassungen verleihen der Anlage einen heiteren Charakter. Überdies verbirgt sie ein Geheimnis, das Gartenarchitekten aus aller Welt jahrzehntelang bewundert und imitiert haben: Die Bäume und Pflanzen gedeihen in einer Erd- und Drainage-Schicht von sage und schreibe nur 1,40 Meter. Darunter liegt eine Tiefgarage.

***Palais de Charles de Lorraine**

Oberhalb der Bibliothek öffnet sich der Hof des Palais de Charles de Lorraine, ein **schönes Beispiel der Louis-XVI-Architektur** in Brüssel. Hier stand der aus dem 15. Jh. stammende Palais de Nassau, in dem so illustre Zeitgenossen wie der Herzog von Marlborough und Prinz Eugen abstiegen. 1756 erwarb Karl von Lothringen, Gouverneur der Österreichischen Niederlande, den Palast und ließ ihn fast völlig umgestalten, wobei Hofbildhauer Laurent Delvaux (1695 bis 1778) einen guten Teil der Skulpturen beisteuerte. Die Anlage besteht heute aus drei Flügeln, doch ist nur der rechte mit der Hofkapelle von 1760 und dem halbkreisförmigen, zurückgesetzten Eingangsbereich der eigentliche Palast. Der wie der Hauptflügel wirkende Mittelteil kam im Jahr 1825 hinzu, der linke Flügel im letzten Viertel des 19. Jh.s; die Trakte um den Innenhof verschwanden beim Bau der Bibliothek. Das Treppenhaus mit einer Herkules darstellenden Statue von Delvaux, die Rotunda mit ihrem prächtigen Marmorfußboden und fünf Themenräume mit Ausstattungsgegenständen aus dem 18. Jh. können besichtigt werden.

ⓘ Mi. u. Sa. 13.00 – 17.00 Uhr, Eintritt: 3 €, www.kbr.be

Place du Musée

Der vom Palais umschlossene Hof wird heute als Place du Musée bezeichnet. In seiner Mitte öffnet sich der tiefe **Lichthof** des Erweiterungsbaus der ► Musées Royaux des Beaux-Arts.

Vom Mont des Arts geht der Blick hinab auf Brüssels Kernstadt.

RUND UM DEN MONT DES ARTS

Hôtel Ravenstein

Am oberen Ende der zum Coudenberg ansteigenden Rue Ravenstein steht das **letzte noch existierende Baudenkmal aus burgundischer Zeit in Brüssel**, das Hôtel Ravenstein. Der Backsteinbau mit Türmchen und Sonnenuhr ist der kleine Rest des im 15. Jh. hier erbauten Wohnsitzes derer von Kleve. Erhalten ist auch der malerische Innenhof mit der aus dem 16. Jh. stammenden Arkadenreihe. Das Palais ist **im ehemaligen Judenviertel** erbaut worden. Die Brüsseler Juden hatten sich im 12. Jh. hier im Schutz des herzoglichen Schlosses niedergelassen. Auf diese Zeit deutet noch die Escalier des Juifs hin, die »Judentreppe«, die letzte von ursprünglich vier Treppen.

Palais des Beaux-Arts

Das Palais des Beaux Arts (Paleis voor Schone Kunsten) links vom Hôtel Ravenstein wurde in den 1920er-Jahren nach Plänen von Victor Horta errichtet. Es gehört zu den schönsten Beispielen des Art déco in Brüssel. Typisch für Victor Horta ist das **zeltförmige Glasdach** über der zentralen Halle, von der eine breite Treppe in die Fluchten der Ausstellungssäle führt. Da der Bau laut einer Vorgabe die Aussicht vom Palais Royal auf die Stadt nicht beeinträchtigen durfte, grub Horta den großen Konzertsaal »Henri Le Boeuf« (2300 Sitze) unter der Erde ein. Dank seiner recht kühnen Eiform hat der Saal eine vorzügliche Akustik. Bei Führungen kann auch der Salon Royal im schönsten Art déco besichtigt werden. Im Palais ist ferner die Cinemathek untergebracht.

Ausstellungen: Di. – So. 10.00 – 18.00, Do. bis 21.00 Uhr, Eintrittspreis je nach Ausstellung, www.bozar.be

Chapelle de la Madeleine

Am unteren Ende des Kunstbergs, unterhalb der Place de l'Albertine, etwas verloren inmitten der Straße, ragt das Türmchen der Chapelle de la Madeleine (Magdalena-Kapel) auf, die im 15. Jh. erbaut wurde, aber schon aus früheren Zeiten überliefert und ein beliebtes Kirchlein verschiedener Brüsseler Zünfte war. Die Kapelle mit ihrer Fassade von 1453 ist oft umgebaut, geschlossen und wieder eröffnet worden und seit 1957 endgültig als kleines Gotteshaus zugänglich. An die Sakristei auf der Nordseite wurde 1957 die flämisch-barocke Fassade der **Chapelle Sainte-Anne** (Anna-Kapel) angefügt. Die gesamte Kapelle stand ursprünglich an der Ecke Rue de la Montagne, musste aber dem Neubau des Zentralbahnhofs weichen. Sie wurde Anfang des 16. Jh.s erbaut, um den aus dem ganzen Land kommenden Fuhrleuten, die sich in den umliegenden Herbergen einquartierten, eine Möglichkeit zum Gebet zu geben.

Zentralbahnhof

Einen Blick verdient die **Gare Centrale**, das letzte Werk von Victor Horta. Er machte die Pläne 1937, nach seinem Tod 1947 wurde das Gebäude von seinem Schüler Maxime Brunfaut vollendet und 1952 eingeweiht. An Art nouveau und Art déco des Meisters erinnern von ferne einige Details, insbesondere der sanft geschwungene Haupteingang mit den neun großen, vertikalen Fenstern und dem elegant gezackten Rand und vor allem die weite Halle. Ein zeltförmiges Glasdach überspannt sie und spendet der monumentalen Treppe mit breiten Absätzen Licht, dem die ankommenden Fahrgäste entgegengehen und das die Abfahrenden zumindest noch ein Stück begleitet.

Musée belge de Franc-maçonnerie

E 6

Lage: 73, Rue de Laeken
Métro/Prémétro: De Brouckère (1, 3, 4, 5)
Sept. – Juni Di. – Fr. 13.00 – 17.00, Juli – Aug. 13.00 – 16.00, Sa. 13.00 – 16.00 Uhr
Eintritt: 6 €
www.museummacionicum.be

Laurent-Benoît Dewez baute mehrere ältere Gebäude Ende des 18. Jh.s zu dem neoklassizistischen Patrizierpalais um, in dem seit 2010 das Sekretariat der Freimaurerloge Grand Orient de Belgique untergebracht ist.

Das Museum illustriert den **Beginn des Freimaurertums** in England, u. a. mit einer Originalausgabe der »Constitutions« von James Anderson (1723), und erläutert die Riten und Grade und die ver-

schiedenen Obedienzen. Historisch besonders bedeutsam sind die 17 Gemälde aus der ersten belgischen Loge »La Parfaite Union« in Mons, sie wurden 1721 gemalt. Ausführlich dokumentiert wird die Bedeutung des Grand Orient für Belgien und Brüssel, mit der Gründung der Université Libre de Bruxelles (1834), der Liberalen Partei (1846) und später der belgischen Arbeiterpartei (1885), dem Entstehen des Art nouveau (Hankar und Horta waren Logenbrüder) oder der Teilnahme am Widerstand im Zweiten Weltkrieg. Das Festefeiern kommt allerdings auch nicht zu kurz.
Donnerstags können Gruppen nach Anmeldung den **Tempelkomplex** besichtigen, darunter den Grand Temple im neoägyptischen Stil (1910) und den an die Bilder von Degouve de Nuncques und Magritte anspielenden Temple bleu. Das Museum organisiert Führungen zu Stätten in Brüssel, die sich auf das Freimaurertum beziehen.

* Musée David et Alice van Buuren

E 11

Lage: Uccle, 41, Avenue Léo Errera
Tram: Churchill (3, 7)
ⓘ tgl. außer Di. 14.00 – 17.30 Uhr
Eintritt: 10 €
www.museumvanbuuren.com

Für eines der feinsten Kunstmuseen Brüssels muss man in den südlichen Stadtbezirk Uccle fahren: die Privatsammlung des kunstsinnigen Ehepaars David und Alice van Buuren.

Schwerpunkt: belgische Kunst

Umgeben von erlesenen Möbeln, Teppichen und Porzellanen – vielfach Art déco – sind hier **Werke hauptsächlich belgischer Maler** vereint, insbesondere von Gustave van de Woestijne (1881 – 1947), mit dem die van Buurens eng befreundet waren. Zu sehen sind aber auch ein Gemälde von Max Ernst sowie eine **zweite Fassung vom »Sturz des Ikarus« nach Brueghels Konzeption** (▶ S. 41).
Die **Gärten des Hauses** sind ein Genuss. Sie zählen zu den historisch wichtigsten von Brüssel. Jules Buyssens legte 1924 – 1935 den Garten neben und hinter der Villa in seinem typischen »Neuen Pittoresken Stil« an. Das Lindenspalier und die geometrischen Rosenrabatte greifen Art-déco-Motive des Interieurs auf. Die Bögen voller Kletterrosen auf der einen Seite, die Koniferen und Stauden, die zur leicht abschüssigen Rasenfläche überquellen, lösen die Strenge auf. Durch den Rasen schlängelt sich eine völlig natürlich wirkende Miniatur-Schlucht aus Stein mit üppiger Vegetation um kleine Wasserfälle, die in einen Teich münden. Von der anderen Hausseite führt eine pittoresk überwucherte Pergola zu einer Gartenlaube.

Schönstes Interieur im Musée David et Alice van Buuren

Unterhalb liegt der zweite Rosengarten mit vierzehn strengen, rechteckigen Beeten. 1968/69 entwarf René Pechère (► S. 59) auf zwei weiteren Parzellen das Labyrinth und den **Jardin du cœur**. Die komplizierten Labyrinthgänge haben keinen Fixpunkt in der Mitte, sondern sieben Plastiken von André Willequet, die sich auf das »Hohelied Salomons« beziehen. Der Herzgarten verknüpft großartig Strenge und Verspieltheit. Ein feierlicher Kreis aus Eibensäulen und die hohe Eibenhecke dahinter machen ihn zu einem echten »hortus conclusus«. Nur die Analyse der Entwurfszeichnungen enthüllt das Geheimnis: Die Anlage basiert auf dem **Davidstern**, eine Hommage an den Menschen, den Juden und den Philanthropen David van Buuren.

Musée de l'Architecture »La Loge«

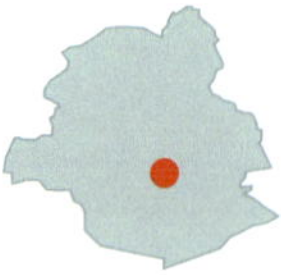

F 9

Lage: 86, Rue de l'Ermitage
Tram: Bailli (81, 94)
Di. – So. 12.00 – 18.00 Uhr
Eintritt: 4 €
www.aam.be

1912 entstand der belgische Ableger von Le Droit Humain, der internationalen Freimaurer-Obedienz, die auch Frauen zuließ.

Freimaurertempel

1934 beauftragte sie die progressiven Architekten Fernand Bodson und Louis van Hooveld mit dem Bau ihres Tempels. Nach dem Umzug in größere Räume wurden 2002 die Ausstellungsräume der Archives d'architecture moderne eröffnet. Hier besteht **die einzigartige Möglichkeit, einen Tempel ohne Führung zu besichtigen**. Die schlichte Backsteinfassade lässt nicht erkennen, was sich dahinter verbirgt, denn der Tempel wurde in einer Zeit heftiger Angriffe durch Rechtsextremisten gebaut. Im Inneren führt ein verschlungener, enger, dunkler Gang über ein Vestibül zum weiten, hellen Tempel hinter einer Edelholztür. Mit seiner indirekten Beleuchtung, den stilisierten Symbolen Pentagramm, Mond und Sonne und dem schreinartige Podium des Ehrwürdigen Meisters, der geometrischen Claustra (hinter der Musiker die Zeremonien begleiteten) sowie den sparsamen Vergoldungen gehört der Tempel zu den besten Beispielen des Übergangs vom Art déco zum Internationalen Stil. Für die wechselnden thematischen Ausstellungen zur Architekturgeschichte steht ein enormes Archiv zur Verfügung.

★ Musée des Instruments de Musique

E 7

Lage: 2, Rue Montagne de la Cour
Métro/Tram: Gare Centrale (1, 5 bzw. 92, 94)
Di. – Fr. 9.30 – 17.00, Sa. u. So. 10.00 – 17.00 Uhr
Eintritt: 5 €
www.mim.be

Zumindest was die Unterbringung angeht, ist das Musikinstrumentenmuseum Brüssels schönstes Museum, residiert es doch im ehemaligen Kaufhaus Grands Magasins Old England.

Einzigartige Sammlung

Dieses herrliche Jugendstilgebäude wurde 1898/99 von Paul Saintenoy erbaut, war lange dem Verfall preisgegeben, wurde dann aber für das Museum restauriert und u. a. mit einem Dachcafé ausgestattet, von dem sich ein **hervorragender Blick über die Stadt** eröffnet. Das Museum, hervorgegangen aus der Sammlung des ersten Konservatoriumsdirektors Jean-François Fetis, ist mittlerweile **zur in der Welt bedeutendsten und reichhaltigsten Sammlung dieser Art** herangewachsen. Etwa 1500 der insgesamt über 7000 Musikinstrumente aus fast allen Ländern und Epochen werden präsentiert: mechanische Instrumente, Glocken und moderne Instrumente im Untergeschoss, Volksmusikinstrumente aus aller Welt im Erdgeschoss, Instrumente von der Antike bis heute im ersten Stock, schließlich Klaviere und Saiteninstrumente im zweiten Stock. Besondere Schätze sind eine altägyptische Harfe, eine Viola da Gamba des berühmten Instrumentenbauers Gaspard L'Effoprugcar (16. Jh.), ein reich verziertes Spinett des Antonius Patavinus (1550), Clavecins (Spinette) der Antwerpener Klavierbauerfamilie Rückers und Söhne (16./17. Jh.) sowie ein Componium von Nikolaus Winkel (1821), das, einmal in Bewegung gesetzt, endlose Varianten über ein gegebenes Thema hervorbringt. Nicht nur kurios, sondern auch technisch und musikalisch durchdacht sind extravagant aussehende Blasinstrumente von **Adolphe Sax**. Regelmäßig werden im Auditorium mit noch bespielbaren Instrumenten Konzerte gegeben. Per Infrarot-Kopfhörer kann man viele Instrumente auch direkt hören.

★ Musée du Costume et de la Dentelle

E 7

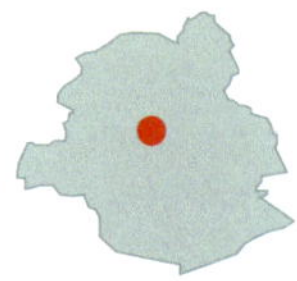

Lage: 6, Rue de la Violette
Métro: Gare Centrale (1, 5)
ⓘ Mo., Di., Do., Fr. 10.00 – 12.30 u. 13.30 – 17.00, Sa., So., Fei. 14.00 – 17.00 Uhr, **Eintritt:** 3 €
www.brusselsmuseums.be

In aller Welt berühmt ist Spitze aus Brüssel. In diesem Museum nahe der Grand'Place erfährt man alles über sie.

Klöppelkunst

Die Ausstellungen im Kostüm- und Spitzenmuseum (Museum voor de Klederdracht en de Kant) zeigen, ein bis zwei Mal pro Jahr wechselnd, die Entwicklung der Textilindustrie und der Mode in Brüssel mit dem Schwerpunkt auf dem 17. bis 19. Jahrhundert. Herausragend aber sind die **wundervollen Spitzen** von Brüsseler Klöpplerinnen. Deckchen, Kragen, Tischtücher, Schleier, Wäschestücke und Bettbezüge werden bis heute mit filigranen Spitzen versehen; im Museum kann man außerordentlich schöne und sehr alte Stücke bewundern – nicht nur aus Brüssel, sondern auch aus Mechelen, Lille oder Valenciennes (▶ Baedeker Wissen S. 224).

Musée René Magritte · Musée Magritte

Gleich an zwei Orten huldigt Brüssel dem großen Surrealisten: im privaten, fast spießigen Rahmen seiner Wohnung in der nordwestlich gelegenen Vorstadt Jette, groß und aufwendig im neuen Museum im Zentrum der Kernstadt, nämlich an der Place Royale.

Musée René Magritte

René Magritte lebte mit seiner Gattin Georgette von 1930 bis 1954 in der **Rue Esseghem 135 in Jette**. Hier entstand über die Hälfte seiner Werke. Die Wohnung des Paars im Erdgeschoss ist wie zu dessen Lebzeiten eingerichtet (inklusive Melone an der Garderobe und Spitz, der allerdings ausgestopft). Der besondere Reiz des Besuchs liegt vor allem darin, Details von Haus und Wohnung zu sehen, die im Werk vorkommen, etwa der Kamin und die Holzvertäfelung des Wohnzimmers in »Die erstochene Zeit«, das Wohnzimmerfenster mit Vorhang in »Der Schlüssel zur Freiheit« und in »So lebt der Mensch«, die Tür in »Die unerwartete Antwort« oder die Holztreppe in »Irene oder Lesen verboten«. In den beiden oberen Geschossen sind Dokumente und – kleinere – Originalwerke von René Magritte ausgestellt.

ⓘ Métro: Belgica (6), Mi. – So. 10.00 – 18.00 Uhr, Eintritt: 7 €, www.magrittemuseum.be

****Musée Magritte**

Das neue Musée Magritte im Palais Altenloh an der Place Royale, Ableger der ▸ Musées Royaux des Beaux-Arts gleich nebenan, kann dagegen aus dem Vollen schöpfen, denn es besitzt nichts weniger als **die weltgrößte Magritte-Sammlung**. Magritte vertritt die veristische Variante des Surrealismus, die in präziser realistischer Maltechnik verschiedene Wirklichkeitsebenen kombiniert und dadurch zur Reflexion über Sein und Schein herausfordert.

Das Museum bietet eine **chronologische Übersicht**, die Kunstwerke und Dokumente mischt. Auf der Ebene +3 lernt der Besucher die Anfänge des Künstlers kennen. In dieser Periode (1898 – 1929) malte er zuerst abstrakt-geometrisch, dann geriet er in den Bann von Giorgio De Chirico, schließlich fand er seinen eigenen Stil. Höhepunkte sind »Entdeckung« (1927), »Der heimliche Spieler« (1927) und das »Porträt von Paul Noug« (1927). Die Periode endet mit den hintergründigen Wortmalereien. Zu sehen ist hier aber auch die Werbegrafik, mit der Magritte damals seinen Lebensunterhalt verdiente, das **Entstehen der Brüsseler Surrealistengruppe** und ihr teilweise gespanntes Verhältnis zur Pariser Szene sowie die Bedeutung der Fotografie für Magrittes Malerei. Die Ebene +2 (1930 – 1950) zeigt neben der Weiterentwicklung des eigenen Stils – mit den Höhepunkten »Die unerwartete Antwort« (1933) und »Schwarze Magie« (1945), wofür Georgette Magritte posierte – auch die Reaktion auf den Zweiten Weltkrieg und die neuerliche deutsche Besetzung Belgiens. Den Adlern in Berglandschaften steht die durch einen Sternenhimmel über ein Nest mit Eiern segelnde Friedenstaube in »Die Rückkehr« (1940) gegenüber.

Aus dem Rahmen fallen die grellfarbigen, impressionistisch und pointillistisch aufgelösten »Sonnenbilder« und die ebenso grellen, wild expressiven und zotigen Gouachen und Ölbilder der »période vache«. Mit ihnen wollte Magritte die Pariser Kunstszene provozie-

Klöppelkünste

Zum Inbegriff feinster Spitzenklöppelei ist die Brüsseler oder Brabanter Spitze geworden. Sie war die begehrteste Spitze dank der Feinheit ihres Garns und der Schönheit der Motive, die sich an französisch-höfischen Vorbildern orientierten.

Das 18. Jahrhundert war das **goldene Zeitalter** der Spitzenherstellung in Brüssel: Zahlreiche Fabrikanten beschäftigten zu dieser Zeit insgesamt ca. 10 000 Arbeiterinnen, um Hauben, Mieder, Krausen, Busenschleifen, Manschetten, ja sogar ganze Toiletten anfertigen zu lassen. Die fantasievollen Rokokomotive und orientalische Einflüsse verlangten von den Herstellerinnen eine unglaubliche Virtuosität. Rosen, Nelken, Narzissen, Hirsche und Eichhörnchen, Wasser speiende Delfine, Springbrunnen, Muscheln und viele andere Motive wurden feinsinnig zu Dekors verarbeitet. Selbst religiöse Szenen auf Einsegnungsschleiern und Überwürfen der Heiligenstatuen fielen kaum schlichter aus.

Point d'Angleterre

Brüssel und seine Nachbarstadt Mechelen teilten sich den Ruf als Metropolen der Spitzenklöppelei. Die **größte Konkurrenz** aber saß in England. Schon vom 17. Jahrhundert an wurden daher strenge Vorkehrungen gegen die Auswanderung der Arbeiterinnen getroffen, ebenso gegen alle Versuche, die Brüsseler Spitze ins Ausland auszuführen. England lockte die Überläuferinnen mit kostenloser Unterkunft, allerdings fehlte es dort an fachkundigen Betriebsleitern. Immerhin aber wird darüber gestritten, woher der gefragte und folglich teure englische Spitzenstich »Point d'Angleterre« tatsächlich stammt. Die einen behaupten, er sei in England entwickelt worden, die anderen halten dagegen, es handle sich um nach England geschmuggelte Ware, die sich »englische Spitze« nannte.

Die Revolution

Die Französische Revolution markierte das vorläufige Ende der Spitzenindustrie. Obwohl bereits Napoléon I. wieder für sich und den Hof große Bestellungen tätigte, hörte im 19. Jahrhundert die Weiterentwicklung auf. Die Hersteller gaben sich mit Nachahmungen alter Muster zufrieden, die Mode änderte sich von Jahr zu Jahr. Den Abstieg beschleunigte außerdem die **Erfindung des weit billigeren, da mechanisch hergestellten Tülls**, auf den getrennt Blumen und Motive einfach aufgenäht wurden. Im 19. Jahrhundert kam die benähte Brüsseler Spitze auf, wegen ihrer Feinheit auch **Point de Gaze** (Gaze-Stich) genannt. Eine andere Entwicklung war die **Duchesse-Spitze**, eine mit Medaillons vermischte Klöppelspitze. Neben diesen heute aufgegebenen Techniken erschien schließlich die **Rosaline**, die jetzt noch erhältlich ist und an die Zierformen vom Anfang des 18. Jahrhunderts erinnert.

Brüssel ist ein Paradies für Freunde und Freundinnen der filigranen Kostbarkeiten.

Spitze heute

Echte Spitze ist stets ein **äußerst kostspieliges Werkstück** gewesen. Die Ursache für ihren Niedergang ist aber weniger in ihrem Preis zu suchen als in der großen sozialen Veränderung, die die Zurschaustellung von Luxus und Reichtum gesellschaftlich ächtete und die Ansprüche an Kleidung veränderte: Trotzdem ist die belgische Spitze immer noch ein gefragter Artikel. Gefertigt wird sie noch in Brügge, Turnhout und in Nordbelgien.

Besondere Stücke

Im Brüsseler Mode- und Textilmuseum, im Königlichen Museum für Kunst und Geschichte und in einigen Kirchen kann man die außergewöhnliche Fertigkeit der früheren Klöpplerinnen bewundern. Die **Kopfbedeckung Unserer lieben Frau von Loreto** in der Église des Minimes oder die **Spitzen Unserer Lieben Frau** in Notre-Dame de Laeken sind schöne Beispiele religiöser Spitzenkunst, ebenso der sehr feine **Beginenschleier** im Königlichen Museum für Kunst und Geschichte, auf dem eine im Park kniende Prinzessin dargestellt ist. **Die Kopfbedeckung der Marienfigur** in Notre-Dame du Sablon zeigt den Nachen, in dem der Legende nach Maria von Antwerpen nach Brüssel gefahren ist. Das schönste und eines der ältesten Stücke zeigt das Musée Royal d'Art et d'Histoire (▶ Parc du Cinquantenaire): das 1599 gefertigte **Deckbett für Albert I. und Isabella**. Es wurde dem großherzoglichen Paar zur Vermählung und zur Inthronisation als Herzöge von Brabant geschenkt.

ren. Sie kündigen allerdings die heftige Malerei der 1970er-Jahre an. Der Dokumentarteil beleuchtet das Engagement des Malers für die Kommunistische Partei Belgiens. Ebene +1 (1951 – 1967) lockt mit **einigen der populärsten Gemälde der letzten Schaffensperiode** wie dem »Reich des Lichtes«, wovon mehrere Versionen zu bewundern sind. Es ist übrigens eine Anspielung auf »Das Rosa Haus« (1892) des Symbolisten William Degouve de Nunques – so wie »Das Gedächtnis« sich auf Gemälde von Fernand Khnopff bezieht, etwa »Der Blaue Flügel« (1894). Magritte machte nie einen Hehl aus seiner Bewunderung für die beiden Vorgänger. Ausgestellt werden auch Bronzen und lustige Spielereien wie bemalte Weinflaschen. Regelmäßig bereichern langfristige Leihgaben die eigene Sammlung.

ℹ Métro: Gare Centrale (1, 5), Di. – So. 10.00 – 17.00, Mi. bis 20.00 Uhr, Eintritt: 8 €, Kombiticket mit den anderen Kunstmuseen 13 € (wegen des großen Zulaufs wird vorherige Reservierung empfohlen), www.musee-magritte-museum.be

★ Musée Royal de l'Afrique Centrale

außerhalb

Lage: Tervuren, Leuvensesteenweg 13
Tram: 44 ab Métro Montgomery (1)
www.africamuseum.be

Das Musée Royal de l'Afrique Centrale (Koninklijk Museum voor Midden-Afrika), für das man wenige Kilometer hinaus nach ins südöstlich gelegene Tervuren fahren muss, war bislang eine zwiespältige Angelegenheit. Wegen Umbaus und der Erarbeitung einer neuen Konzeption ist das Museum bis ca. Mitte 2015 geschlossen.

Bis ca. 2015 geschlossen

Einerseits bot es **eine der weltgrößten ethnografischen Sammlungen zum Thema Afrika**, andererseits wurde ihr Zustandekommen lange Zeit kaum thematisiert. Das aber wird sich ändern, denn nun hat man sich daran gemacht, eine gänzlich neue Grundkonzeption zu erarbeiten.

Das Museum ist gewissermaßen die Weiterführung der »Kongo-Abteilung« der Internationalen Brüsseler Ausstellung von 1898 im Palais des Colonies von Tervuren, der östlich vom Museum steht. König Léopold II. ließ von 1904 bis 1909 vom französischen Architekten Charles Girault nach dem Vorbild des Petit Palais in Paris das schlossähnliche Museumsgebäude erbauen; König Albert I. eröffnete es 1910.

Ein Land in Privatbesitz

Der Kongo wurde **von König Léopold II. jahrzehntelang gnadenlos ausgebeutet** und die Bevölkerung bis aufs Blut geschunden. Léopold II. beauftragte den Briten **Henry Morton Stanley** mit der Erforschung des Landes und ließ ihn in den 1880er-Jahren riesige Gebiete als Privatbesitz erwerben. Mit Kautschuk, Palmöl, Baumwolle und Bodenschätzen – durch Sklavenarbeit gewonnen – machte er ein Vermögen. Wer die Arbeit verweigerte, wurde von der Polizeitruppe »Force Publique« verstümmelt oder ermordet, Hunderttausende sollen verhungert sein. Trotz der Gewinne überstiegen die Ausgaben – für Infrastruktur, Verwaltung, Sicherheit – die Einnahmen bei Weitem und der Monarch lieh sich beim belgischen Staat mehrfach Geld. Da er die Kredite nicht zurückzahlen konnte, musste er die Kolonie 1908 an diesen abtreten. Der steckte viel Geld in Unterrichts- und Gesundheitswesen und Infrastruktur. 1960 wurde Belgisch-Kongo, wie 14 französische und 2 britische Kolonien in Afrika, unabhängig.

> **?** BAEDEKER WISSEN
>
> *Herz der Finsternis*
>
> ... nannte Joseph Conrad seinen Roman, in dem er die Erlebnisse auf seiner Reise in das Innere des Kongo im Jahr 1891 verarbeitet hat – ein grausam-realistisches Bild der Zustände in Belgisch-Kongo und kein Ruhmesblatt für die einstigen Machthaber.

Seit der Wiederentdeckung und Auswertung der Archive von Baron Adrien Goffinet und seiner Söhne Auguste und Constant, von der Thronbesteigung 1865 bis zu dessen Tod 1909 die engsten Mitarbeiter Léopolds II. (u. a. kümmerten sie sich um sämtliche Vermögensangelegenheiten), wird das Handeln des Monarchen wesentlich differenzierter beurteilt. Rund 80 hochkarätige Wissenschaftler des Museums arbeiten intensiv an internationalen Forschungs- und Entwicklungshilfeprojekten mit und betreuen etwa 200 Doktoranden und Praktikanten aus dem In- und Ausland. Im Archiv wird u. a. der gesamte **Nachlass von Henry Morton Stanley** aufbewahrt.

Park von Tervuren

Von der Rotunde geht es hinaus in den Park. Hier steht die 1617 erbaute barocke Hubertuskapelle, letzter Rest des 1782 abgerissenen erzherzoglichen Schlosses, das aus einer um 1200 gebauten Burg hervorgegangen war und als »belgisches Versailles« bezeichnet wurde. Am Ort der Kapelle soll 727 der **hl. Hubertus** gestorben sein.

Musées Royaux d'Art et d'Histoire

▶ Parc du Cinquantenaire

★★ Musées Royaux des Beaux-Arts de Belgique

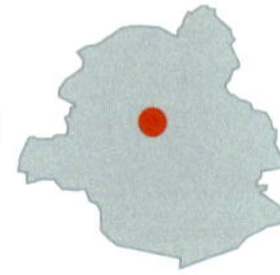

E 7/8

Eingang: 3, Rue de la Régence
Métro/Tram: Parc, Gare Centrale (1, 5) Tram: Royale (92, 94)
tgl. 10.00 – 17.00 Uhr
Eintritt: 8 €, freier Eintritt am 1. Mittwochnachmittag des Monats, Kombiticket mit Magritte 13 €
www.fine-arts-museum.be

Die Königlich-Belgischen Kunstmuseen gehören zu den reichsten Gemäldesammlungen Europas. Sie glänzen mit Meisterwerken der altniederländischen Malerei und der Barockgenies Rubens und van Dyck sowie repräsentativen Arbeiten der holländischen, französischen und italienischen Schulen. Höhepunkte des belgischen und europäischen Symbolismus präsentiert die separate Abteilung Musée du Fin-de-siècle, ein unterirdischer Gang führt ins Musée Magritte.

Geschichte

Keimzelle war eine seit 1798 im ehemaligen Palais de Charles de Lorraine ausgestellte Sammlung, die schon Napoleon mit Werken anreicherte und aus der 1846 das Königliche Kunstmuseum hervorging. Von 1874 bis 1876 erbaute man nach Plänen von Alphonse Balat das Museumshauptgebäude an der Rue de la Régence. Der ständig wachsende Bestand verlangte die Erweiterung, daher übernahm man 1974 Räume der Bibliothèque Royale. Für die Sammlung Moderner Kunst ließ man sich eine spektakuläre Lösung einfallen: Architekt Roger Bastin versenkte diesen 1984 eröffneten Museumsteil acht Stockwerke tief in die Erde; ihr Licht erhalten die Räume durch einen kegelförmigen Schacht, der auf die Place du Musée mündet. In den unteren Etagen ist heute das Musée du Fin-du-Siècle untergebracht. Links vom Forum erstreckt sich das **Museumscafé** mit Terrasse über dem Skulpturengarten. Im Hôtel Gresham sind **Museumsrestaurant** (auch abends geöffnet) **und Museumsshop** untergekommen. Das Gresham war Sitz der Versicherungsgesellschaft Lloyd; es gefällt durch seine Jugendstildekoration in Eingang und Treppenhaus.

Orientierung wegen Umbaus

Die Sammlungen werden derzeit neu organisiert, daher empfiehlt es sich grundsätzlich, sich vor Ort zunächst einen Überblick zu verschaffen. Dreh- und Angelpunkt ist das große Forum, in dem nur einige wenige Gemälde und Skulpturen, darunter von Auguste Rodin und Jef Lambeaux, verteilt sind. Die Highlights der altniederländischen Malerei einschließlich der Brueghels hängen im 1. Stock des Balat-Gebäudes rechts über dem Forum (Säle 50 – 68), die flämische Malerei des 18. und 18. Jh.s findet sich im Balat-Gebäude an der

Stirnseite und links vom Forum. Im Durchgang (1. Stock) zum Gresham-Gebäude hängt die holländische Malerei des 17. und 18. Jh.s und im Gresham-Gebäude selber die belgische und französische Kunst des 19. Jh.s vom Neoklassizismus bis zum Naturalismus.
Seit dem Frühjahr 2013 befindet sich das **Musée du Fin-de-siècle** im unterirdischen Gebäudeteil auf den Ebenen –5 bis –8: Dort sind die Meister von Impressionismus, Pointillismus und Symbolismus ausgestellt, zusammen mit der Art-nouveau-Sammlung Gillon-Crowet. Von der **Kunst des 20. Jh.s** wird bis auf Weiteres **nur eine kleine, wechselnde Auswahl** im Atrium des Gresham-Gebäudes gezeigt. Im Gespräch ist nämlich ein völlig neuer Museumsbau dafür, dessen Realisisierung allerdings noch in weiter Ferne liegt.
Übrigens gehören auch das Musée Constantin Meunier (▶ Ixelles) und das Musée Wiertz (▶ Muséum des Sciences Naturelles de Belgique) organisatorisch zu den Königlich-Belgischen Kunstmuseen.

15. und 16. Jh.

Die altniederländische Malerei zählt zu den Höhepunkten des Museums. Als Auftakt bietet die **»Verkündigung« des Meisters von Flémalle**, eigentlich Robert Campin, 1444 in Tournai gestorben, einen detailrealistischen Blick in die bürgerliche Wohnwelt des Spätmittelalters. Zwar sind Gefäß, Lilien, Buch und Leuchter symbolische Verweise auf Maria, sie sind aber zugleich eine präzise Wiedergabe der Dinge im Diesseits. **Rogier van der Weyden** (1399 – 1464) beschränkt seine **»Beweinung Christi«** auf wenige Gestalten in kräftigen Farben und steigert die Unmittelbarkeit der Dramatik durch Verzicht auf räumliche Tiefenwirkung, während **Petrus Christus** (um 1420 – 1473) dasselbe Geschehen in einen weiten Landschaftsraum einbindet. Auch die **»Sebastiansmarter« von Hans Memling** (um 1435 – 1494) spielt sich vor dem Panorama einer flämischen Stadt mit Felskulisse und Baumgruppen ab.
Das Interesse der Zeitgenossen an modischen Porträts befriedigen Rogier van der Weyden mit Gesichtern der Adligen am Burgunderhof und Hans Memling mit bürgerlichen Konterfeis wie das der »Barbara Moreel«, energische Mutter von 16 Kindern. **Hugo van der Goes** (1440/5 – 1482) verleiht Anna, Maria und Jesus in seiner **»Anna Selbdritt«** sowohl menschlich-porträthafte als auch mystische Züge. Die hochformatigen **»Gerechtigkeitsbilder«** mit legendären Urteilen zum Vorbild und zur Mahnung der Gesetzeshüter – z. B. soll Kaiser Otto III. den durch Falschaussage der Kaisergemahlin unschuldig hingerichteten Edelmann durch den Feuertod seiner Gemahlin gesühnt haben – malte **Dirk (Diric) Bouts** (um 1415 – 1475) für den Schöffensaal des Leuvener Rathauses. **Gerard David** (um 1460 bis 1523) verleiht den heilsgeschichtlichen Personen starke Natürlichkeit in räumlich klaren Kompositionen. Der Flügelaltar der hl. Anna (1509) für die Antwerpener Annenbruderschaft von **Quentin Massys** (1466 – 530) verkörpert bereits die Renaissance. Während

der Architekturhintergrund der Mitteltafel die Ruhe und Ausgewogenheit der Figurenanordnung unterstützt, unterstreichen die ansteigenden Kompositionslinien der linken und die fallenden der rechten Seitentafel formal den Inhalt: die Verkündigung an Joachim und den Tod der hl. Anna.

Als Urahn der altniederländischen Landschaftsmalerei gilt **Joachim Patinir** (um 1485 – 1524), der zwar noch keine reinen Naturräume malt, aber seinen idealen, meist aus der Luftperspektive wiedergegebenen Landschaften gegenüber den kleinen, oft biblischen Figuren ein ungleich höheres Gewicht verleiht. **Bernard van Orley** (um 1488 – 1541), Hofmaler in Brüssel für die Statthalterinnen Margarethe von Österreich und Maria von Ungarn, bevorzugt dagegen einen renaissancehaften Monumentalstil. Die vielfigurigen Gemälde von **Pieter Brueghel d. Ä.** (um 1525 – 1569) schildern Komik und Tragik des menschlichen Lebens am Beispiel der einfachen Leute. Seine **»Volkszählung zu Bethlehem«** (1566) etwa zeigt ein großartiges Panorama flämischen Dorflebens zur Winterszeit. Auch die religiöse Symbolik lässt sich ohne Probleme in die dörfliche Szenerie einfügen: Mitten im Winter wird vor einer Burgruine ein neues Haus gebaut, Sinnbild des durch die Geburt Christi neu zu errichtenden Hauses Gottes auf Erden. Ein Blick auf die Bilder der Malerfamilie **Cranach**, u. a. das »Porträt des Dr. Scheyring« sowie »Venus und Amor«, macht die zeitgleiche Kunstentwicklung in Deutschland deutlich.

17. und 18. Jh. Die Barockmalerei ist unterteilt in eine holländische Abteilung mit Porträts, Stillleben, Genreszenen und Landschaften u. a. von Hals, Rembrandt und Ruysdael, eine französische Abteilung mit Werken beispielsweise von George de la Tour und Claude Lorrain, eine spanische und italienische Abteilung mit Bildern von Ribera, Tintoretto und Tiepolo sowie eine flämische Abteilung.

Nach einem längerem Italienaufenthalt entfaltet **Peter Paul Rubens** (1577 – 1640) seine Malerei ab 1608 in kraftvollen Akt- und Halbfigurenwiedergaben, aufgewühlten Jagd- und Kampfszenen, historisch-erzählerischen Ereignisbildern und großen Altarwerken mit einer rauschend bewegten Darstellungsfülle. Die expressiven »Farbigenkopfstudien«, die kleine Ölskizze mit dem dramatischen »Sturz des Phaeton«, der die Kontrolle über den Sonnenwagen verliert, das einfühlsame Porträt seiner zweiten Gattin »Hélène Fourment«, die theatralische Inszenierung der »Anbetung der Weisen« und die fulminante **»Himmelfahrt Mariä«** belegen Rubens malerische Grandiosität. **Anthonis van Dyck** (1599 – 1641) erlangt Ruhm durch seine Porträts, die scharf beobachtete Individualität und edel-vornehme Haltung mit ausgewogener Farbigkeit vereinen: Das lebensgroße »Porträt von Porzia Imperiale und ihrer Tochter Maria Francesca« und sein Pendant »Porträt von Gian Vincenzo Imperiale, Senator der Republik Genua«, beide wohl 1626 gemalt, bestechen durch die ziemlich blasierte Pose, auch des Mädchens, und das virtuose Lichtspiel auf den kostbaren Gewändern. Das »Porträt des Bildhauers François du Quesnoy (?)« (ca. 1628) zeigt einen selbstbewussten Erfolgsmenschen, während das »Porträt von Pater Jean-Charles della Faille S. J.« (1629) Gelehrtheit, Skepsis und insgeheim Macht ausstrahlt. Sein Zeitgenosse **Jacob Jordaens** (1593 – 1678) ist ein Meister des Sittenbilds, aus dem derbe Lebensfreude bei Ess- und Trinkgelagen herausstrahlt. Der Nymphe Pomona, die alle Götter von Feld und Wald wegen ihrer Schönheit und ihres Geschicks beim Anlegen von Gärten und bei der Züchtung des Obsts rühmen, hat Jordaens in der **»Allegorie der Fruchtbarkeit«** ein sinnbetörendes Denkmal gesetzt. Auf dem Bild »Satyr und Bauer« lässt Jordaens einen alten Waldgesellen dem Bauern erklären, wie widersprüchlich es ist, dass er in seine Suppe pustet, um sie zu kühlen, wenn er ein anderes Mal in die Hände bläst, um sie zu wärmen. Weitere humorvolle Schilderer des flämischen Volkslebens sind David Teniers d. J. (1610 – 1690) und Adriaen Brouwer mit drastischen Alltagsszenen und mancherlei Festen. Hervorragend ist auch die holländische Schule des 17. und 18. Jahrhunderts vertreten: Porträts, Landschaftsbilder, Seestücke

Das prächtige Foyer ist für sich allein schon eine Augenweide.

? BAEDEKER WISSEN

Nicht versäumen

- Meister von Flémalle: »Verkündigung« (Saal 50, rechts)
- Pieter Brueghel d. Ä.: »Volkszählung zu Bethlehem« (Saal 68)
- Peter Paul Rubens: »Himmelfahrt Mariä« (Saal 53)
- Anthonis van Dyck, »Porträt von Porzia Imperiale und ihrer Tochter Maria Francesca« und »Porträt von Gian Vincenzo Imperiale« (Saal 63)
- Rembrandt: »Porträt von Nicolaas van Bambeeck« (Saal 63
- Jacob Jordaens: »Allegorie der Fruchtbarkeit« (Saal 66)
- Jacques Louis David: »Der ermordete Marat« (Saal 55)

und Stillleben. Blickfänger sind hier das großformatige »Porträt von Nicolaas van Bambeeck« von **Rembrandt** (1606 – 1669) – das Konterfei der Ehefrau Agatha Bas ist im Besitz von Königin Elisabeth II. – und das wesentlich lebendigere Gemälde von **Frans Hals** (1580? – 1660) »Porträt von Johannes Hoornbeeck, Professor an der Universität Leiden« (1645). Von Salomon Jacobsz. van Ruysdael (1603 – 1670) zeigt man zwei großformatige Landschaften, »Die Fähre« und »Landschaft mit einem Fluss«. Jan van Goyen (1596 bis 1656) ist mit einer herrlichen »Ansicht von Dordrecht« und der kleineren Darstellung »Mündung eines Flusses« vertreten. Zwei wunderbare Stillleben von Jan Davidsz. de Heem (1606 – 1684) – »Stillleben mit Früchten und Fisch« und »Stillleben mit Früchten, Blumen, Gläsern und Hummer« –, das »Untergehölz mit Blumen, Tieren und Insekten« von Abraham Mignon (1640 bis 1679) und ein »Blumenstrauß und Pflaumen« von Rachel Ruysch (1664 – 1750) gehören zum Besten dieses Genres.

Weniger umfangreich, aber qualitativ durchaus hochstehend ist die **Sammlung französischer Gemälde** des 17. und 18. Jahrhunderts. Höhepunkt ist das Werk »Aeneas auf der Hirschjagd an der libyschen Küste« von Claude Gellée dit Le Lorrain (1600 – 1682). Monsieur und Madame Emile Tournai schenkten dem Museum eine zauberhafte Rokokolandschaft mit dem Titel »Allee in einem Park« von Roland Hubert (1733 – 1808).

Die **italienische Malerei** beschränkt sich ebenfalls auf das 17. und 18. Jh., insbesondere mit Gemälden von u. a. Crespi, Il Guercino, Maratta Guardi und Tiepolo. Meisterwerke sind nicht darunter, aber die ausgestellten Werke gestatten Vergleiche. Einige Arbeiten hängen in zwei prächtigen Empiresalons des ehemaligen Hôtel Gresham, zu denen vom Erdgeschoss die majestätische Leopold-Treppe führt. Als Kontrastprogramm kann man durch eine Glasscheibe das Jugendstiltreppenhaus mit Aufzug des alten Gresham bewundern.

19. Jh. Um 1800 verhilft der aus Paris stammende Maler **Jacques Louis David** (1748 – 1825) in Brüssel der zunächst nüchternen revolutionären und dann klassizistischen Stiltendenz zum Durchbruch. **»Der ermordete Marat«** (1793) ist die neuartige reportagehafte Wiedergabe

des ermordeten Revolutionärs in der Badewanne, wo er Linderung für sein Hautleiden suchte, mit dem Einlassbrief der Mörderin Charlotte Corday in Händen. Die Maler Wappers, Gallait und Nicaise de Keyser greifen nach der Unabhängigkeit Belgiens 1830 nationale Themen in romantisch verklärender Manier auf. Als Historienmaler betätigt sich auch Henri Leys, während Antoine Wiertz Monumentalmalerei mit moralphilosophischer Tendenz betreibt. Den Gemälden des französischen Realisten Gustave Courbet sind die belgischen Vertreter dieses Stils, Hippolyte Boulenger und Willem Vogels sowie E. Laermans mit seiner »Armeleutemalerei« gegenübergestellt. Die von Frankreich ausstrahlenden Richtungen des Neoimpressionismus mit Werken von Seurat und Signac sowie der »Nabis« mit Bildern von Bonnard und Vuillard finden Resonanz in den Gemälden von De Braekeleer, Theo van Rysselberghe und Henri Evenepoel.
Besonders vielseitig entwickelt sich der Symbolismus in Brüssel, dem Delville, Degouve de Nuncques und **Fernand Khnopff** (1858 – 1921) angehören. Letzterer schuf mit dem mystisch-allegorischen Bild **»Die Kunst oder Die Zärtlichkeiten«** (1896), wo ein frauenköpfiger Gepard einen Jüngling umarmt, das Schlüsselwerk der Epoche. Der obsolet gewordenen äußeren Erscheinungswelt setzt **James Ensor** (1860 – 1949) eine gefühlsbetonte, seelisch erfahrbare Erlebniswelt in expressiver Farbformgebung entgegen. Eine unheimliche Atmosphäre mit einem Schuss Ironie vermitteln seine Bilder **»Seltsame Masken«** oder »Zwei Skelette streiten um einen sauren Hering«.

Den Auftakt für die Moderne, **deren Werke derzeit nur bruchstückhaft und abwechselnd im Lloyd-Atrium zu sehen sind**, bilden die Fauvisten unter dem Einfluss von Henri Matisse, zu denen auch Rik Wouters mit farbig sprühenden Kompositionen gehört. Constant Permeke, Gust de Smet und Frits van den Berghe liefern kritisch-einfühlsame Studien über existenzielle Befindlichkeiten. Den belgischen Surrealismus vertritt **Paul Delvaux** (1897 – 1994), der mit seinen Bildern stärker das Reich des Unbewussten und Triebhaften erforscht: Frauenakte vor merkwürdigen Landschaften, in schwülstigen Innendekors, auf Bahnhöfen oder in Gegenwart von menschlich reagierenden Skeletten. Wer **René Magritte** vermisst: Seine Werke werden im neuen ▸ Musée Magritte nebenan gezeigt. Nach dem Zweiten Weltkrieg erhält die abstrakte Kunst neuen Auftrieb durch Corneille und Pierre Alechinsky. Die Mitglieder der internationalen Gruppe **CoBrA** (1948 – 1950; CO = Kopenhagen, BR = Brüssel, A = Amsterdam) praktizieren eine spontane, informelle Malweise. Christian Dotremont (1922 – 1979), der auf Magrittes Wortmalerei aufbaut, leitet am ▸ Grand Sablon das Sekretariat der CoBrA-Gruppe. Ab Mitte der 1960er-Jahre ist auch der Nouveau Réalisme in Belgien vertreten durch die oft umfangreichen Installationen und Inszenierungen von Marcel Broodthaers. 20. Jh.

* Muséum des Sciences Naturelles de Belgique

G 8

Lage: 29, Rue Vautier
Bus: 34, 80 ab Métro Porte de Namur
ⓘ Di. – Fr. 9.30 – 17.00, Sa. u. So. 10.00 – 18.00 Uhr
Eintritt: 7 €
www.sciencesnaturelles.be

Kinder finden das besonders spannend, aber auch ohne Kinder sollte man an diesem Museum nicht vorbeigehen: Hier gibt es Dinos und fantastische Erlebniswelten zu entdecken …

Interaktiv Das Museum für Naturwissenschaften liegt am Südrand des Parc Léopold im Schatten des Europaparlaments. In acht Abteilungen und unter Einsatz vieler interaktiver Techniken präsentiert es auf anschauliche Weise Mineralien, Insekten, Muscheln, Meeressäuger, Landsäugetiere, Arktis und Antarktis, die Entwicklung des Menschen und Dinosaurier. Die Dinosaurier-Abteilung ist die beeindruckendste, insbesondere wegen der hier aufgestellten bis zu 8 m langen und 4,5 m hohen **Iguanodon-Skelette**, von denen dreißig im Jahr 1878 im Steinkohlenbergbau von Bernissart gefunden wurden; sie ist übrigens auch die größte Dinosaurier-Ausstellung Europas. Sehr informativ ist aber auch die fantastisch aufgemachte Abteilung über das Leben in der Arktis und Antarktis. In der Abteilung über die Entwicklung des Menschen wird der 20 000 Jahre alte »Knochen von Ishango« gezeigt, nach Meinung von Experten **das älteste Recheninstrument der Welt**. Ein weiterer Höhepunkt: In einem Tiefseetauchboot »taucht« man auf 1000 m Tiefe hinab und »erlebt« einen Kampf zwischen zwei Giganten, nämlich einem Pottwal und einer Riesenkrake. Die Abteilung BiodiverCity geht – u. a. mit interaktiven Computern und Spielen – auf die Flora und Fauna in der Großstadt ein.

Musée Antoine Wiertz Kunstfreunde sollten das in unmittelbarer Nachbarschaft des Naturkundemuseums liegende Musée Antoine Wiertz nicht auslassen. Hier lebte Antoine Wiertz (1806 – 1865), der durch seine gigantisch großen Gemälde bekannt geworden ist. Einige davon lassen sich in seinem 16 m hohen **Atelier** studieren.

ⓘ Di. – Fr. 10.00 – 12.00 und 13.00 – 17.00 Uhr, Eintritt: frei, www.fine-arts-museum.be

Ordentlich grimmig sehen selbst die Skelette der Iguanodonten aus, den Stars im Naturkundemuseum.

* Notre-Dame de la Chapelle

E 8

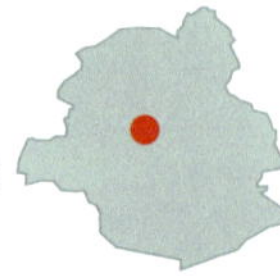

Lage: Place de la Chapelle
Tram: Petit Sablon (92, 94)
ⓘ Juni – Sept. Mo. – Sa. 9.00 – 17.00, Okt. – Mai Mo. – Sa. 12.30 – 16.30, So. 11.30 – 16.30 Uhr
Eintritt: frei

Notre-Dame de la Chapelle (Kapellekerk) markiert den Beginn von Rue Haute und Rue Blaes, den Hauptstraßen der ▶ Marollen. Schon zu ihrer Gründungszeit lebten hier viele geschäftige Händler und Handwerker. Heute ist sie das Gotteshaus der zahlenstarken polnischen Gemeinschaft.

Baugeschichte

Ihre Baugeschichte hat viel gemein mit derjenigen der Kathedrale ▶ St-Michel und sie zeigt innen und außen auch dieselben **Merkmale typischer Brabanter Gotik**. Der Bau wurde um 1190 anstelle einer 1134 von Herzog Gottfried I. von Brabant gegründeten romanischen Taufkapelle begonnen. Chor und Querschiff sind noch im romanisch-gotischen Übergangsstil, das Langhaus wurde 1421 – 1483 in rein gotischen Formen ausgeführt; der von einer barocken Haube gekrönte Turm wurde erst 1699 beendet. An der Südseite liegt zwischen Chor und Querschiff der Anbau der **Chapelle Ste-Croix**, mit seinem romanischen Rundtürmchen der älteste Teil der Kirche. Amüsant sind die Grimassen schneidenden Köpfe am Fries des Südportals und über den Stützmauern des Chors sowie die Wasserspeier.

Innenraum

Innen beeindruckt zunächst das 1434 geweihte Hauptschiff mit seinen kräftigen Säulen und dem zierlichen spätgotischen Triforium. Wie in St-Michel stammen die Apostelfiguren an den Säulen meist von Jérôme Duquesnoy und Luc Fayd'Herbe, die holzgeschnitzte Kanzel (Anfang 18. Jh.) von Pierre-Denis Plumier. Die Fenster und Wandmalereien im romanisch-gotischen Chor (12./13. Jh.) sind im 16. Jh. gefertigt worden. Links vom Chor ist Mitte des 17. Jh.s die **Chapelle du St-Sacrement** angebaut worden. Ihren Zugang teilt ein Pfeiler mit dem Grabdenkmal für den 1624 von seinem Pagen ermordeten Charles-Alexandre, Duc de Croy; an der Rückseite des Pfeilers erinnert eine 1834 angebrachte **Gedenktafel an Frans Anneessens**, der in der Kirche – an allerdings unbekanntem Ort – bestattet ist. Die Kapelle birgt u. a. das prächtige Marmorgrab der Familie Spinola (18. Jh.) von Pierre-Denis Plumier und Jean-André Anneessens. Von den Kapellen im rechten Seitenschiff ist die bemerkenswerteste die vierte, vom Eingang aus gezählt: Hier findet sich das ***Grab von Pieter Brueghel d. Ä.** und seiner Frau, die in dieser Kirche geheiratet haben. Das Marmorepitaph wurde übrigens von seinem Sohn Jan, dem »Sammetbrueghel« geschaffen; Brueghels Großenkel David Teniers III. renovierte es 1676 und steuerte auch den Marmorrahmen für die darüber hängende Kopie eines Gemäldes von Rubens (»Christus überreicht Petrus die Himmelsschlüssel«) bei, dessen Original heute in der Berliner Gemäldegalerie zu sehen ist. Gegenüber steht die aus dem 15. Jh. stammende Madonnenfigur **»Notre-Dame de la Chapelle«**. In der zweiten Kapelle des linken Seitenschiffs, zu erkennen an der spanischen Flagge, steht die viel verehrte, von der spanischen Infantin Isabella zu Beginn des 17. Jh.s nach Brüssel gebrachte Madonnenfigur **»Nuestra Señora de la Soledad«**, die »Madonna der Einsamkeit«.

Église des Brigittines

Vom Portal von Notre-Dame de la Chapelle führt rechts voraus die Petite Rue des Brigittines hinab zur ehemaligen Brigittinenkirche. Sie wurde zwischen 1663 und 1672 erbaut; ihr Turm fiel der Beschießung von 1695 zum Opfer. Verschont blieb die im italienisch-flämischen Barock gehaltene Fassade. Die Kirche diente nach Auflösung des Brigittinenordens 1794 als Militärapotheke, Asyl, Schule und sogar als Metzgerei. 2007 fügte der italienische Architekt Andrea Bruno rechts einen spiegelbildlichen Neubau aus Cortenstahl und Glas hinzu. Im Gässchen links neben der Kirche baute er das ehemalige Visitantinnenkloster zu sechs Künstlerstudios um. In der Kirche ist das **Zentrum für zeitgenössische Bewegungsformen** untergebracht, eine Plattform für junge Choreografen und Performer. Regelmäßig finden auch Gastvorstellungen statt, Ende August ein internationales Festival.

** Notre-Dame du Sablon

E 8

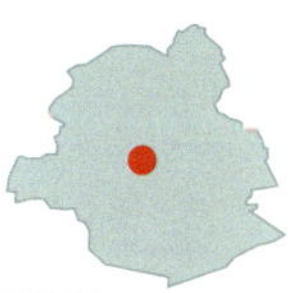

Lage: Rue de la Régence/Place du Grand Sablon
Tram: Petit Sablon (92, 94)
Eintritt: frei

Eine gänzlich unfromme Tat machte die Kirche am Großen Sand zum Wallfahrtsort: der Raub einer Marienfigur. Letztlich hat darin auch Brüssels größtes Fest seinen Ursprung.

Am Anfang stand der Diebstahl

1304 baute die Gilde der Armbrustschützen »auf dem Sand« (dem ▶ Grand Sablon) ein Bethaus. Als 1348 die Pest Brabant heimsuchte, raubte die fromme **Baert Soetkens**, nachdem ihr in einer Vision die Jungfrau Maria dies befohlen hatte, aus einer Antwerpener Kirche eine wundertätige Marienstatue und transportierte sie in einer Barke über Schelde und Senne zu eben jener Kapelle, wohin alsbald auch

Blick vom Petit Sablon hinüber zu Notre-Dame du Sablon

die Gläubigen strömten. Zu Beginn des 15. Jh.s beschloss die Gilde, hier eine repräsentative Kirche zu bauen. Deren Chor war ca. 1435, Haupt- und Seitenschiffe im 16. Jh. vollendet. Es hatte sich bald der Brauch eingebürgert, dass der Herzog und sein ältester Sohn die Marienstatue in großer Prozession um die Kirche trugen. Daraus entwickelte sich der noch alljährlich im Juli über die ▶ Grand'Place führende **Ommegang**. Heute gilt die Kirche als **einer der schönsten spätgotischen Sakralbauten Belgiens**.

Äußerer Skulpturenschmuck

Der gesamte Skulpturenschmuck an den Portalen (Auferstehung Christi und Christus als Weltenrichter) und in den Nischen (belgische Heilige) stammt aus dem **19. und 20. Jahrhundert**.

Innenraum

Auch wenn die Bilderstürmer 1580 einige der schönsten Werke zerstört haben, darunter die berühmte Marienstatue, ist der fünfschiffige Innenraum reich ausgestattet. Die besonders bei einfallendem Sonnenlicht durch ihr Farbenspiel und natürlich nachts wunderbar zur Geltung kommenden Glasfenster stammen allerdings ebenfalls aus dem 19. und 20. Jahrhundert. Besondere Beachtung verdient der Chor, der älteste Teil der Kirche. Hier sieht man Reste von Heiligendarstellungen aus dem Jahr 1435; um dieselbe Zeit sind auch die schön skulptierten Ecksteine entstanden. Rechts vom Chor befindet sich die 1690 erbaute Chapelle du St-Maclou, links die in Marmor gehaltene **Grabkapelle der Familie Thurn und Taxis**, 1651 von Luc Fayd'Herbe begonnen. Hier ist Lamoraal Franz von Thurn und Taxis in einem von van Beveren geschaffenen Grabmal (1678) beigesetzt, gegenüber seine Frau. Im hinteren Teil der Kapelle erkennt man eine Statue der hl. Ursula von Jérôme Duquesnoy d. J. Den Platz vor der Kapelle nimmt die im 17. Jh. als Ersatz für die 1580 zerstörte Skulptur gefertigte Marienfigur ein, reich gekleidet und in einer Barke stehend. Weiterhin bemerkenswert sind die Apostelfiguren (1641 bis 1646) von De Lelis an den Säulen des Hauptschiffs und die holzgeschnitzte Kanzel von Maarten De Vos (1697); unter den Gemälden ragt die **»Auferstehung Christi« (1592) von Michel de Coxie** links vom Eingang hervor. Im linken Seitenschiff stellt eine Figurengruppe den Transport der Madonna nach Brüssel dar.

Palais d'Egmont

E 8

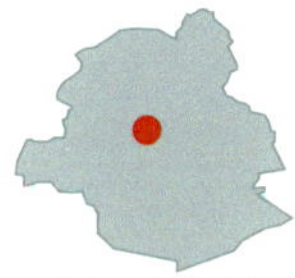

Lage: 8, Petit Sablon
Tram: Petit Sablon (92, 94)

Am oberen Ende des ▸ Petit Sablon zeigt sich das Palais Arenberg oder Palais d'Egmont (Egmontpaleis) als schönes Beispiel klassizistischer Architektur.

Geschichte

Die Prinzessin von Gavre, Witwe des Grafen Jean d'Egmont, hatte hier 1532 das erste Stück Land gekauft, um ein Stadtpalais zu errichten, das als »Kleines Egmont-Palais« bekannt wurde. Die Familie erweiterte es zum »Grand Hôtel d'Egmont«. Nach der Enthauptung von Lamoraal Egmont 1568 beschlagnahmte die spanische Krone vorübergehend den Besitz. Zu den illustren Gästen des Palais zählten **Königin Christine von Schweden** (die nach ihrer Abdankung im Jahr 1654 acht Monate hier lebte und zum Katholizismus übertrat), **Ludwig XV.** und **Voltaire**. Nachdem die Familie den Besitz aufgegeben hatte, erwarb die Stadt Brüssel 1918 das Palais, das seit 1964 dem belgischen Staat gehört und heute vom **Außenministerium** genutzt wird. Ein Blick ist für Normalbürger nur durch die Gitterstäbe des Portals an der Rue aux Laines möglich, von wo man in den Empfangshof mit dem ältesten Gebäudeteil im Hintergrund (Ende 16. Jh.) blicken kann, oder vom Parc d'Egmont.

BAEDEKER TIPP !

Parc d'Egmont

Eine kleine Oase der Ruhe ist der Parc d'Egmont. Seine Eingänge rechts vom Palais muss man etwas suchen: an der Rue aux Laines (Passage Marguerite Yourcenar), an der Rue du Grand Cerf und am Boulevard de Waterloo links an »The Hotel«. Im Park kann man in Bronze den »Prinzen von Ligne« von John Cluysenaar und eine Kopie der »Peter Pan«-Skulptur aus den Kensington Gardens in London bewundern und in der Orangerie einen Kaffee trinken.

★ Palais de Justice

E 8

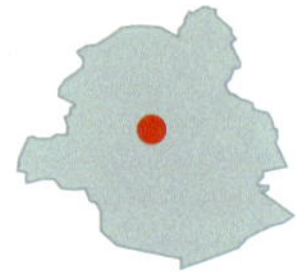

Lage: Place Poelaert
Métro: Louise (2, 6)
Tram: Poelaert (92, 94)
ⓘ Mo. – Fr. 8.00 – 17.00 Uhr, im Juli geschlossen
Eintritt: frei

Nicht das Atomium, nicht die Kathedrale St-Michel und auch nicht das Rathaus ist das Brüssel beherrschende Gebäude – es ist der Justizpalast, der seinen drohenden Schatten über die darunter sich duckenden Häuser der Marollen wirft.

Stein gewordene Drohung

Das war, will man dem Volksmund glauben, auch die Absicht von König Léopold II., als der Bau beschlossen wurde, wollte er doch den renitenten und meist nicht gerade gesetzestreuen Marolliens vor Augen führen, wo sie enden würden, sollten sie sich nicht bessern. Jedenfalls steht der Palast auf dem mittelalterlichen Galgenberg, von wo sich **Andreas Vesalius** (► S. 60), der Begründer der modernen Anatomie, nachts heimlich die Leichen der Gehenkten holte, um sie zu sezieren. Der Justizpalast wurde von 1866 bis 1883 nach Plänen des dafür heftig gescholtenen Joseph Poelaert (1817 – 1879) für die stolze Summe von über 50 Mio. Francs errichtet. Es war **das größte Bauvorhaben des 19. Jh.s in Brüssel**, ein mit bedeutungsschwangeren Allegorien überladenes Stilkonglomerat und mit einer Fläche von 26 000 m² **gewaltiger als die Peterskirche in Rom**. Tritt man durch das 10,5 m hohe Portal, findet man sich in der 42 m hohen »Salle des Pas-Perdus« wieder, dem »Saal der verlorenen Schritte«, über dem die Kuppel bis auf 104 m Höhe ansteigt. Hier sitzen Anwälte in Roben an dunklen Schreibtischen und geben Rechtsauskünfte.

? BAEDEKER WISSEN

Unterschiedliche Sichtweisen

Der amerikanische Regisseur Orson Welles wollte im Justizpalast Kafkas »Prozess« verfilmen. Wer sich in das Labyrinth der 27 Verhandlungssäle und 245 Räume wagt, versteht, weshalb. Große Bewunderer des Gebäudes waren übrigens Adolf Hitler und Albert Speer. Als Hitler Ende Juni 1940 Brüssel besuchte, erteilte er die Anweisung, bei zukünftigen Kriegshandlungen auf keinen Fall den Justizpalast zu zerstören.

Place Poelaert

Vor dem Palast öffnet sich die Place Poelaert. Von der Terrasse hinter dem Infanteriedenkmal von 1935 bietet sich ein sehr guter **Überblick über Brüssel**. Links davon geht es mit einem gläsernen Aufzug hinab in die ► Marollen.

Das Foyer im Justizpalast, ebenso repräsentativ wie einschüchternd

★ Palais Royal

E/F 8

Lage: Place des Palais
Métro: Trône (2, 6), Parc (1, 5)
Tram: Royale (92, 94)
Besichtigung: Ende Juli – Anfang/Mitte Sept. Di. – Fr. 10.30 – 16.30 Uhr
Wachablösung: 14.30 Uhr
Eintritt: frei

Im Palais Royal (Koninklijk Paleis) befinden sich die Arbeitsräume des Königs und seiner Mitarbeiter, hier werden große Empfänge und Festlichkeiten gegeben. Wenn die belgische Trikolore auf dem Dach weht, ist der König im Land.

Geschichte Der Palast steht am Ort des 1731 abgebrannten alten Herzogsschlosses und entstand aus zwei einst getrennten Stadtpalais des 18. Jh.s, die zwischen 1827 und 1829 durch einen portikusartigen Mittelbau verbunden wurden, nachdem der holländische König Wilhelm I. Regent der Vereinten Niederlande mit Sitz in Brüssel geworden war. Die Pläne für den Umbau lieferte Charles van der Straeten, ausführender Architekt war Tielman-François Suys. König Léopold II. ließ den Palast vergrößern und von Henri Maquet mit der Fassade im Louis-XVI-Stil versehen. Dieser fügte die Seitenpavillons, die Kuppel

Die Trikolore weht nicht, also hat der König heute wohl frei.

> **BAEDEKER TIPP !**
>
> *Besuch beim König*
>
> Wer nicht im Sommer in Brüssel ist und trotzdem den Palast von innen sehen möchte, sollte es auf der Homepage der belgischen Monarchie versuchen: Dort gibt es Bilder der schönsten Räume (www.monarchie.be/de/palast-und-kulturerbe.)

und das Giebelfeld über dem Portikus an, das eine von Thomas Vinçotte geschaffene **Allegorie Belgiens** zeigt. Die Räume sind standesgemäß prächtig mit Möbeln, Kristalllüstern und wertvollen Gemälden des 19. Jahrhunderts ausgestattet.
Seit 2002 fügt Königin Paola regelmäßig Werke zeitgenössischer belgischer Künstler hinzu. Eines der spektakulärsten Kunstwerke ist Jan Fabres Gestaltung der Decke des Spiegelsaals. Er bekleidete sie mit ca. **1,4 Millionen Skarabäenpanzern** aus Thailand, die magisch grün-blau-golden schimmern. Die anderen Arbeiten stammen u. a.von Dirk Braeckman, Michael Borremans, Patrick Corillon und Marthe Wéry.

Musée BelVue

Der Pavillon am Westende des Palais Royal wurde 1776/77 als Hôtel Bellevue separat erbaut und unter Léopold II. in den Palast integriert. Prominente Zeitgenossen logierten hier: u. a. der Prinz von Condé, Jérôme Bonaparte, Honoré de Balzac, Fürst Metternich und Franz Liszt; auch der spätere König Léopold III. und seine Frau Astrid wohnten hier. Heute stellt hier das Musée BelVue in zwölf Sälen die **Geschichte Belgiens und seines Königshauses** dar und zeigt viele originale Dokumente, Gegenstände und Fotografien. Vom Museum aus gibt es einen Zugang in die ausgegrabenen unterirdischen Reste des Palasts der Herzöge von Brabant auf dem Coudenberg (**Souterrain Coudenberg**), mit dessen Bau im 11. Jh. begonnen wurde. Hier dankte Kaiser Karl V. 1555 zugunsten seines Sohnes ab.

ⓘ Di. – Fr. 10.00 – 17.00, Sa. und So. bis 18.00 Uhr, Eintritt: BelVue 5 €, Coudenberg 5 €, Kombiticket 8 €, www.belvue.be

Palais des Académies

Am Ostende der Place des Palais sieht man den Palast der Akademien (Akademiënpaleis), Sitz der Akademie der Wissenschaften, Literatur und Schönen Künste und der Medizinischen Akademie. Nachdem 1820 das Palais des Prinzen von Oranien, Teil des heutigen Palais de la Nation am ▸ Parc de Bruxelles, abgebrannt war, trug man dem sehr populären Prinzen eine prunkvolle Residenz an. Charles van der Straeten entwarf die Pläne, Tielman-François Suys verwirklichte sie und der Prinz stattete die Räume luxuriös aus: Parkett aus exotischen Edelhölzern, kostbarer Marmor, Tische aus Lapislazuli und feinste Seidentapeten. Nach der Revolution von 1830 kehrte der Prinz nach Holland zurück, seine gesamte Habe wurde unter Zwangsverwaltung gestellt. 1842 erhielt er seinen Besitz wieder, trat jedoch das Palais an den belgischen Staat ab. 1876 wurde es Sitz der von Kaiserin Maria Theresia 1772 gegründeten Akademie.

* Parc de Bruxelles

E/F 7

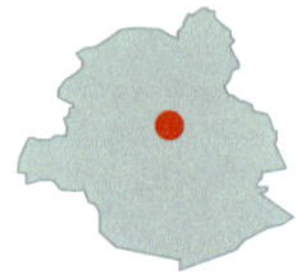

Lage: zwischen Palais Royal und Palais de la Nation
Métro: Parc (1, 5); **Tram:** Palais (92, 94)

Will der Premierminister den König aufsuchen, muss er »nur« auf die andere Straßenseite gehen, denn genau gegenüber von seinem Amtssitz Rue de la Loi 16 und vom Parlamentsgebäude Palais de la Nation beginnt der Parc de Bruxelles (Park van Brussel) und zieht sich bis vor den Königspalast.

Symbolhafte Wege

Der Park wurde von 1774 an aus dem ehemaligen Wildgehege des 1731 abgebrannten Herzogsschlosses angelegt. Barnabé Guimard und **Joachim Zinner, der Gartenbaumeister des Wiener Hofs**, schufen eine geometrische Anlage, die von der vom Palais Royal im Süden zum Palais de la Nation im Norden laufenden Hauptachse und zwei diese im rechten Winkel kreuzenden Wegen geteilt wird. Vor dem Nordausgang liegt das Große Bassin – es war einst Standort eines Obelisken zu Ehren der Kaiserin Maria Theresia –, von dem zwei große Diagonalwege in die Südost- bzw. Südwestecke abgehen. Es wird behauptet, dass das Wegenetz **Symbole der Freimaurer** (hier Zirkel und Winkelmaß) wiedergibt – nun, zumindest der Zirkel ist durchaus zu erkennen. 1830 war der Park Schauplatz heftiger Kämpfe zwischen den revolutionären Belgiern und holländischen Soldaten.

> **?** BAEDEKER WISSEN
>
> *Adel verpflichtet*
>
> In das große Becken musste sich Zar Peter der Große bei seinem Besuch 1717 nach einem allzu üppigen Mahl übergeben. Die Inschrift erinnert daran: »Peter Alexander Zar von Moskau und Großherzog, am Rande dieses Brunnens sitzend, hat dessen Wasser am 16. April 1717 um drei Uhr nachmittags durch den Wein geadelt, den er getrunken hat.«

Skulpturen im Park

Von den Skulpturen fallen auf: die Darstellungen griechischer Götter und Sagengestalten rund um das Große Bassin und die Büsten römischer Kaiser am Weg zum Palais de la Nation, das 1997 beim Spielplatz in der Nordwestecke aufgestellte Mahnmal **»Le Messager« von Jean-Michel Folon** zur Erinnerung an die von Marc Dutroux ermordeten Kinder, acht Hermen rund um das kleine Bassin gegenüber vom Palais Royal (die beiden am nächsten zum Palast stehenden Gestalten stellen die Gallierhäuptlinge Vercingetorix und Ambiorix dar) sowie die **Bronzebüste Peters des Großen** am Eingang gegenüber dem Palais du Roi. Diese brachte 1854 Prinz Demidoff aus St. Petersburg nach Brüssel.

Théâtre Royal du Parc

Das 1782 erbaute Théâtre Royal du Parc in der Nordostecke des Parks bestand damals aus einem Theatersaal, einem Ballsaal und einem Café. Heute ist es **eines der klassischen Schauspielhäuser** der belgischen Hauptstadt.

*** Palais de la Nation**

Belgiens Geschicke werden vom Palais de la Nation (Paleis der Natie) aus gelenkt, dem **Sitz der Abgeordnetenkammer und des Senats**. Das klassizistische Palais direkt gegenüber vom Nordeingang des Parc de Bruxelles entstand von 1779 bis 1783 nach Entwürfen des Franzosen Barnabé Guimard als Sitz des Kanzlers von Brabant und des Generalrats der Brabantischen Stände. Ab 1789 diente es der Justiz und war unter holländischer Herrschaft Sitz der Generalstände der Niederlande. Seit der Gründung des Königreichs Belgien tagt hier das Parlament.
Das von acht ionischen Säulen getragene Giebelfeld ziert ein Relief von Gilles-Lambert Godecharle: Die thronende Justitia, umgeben von Beständigkeit und Religion, belohnt die Tugenden, die die Weisheit zu ihr führen, während die Macht den Fanatismus verjagt.

** Parc du Cinquantenaire

G/H 7/8

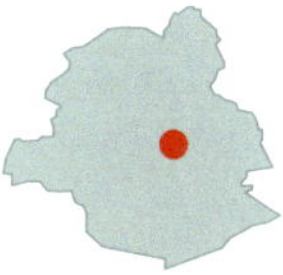

Lage: Etterbeek
Métro: Schuman, Merode (1, 5)

Zur 50-Jahr-Feier (franz. cinquantenaire) des belgischen Königreichs im Jahr 1880 schenkte sich der Staat eine Nationalausstellung. Die alten Ausstellungshallen beherbergen heute drei Museen. Die Musées Royaux d'Art et d'Histoire sollte man auf keinen Fall auslassen.

Jubiläumspark

Das geeignete Gelände für die Neubauten fand sich östlich oberhalb der Stadt auf einem Exerzierplatz. **Architekt Gédéon Bordiau** stellte 1875 seinen Plan vor, der eine Abfolge von Hallen vorsah, eingebettet in eine nach französischen und englischen Vorbildern gestaltete Parklandschaft: den Parc du Cinquantenaire.

Palais du Cinquantenaire

Dessen Herzstück war und ist der monumentale Palais du Cinquantenaire. Allerdings waren zum Jubiläum nur die beiden Flügel fertig geworden; die heutige Anlage ist das Ergebnis jahrzehntelanger Bautätigkeit, die erst 1930 endgültig abgeschlossen war. So verzögerte sich der die Gebäude verbindende **dreifache Triumphbogen** immer wieder und wurde erst auf persönlichen Wunsch König Léopolds II. von 1904 bis 1905 erbaut. Dieses Werk des Franzosen Charles Girault trägt eine attische Bronzequadriga von Thomas Vinçotte und Jules

Lagae, die »Brabant, die Fahne Belgiens tragend« darstellt. Am Fuß der Bögen **verkörpern Frauengestalten die belgischen Provinzen** (von links nach rechts): auf der Vorderseite Namur, Antwerpen, Lüttich und Luxembourg, auf der Rückseite Limburg, Ostflandern, Westflandern und Hennegau. Vom Triumphbogen schwingen Kolonnaden zu den Hallen aus. In den Kolonnengängen glorifizieren **36 Mosaiken** (um 1920) die Geschichte Belgiens. Ende des 19. Jh.s war die Zeit der großen Ausstellungen: die Nationalausstellung von 1880, der große internationale Wettbewerb der Wissenschaft und Industrie 1888 und die Weltausstellung 1897. Ab Mitte der 1930er-Jahre wurden Messen und Ausstellungen auf dem neuen Messegelände von Heysel (► Atomium) abgehalten.

Bauten im Park

Über das Parkgelände sind einige Skulpturen und kleinere Bauten verteilt, so im Südteil u. a. die Skulptur »Der Schnitter« von Constantin Meunier, ein von Henri Beyaert geschaffener Turm aus Tournai-Stein und beim Südwesteingang eine bronzene Dogge, Rest einer Skulpturenausstellung zum 75. Unabhängigkeitstag. Künstlerisch bedeutender ist allerdings der tempelartige **Pavillon des Passions Humaines** (1889) in der Nordwestecke, eine der ersten Arbeiten von Victor Horta und noch an antik-klassischen Vorbildern orientiert. Er wurde für die Aufnahme des Großreliefs »Passions Humaines« (»Menschliche Leidenschaften«) von Jef Lambeaux errichtet, doch bereits drei Tage nach der Einweihung am 1. Oktober 1897 wieder geschlossen: Die für damalige Verhältnisse allzu freizügige Darstellung von Nacktheit auf dem 12 m langen und 8 m hohen Relief hatte einen Sturm moralischer Entrüstung ausgelöst. Zwischenzeitlich geöffnet, ist er nun wegen Restaurierungsbedarf auf unbestimmte Zeit wieder geschlossen.

Die **Grande Mosquée** (Große Moschee) von Brüssel wurde 1880 von Ernest van Humbeek als Ausstellungsgebäude errichtet und barg eine der Attraktionen der Weltausstellung von 1897: eine 114 m lange und 14 m hohe Leinwand mit einem gemalten Panorama von Kairo. Seit 1978 dient das Gebäude als Moschee und Sitz des Islamischen Kulturzentrums. Das Panorama kann nicht besichtigt werden, denn es ist in ein Museumsdepot gewandert.

** MUSÉES ROYAUX D'ART ET D'HISTOIRE

ℹ Di. – Fr. 9.30 – 17.00, Sa. u. So. ab 10.00 Uhr, Eintritt: 5 €, www.kmkg-mrah.be

Im Südflügel des Palais du Cinquantenaire

Die Königlichen Museen für Kunst und Geschichte (Koninklijke Musea voor Kunst en Geschiedenis) gehören zu den wichtigsten Museen ihrer Art. Sie wurden 1835 gegründet und zunächst in der Porte de Hal (► Marollen) untergebracht. Teile dieser Sammlungen kamen

Hier lässt es sich schon aushalten: auf der Wiese beim Triumphbogen im Parc du Cinquentenaire

1889 in den Nordflügel des Palais du Cinquantenaire, von wo die Antiken 1905 in den Südflügel und 1922 schließlich das gesamte Museum umgelagert wurde. Die Sammlungen sind in **vier große Bereiche** unterteilt: Nationale Archäologie Belgiens, europäische angewandte Künste, Antike sowie außereuropäische Kulturen. Orientierungspunkt ist die große Eingangsrotunde. Links von ihr kann man im Museumsladen Bildbände, Reproduktionen von Kunstwerken des Museums und andere Souvenirs kaufen.

Nationale Archäologie Belgiens

Der Gang (Ebene 0 rechts) führt von der Prähistorie des belgischen Raums über die gallo-römischen Säle zur merowingischen Epoche. Bemerkenswerte Objekte sind das Modell eines jungsteinzeitlichen Dorfs im Hespengau, Goldschmuck aus dem keltischen Fürstengrab von Eigenbilzen (ca. 400 v. Chr.), römisches Glas, eine römische Standartenspitze, die Nachbildung einer römischen Villa, merowingische Schmuckstücke und eine eindrucksvolle **In-situ-Rekonstruktion** von insgesamt acht bei Harmignies gefundenen **merowingischen Gräbern.**

Europäische angewandte Künste

Die Abteilung für europäische angewandte Künste beginnt auf der Ebene 0 rechts mit der Schatzkammer, in der **romanische und maasländische Kunst** gezeigt wird (weiter auf Ebene 1 und 2 rechts und links). Dazu gehört eine große Zahl von Elfenbeinschnitzereien, darunter das sogenannte Diptychon von Genoels-Elderen und zwei

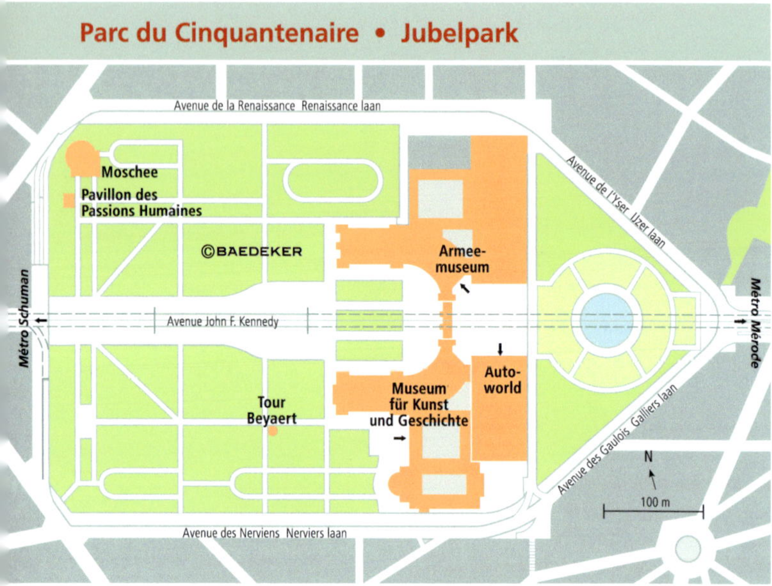

Bibeleinbände mit Darstellungen aus dem Neuen Testament (8. Jh.); weiterhin Metallarbeiten wie das Triptychon von Florennes, Emailarbeiten wie das kostbare Reliquienkästchen des Papsts Alexander und der tragbare Altar aus der ostbelgischen Abtei Stavelot (um 1150), schließlich Holzskulpturen, u. a. eine um 1070 entstandene farbige Madonnenfigur mit Kind.

Herausragende Stücke in der Abteilung vom Mittelalter bis zum Barock auf der Ebene 1 sind einmal das in Brüssel angefertigte **Passionsretabel von Claudio Villa und Gentine Solaro** (1470 – 1480), ein in Mechelen nach 1550 entstandenes Retabel mit der Darstellung König Salomos, die schöne Terrakottagruppe »Rast auf der Flucht nach Ägypten« von Luc Fayd'Herbe (um 1675), der wunderbare Fayencefußboden aus der Abtei von Herkenrode und ein silberner Tafelaufsatz in Schiffsform des Augsburger Goldschmieds Matthäus Bair (um 1580). Vor allem aber beeindrucken die **Tapisserien**, darunter »Christus im Tempel« (Paris, 1370), »Die Schlacht von Roncevaux« (Tournai, 1450 – 1475), eine Serie von Brüsseler Tapisserien aus dem 16. Jahrhundert (etwa die »Verklärung Christi« und die »Legende Unserer Lieben Frau vom Sablon«), eine Serie von sieben Tapisserien mit Jagdmotiven (nach Aquarellen von Rubens und Tempesta) und die ebenfalls seinerzeit in Brüssel gefertigte zehnteilige Serie »Geschichte des Jakob« nach Vorlagen von Bernard van Orley (1528 – 1534).

Auf Ebene 2 lernt man Glaskunst des 20. Jh.s, Schmuck, Delfter und andere Keramik, europäische Mode, Textilien und Spitzen kennen. Herausragende Stücke sind 101 Werke des Glaskünstlers Maurice Marinot. **Spitzenklöppelei** wird mit Beispielen, Film- und Tondokumenten vorgeführt. Auf Ebene 1 und 2 links folgt späteres Kunsthandwerk. Sehr schöne **Jugendstilstücke** (Elfenbein-Sphinx von Charles van der Stappen, 1897) und eine Rekonstruktion des Brüsseler Juweliergeschäfts Wolfers (Victor Horta) versammeln die Säle links der Rotunde.

BAEDEKER WISSEN

? *Nicht versäumen*

- Rekonstruktion merowingischer Gräber (Saal 9)
- Schatzkammer, u. a. Tragaltar aus Stavelot (Saal Z)
- Wandteppiche aus dem 15. und 16. Jh. (Ebene 1 ab Saal 55)
- Atelier Wolfers (Saal 50, Ebene 1 links)
- Modell des antiken Rom (Saal 20)
- Syrisches Jagdmosaik aus Apamea (Saal 25)

Außereuropäische Kulturen

Die Säle der außereuropäischen Kulturen liegen auf den Ebenen 0 bis 2 ebenfalls links der Rotunde. Die **Islamabteilung** und ein **japanisches Teehaus** befinden sich im Untergeschoss; von dort geht es hinauf zu den **nord- und südamerikanischen Kulturen** und in die **ozeanische Inselwelt**, beispielsweise mit einer beeindruckenden Thunfischgottheit von den Osterinseln. Die Amerika-Abteilung besitzt u. a. einen brasilianischen Federmantel aus dem 16. Jh. und schöne Keramikstücke aus präkolumbischer Zeit.

Asiatische Kulturen sind das Thema auf Ebene 2: China und Korea, Indien, Pakistan, Nepal, Afghanistan und Sri Lanka sowie Südostasien werden vorgestellt. Bemerkenswert sind eine Gruppe von Skulpturen der Khmer (10. – 12. Jh.), eine große Bronzestatue des Shiva Nataraja (12. Jh.) und ein chinesischer Bodhisattva, der um 1200 entstanden ist.

Antike

Highlight in den Antiken-Sälen (Ebenen 0 bis 4) über den **Nahen Osten und den Iran** ist ein spätsumerisches Flachrelief des Gilgamesch-Epos (3. Jt. v. Chr.). In der Abteilung **Griechenland und Rom** bestechen ein großartiges, sehr anschauliches Modell des antiken Rom und vor allem ein großes Bodenmosaik aus dem syrischen Apamea mit Jagdszenen (5. Jh.). Schönstes Stück der **ägyptischen Abteilung** ist das Relief der Königin Teje (um 1375 v. Chr.); im einzigen Saal auf Ebene 4 ist ein Modell der Pyramide von Sakkara zu sehen.

Weitere Säle

Weiterhin interessant sind die Sammlung von Film- und Fotoapparaten sowie von Präzisionsinstrumenten in Saal 26 mit frühen Thermometern, Uhren, Globen und Sphären, die Fahrzeugabteilung mit einer der bedeutendsten Kutschensammlungen Europas, darunter die **Hochzeitskutschen Léopolds I. und Napoleons III.**, sowie das

Musée du Cœur Boyadijan (Saal 52), eine recht außergewöhnliche Sammlung von Darstellungen des menschlichen Herzens, die der Herzchirurg Boyadijan zusammengetragen hat.

Kopie in Gips

Das Atelier de Moulage besitzt über 4000 Formen für Gipsabgüsse von Kunstwerken, von der Antike bis zum 18. Jahrhundert. Manche werden auch originalgetreu bemalt. Einige können im Museumsshop gekauft, alle auf Bestellung nach Katalog gemacht werden.

ⓘ Di. – Fr. 9.30 – 12.00 und 13.30 – 16.00 Uhr, Eintritt: frei

* AUTOWORLD BRUSSELS

ⓘ April – Sept. tgl. 10.00 – 18.00, Okt. – März bis 17.00, am Wochenende bis 18.00 Uhr, Eintritt: 6 €, www.autoworld.be

Im Palais Mondial

Autoworld präsentiert sich am rechten Platz: Im Palais Mondial, einer imposanten Eisen-Glas-Konstruktion, in der zwischen 1880 und 1905 mehrere große nationale und internationale Ausstellungen stattgefunden haben, wurden zwischen 1902 und 1934 auch die berühmten Brüsseler Auto- und Motorradsalons abgehalten. Unter den **über 300 Fahrzeugen** findet sich ein Benz-Motorwagen (Nachbau) von 1886, das erste in Belgien gebaute Auto (Vincke von 1895) oder ein Ford T, ebenso Luxuskarossen der 1960er-Jahre. Alle großen Namen der Automobilgeschichte sind vertreten, Autos aus westeuropäischer und US-Produktion stellen den Löwenanteil. Besondere Publikumsmagneten sind **Staatskarossen** von US-Präsidenten wie Truman, Roosevelt, Eisenhower und Kennedy. Dass Belgien in der Vorkriegszeit eine große Automobilindustrie besaß, beweisen Wagen der Marken Minerva, Imperia, FN, Germain, Nagant und Vivinius. Wie ein Auto entwickelt wird, zeigt die Abteilung Auto Design Story.

* MUSÉE ROYAL DE L'ARMÉE ET D'HISTOIRE MILITAIRE

ⓘ Di. – So. 9.00 – 12.00 u. 13.00 – 16.45 Uhr, Eintritt: frei, www.klm-mra.be

Im Nordflügel des Palais du Cinquantenaire

Das 1911 gegründete und seit 1923 am heutigen Ort eingerichtete Königliche Armee- und Militärgeschichtsmuseum (Koninklijk Museum van het Leger en van de Militaire Geschiedenis), **eines der größten Militärmuseen der Welt**, gibt einen Überblick über die wichtigsten militärischen Ereignisse auf belgischem Boden und illustriert dies mit zahlreichen Ausstellungsgegenständen.

Historische Sammlungen

Uniformen, Feldzeichen und Kriegsgerät nach historischen Themen folgen unmittelbar nach dem Eingang: Mittelalter, Österreichische Niederlande, holländische Periode und belgische Revolution, belgi-

Eine der größten Flugzeugsammlungen Europas besitzt das Armeemuseum.

sche Armeewaffen des 19. Jh.s und Belgien im 19. Jahrhundert. Die Ausstellung über die napoleonische Zeit zeigt die Sammlung Titeca mit Kopfbedeckungen, Blankwaffen und Militärmusikinstrumenten des 19. Jh.s sowie die Sammlung Ribaucourt ebenfalls mit Blankwaffen, Feuerwaffen und Uniformteilen von 1789 bis 1914. Ungewöhnlich ist ihr Aufstellungsort: **in den Arkaden des Triumphbogens**. Von dessen Dach hat man einen herrlichen **Blick auf Brüssel**. Saal 10 behandelt den Ersten Weltkrieg – u. .a. ist ein Frontunterstand rekonstruiert – und hier wird auch der **»Kosakenschatz«** gezeigt, eine Sammlung wertvoller Stücke der Kosakenregimenter der Zarengarde, die nach der russischen Revolution außer Landes geschafft wurden und in den 1930er-Jahren schließlich in Brüssel landeten. Der Zweite Weltkrieg ist Thema in Saal 11 (Hall Bordiau).

Waffentechnische Sammlungen

Im Freigelände sind zwei kleinere Schiffe der belgischen Marine sowie Panzer und gepanzerte Fahrzeuge vom Zweiten Weltkrieg bis zur Gegenwart ausgestellt. Die weitaus größte Halle belegt die Flugzeugabteilung. Die Palette reicht von Stücken aus dem Ersten Weltkrieg (u. a. Nieuport 23, SPAD XIII) über legendäre Flugzeuge des Zweiten Weltkriegs wie die britischen Hurricane und Spitfire bis hin zum Jetzeitalter, wo man u. a. eine F-16 der belgischen Luftwaffe, eine amerikanische Phantom und eine sowjetische MIG 23 aus der Nähe betrachten kann. Über allen schweben eine Ju 52 und eine Caravelle der untergegangenen belgischen Fluggesellschaft SABENA.

* Parc Tournay-Solvay

J/K 13

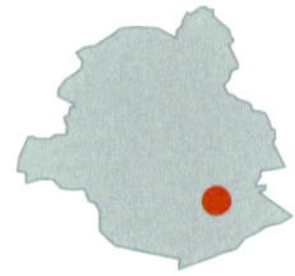

Lage: 197–203, Chaussée de La Hulpe
Tram: Boitsfort Gare (94)
ⓘ tgl. 8.15 Uhr bis Sonnen-untergang
www.eesculpture.blogspot.com

Jules Buyssens (1872 – 1958), nach Ausbildung und Arbeit in Paris 1904 zum Gartenbaudirektor der Stadt Brüssel ernannt, stand 1910 mit einem Manifest und einer Zeitschrift an der Wiege von »Le Nouveau Jardin Pittoresque«, in England anerkennend als »New Belgian Style« umschrieben.

Garten in neuem Stil

1911 konnte er in dem 7 ha großen Landschaftspark der Großindustriellentochter Thérèse Tournay-Solvay die Theorie in die Praxis umsetzen, mit »einer klaren, aber darum nicht gradlinigen Struktur und Details, die wie mit dem Pinsel auf die Leinwand getupft wirken«. Es gibt eine Achse vom Eingang zum Ausgang des ummauerten Gemüsegartens. Sie fällt nicht auf, angesichts des Geländes, das erst sanft, dann steil zu zwei Weihern abfällt und dank geschwungener Wege, Bäume und Strächerpartien, die stets neue Perspektiven eröffnen. Ein Geniestreich sind die eleganten Brücken über den öffentlichen Chemin des Silex, der das Gelände zweiteilt, und der Weg entlang der Eisenbahnböschung, der ohne großen Höhenunterschied vom einen zum anderen Ende des Parks führt. Typisch »neu-pittoresk« sind die von Wasserpflanzen überwucherten Steingrotten um zwei Quellen, die Wasserfälle zwischen den Weihern und die Insel im größeren, die völlig natürlich wirken, obwohl sie, wie die verschiedenen Brücken, angelegt wurden. Zu dem, was in England als **»New Belgian Style«** bezeichnet wurde, gehören auch unregelmäßig mit einheimischen Stauden bepflanzte Wegränder, Schneeglöckchen-, Anemonen- und Narzissen-Teppiche und im Sommer wilde Blumen auf den Graspartien im Tal, ebenso die runde Wiese mit knorrigen Apfelbäumen am Abhang zwischen Weiher und Gemüsegarten.
Die Krönung bildet der runde Rosengarten mit fast 160 Varietäten, der 1927 zwischen Bäume und Sträucher eingebettet wurde. Seine drei Terrassen, der von vier Wasserbecken umgebene Sonnenuhrsockel in der Mitte und die kugeligen Buchbaumeinfassungen wirken klassisch. Die Bögen für die Kletterrosen, Blumen und Kräuter und wilde Wasserpflanzen lockern die Symmetrie auf. Sehr subtil: Ein- und Ausgang liegen sich nicht genau gegenüber. Spektakulär sind die immense Blutbuche, die mächtige Trauerbuche und eine eindrucksvolle Riesen-Sequoia vor der Schlossruine. Mehrere Rhododendron-Varietäten sind seinerzeit von Jules Buyssens in seiner eigenen Gärtnerei gezüchtet worden.

Das **Europäische Skulpturenzentrum**, untergebracht in der ehemaligen Gästevilla, stellt jährlich wechselnde, monumentale Werke auf. Die markante, dreieckige Cortenstahl-Plastik von Mauro Staccioli steht ständig in der Nähe des Eingangs.

* Petit Sablon

E 8

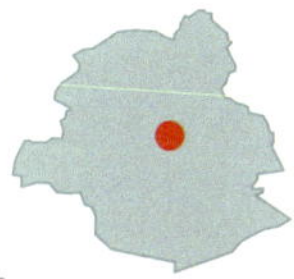

Lage: Rue de la Régence
Métro: Louise (2, 6)
Tram: Petit Sablon (92, 94)

Bunte Blumenrabatten, akkurat geschnittene Hecken, Denkmäler stolzer Flamen und eine schmiedeeiserne Umzäunung mit üppigem Figurenschmuck – der Petit Sablon, gegenüber der schönsten spätgotischen Kirche Brüssels, ▸ Notre-Dame du Sablon, ist eines der lauschigsten Plätzchen der Stadt.

Denkmal für die Zünfte

Henri Beyaert entwarf den 1890 eröffneten Park, der nicht nur Ruhe, sondern auch umfassende historische Fortbildung verspricht: Die **48 Bronzestatuetten** auf dem Gitterzaun, von verschiedenen Künstlern nach dem Vorbild des verloren gegangenen herzoglichen Palais am Coudenberg geschaffen, stellen die Brüsseler Zünfte dar. Die Symbolfigur der Corporation des Quatre Couronnés (also die Zunft der Maurer, Bildhauer, Steinschneider und Steinbrecher) trägt die Züge von Henri Beyaert.

Denkmal für Egmont und Hoorn

Im hinteren Drittel des Parks erhebt sich auf einem kleinen Hügel das 1864 geschaffene Denkmal für die 1568 auf der Grand'Place hingerichteten Grafen Egmont und Hoorn (▸ Abb. S. 29). Auf der Grand'Place hatte es ursprünglich auch gestanden, bis es 1879 an den jetzigen Platz gebracht wurde. Bildhauer Charles-Auguste Fraikin zeigt die beiden **Vorkämpfer für die Unabhängigkeit der spanischen Niederlande**, wie sie hoch erhobenen Hauptes zum Schafott schreiten, Hoorn legt seinen Arm um Egmont. In den Heckennischen sind etlichen ihrer ebenfalls berühmten Zeitgenossen Denkmäler gesetzt (von links nach rechts): Philippe de Marnix (1538 – 1598, Philosoph, Diplomat und Weggefährte von Wilhelm von Oranien), dann Abraham Ortelius (1527 – 1598, Geograf), Bernard van

? BAEDEKER WISSEN

Stolze Bettler

Weshalb die Freiheitskämpfer von den Spaniern als »Geusen« tituliert wurden? Nun, so nannte Generalstatthalterin Margarethe von Parma Henri de Brederode, als dieser ihr den Forderungskatalog der flämischen Adligen überbrachte. »Geuse« bedeutet Bettler.

Orley (1491 – 1542, Maler), Jean de Locqenghien (1518 – 1574, Bürgermeister von Brüssel), es folgen Gerhard Mercator (1512 – 1594, Theologe, Philosoph, Mathematiker und Geograf, der 1552 nach Duisburg übersiedelte), Rombaud Dodonæus (1518 – 1585, Botaniker), dann Cornelis Floris de Vriendt (1518 –1578, Bildhauer und Architekt), Henri de Brederode (1531 – 1568, ein führender Adliger im Freiheitskampf gegen die Spanier), Louis van Bodeghem (1470 – 1540, Baumeister) und der Prinz Wilhelm von Oranien (1533 – 1584, genannt »Der Schweiger«, die führende Figur der Revolution gegen die Spanier und König der Niederlande).

Petit Sablon

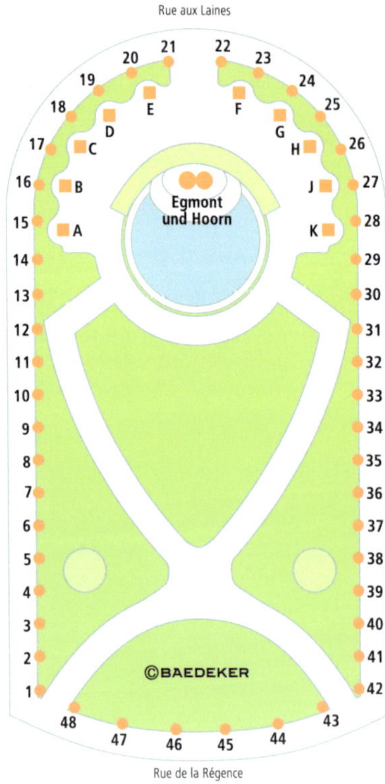

Place des Martyrs

E 6

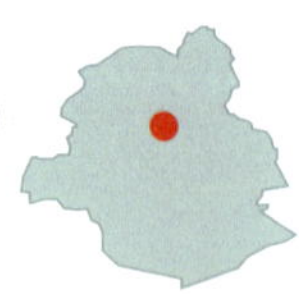

Lage: Rue de la Régence
Métro/Prémétro: De Brouckère (1, 5 bzw. 3, 4, 32)

Lange Jahre wahrlich kein Ruhmesblatt für Brüssel war der Zustand der Place des Martyrs, denn dieses Kleinod klassizistischer Stadtbaukunst bröckelte langsam vor sich hin. Doch inzwischen hat man sich eines Besseren besonnen und die Restaurierung in Angriff genommen – trotzdem ist der Platz seltsam unbelebt, als ob man trotz aller Anstrengungen nichts mit ihm anzufangen wüsste.

1 Corporation des Quatre Couronné: Maurer, Steinschneider, Bildhauer, Steinbrecher (Zeichen: Bauplan, Werkzeug)
2 Bäcker (Schieber)
3 Brauer (Baum)
4 Polsterer (Garnrolle)
5 Metzger (Messer, Metzgerbesteck)
6 Salzfischhändler (Fische, Salzfässchen)
7 Müller (Mühlrad, Mühle)
8 Vergolder (Palette, Pinsel, Napf mit Ätzlauge)
9 Handschuhmacher (Handschuh, Schere)
10 Fetthändler (Schlachtgans, Flasche
11 Goldschmiede (Reliquienkästchen, Vase)
12 Bortenwirker (Kordel, Quaste)
13 Kunsttischler (Zirkel, Hobel)
14 Sticker und Kürschner (Pelzmantel)
15 Küfer (Fassreifen)
16 Messerschmiede (Messer im Futteral)
17 Gemüsehändler und Schnitter (Sichel)
18 Barbierer und Chierurgen (Topf, Instrumententasche)
19 Tuch- und Strumpfhändler (Stoffbahn, Strumpf)
20 Weinhändler (Humpen, Fass, Flaschen)
21 Schlosser und Uhrmacher (Uhr, Schlüsselbund)
22 Maler, Goldschläger und Glasmaler (Palette und Bürstel)
23 Obsthändler (Obstkorb)
24 Sattler und Wagner (Sattel, Deichsel)
25 Schneider (Kleider, Schere)
26 Tuchmacher und Wollweber (Weberschiffchen)
27 Flussschiffer (Ruder, Tau, Anker)
28 Zimmerer (Axt)
29 Trödler (Hut, Stofffetzen)
30 Leinenhändler und -weber (Weberschiffchen)
31 Schmiede (Hammer)
32 Kurzwarenhändler (Waage, Wollsträhne)
33 Gürtel- und Nadelmacher (Degengehenk)
34 Färber (Bottich, Ofen)
35 Tuchscherer und -händler (Scheren)
36 Schuhmacher (Schuhe, Stiefel)
37 Süßwasserfischhändler (Netze, Fische)
38 Schuster (ein Paar Schuhe)
39 Armbrustschützen und -macher (Armbrust, Amboss)
40 Lederstuhlbauer und Perückenmacher (Stuhl)
41 Gerber (Kuhhaut)
42 Hutmacher, Walker und Marketender (Hut)
43 Stuhldrechsler, Gipser, Strohdachdecker und Korbmacher (Geländer, Korb)
44 Kupferschmiede und Kunstgießer (Topf, Kanne, Hammer)
45 Wäschebleicher (Schaufel)
46 Dachdecker (Leiter)
47 Zinn- und Bleigießer (Blasebalg, Bleirolle)
48 Rüstungs- und Helmmacher, Schwertfeger (Helm, Degen)
A Philippe de Marnix de Sainte-Aldegonde
B Abraham Ortelius
C Bernard van Orley
D Jean de Locquenghien
E Gerhard Mercator
F Rombaud Dodonæus
G Cornelis Floris de Vriendt
H Henri de Brederode
I Louis van Bodeghem
K Wilhelm von Oranien

Ehrung für Revolutionäre

Seit dem 17. Jh. breiteten die Tuchmacher auf dem damaligen Wiesengelände ihre Tuche zum Trocknen und Bleichen aus, doch als Ende des 18. Jh.s die Geschäfte schlechter gingen, kaufte die Stadt das Areal und beauftragte 1772 den Architekten Claude Fisco mit der Bebauung der nunmehrigen Place St-Michel. Er schuf ein **Karree herrschaftlicher Häuser im Louis-XVI-Stil**, wobei er besonders auf eine strenge Symmetrie achtete – dies ist auch der eigentliche architektonische Reiz des Platzes. Nachdem mehrere hundert in der Septemberrevolution von 1830 Gefallene auf dem Platz begraben wurden, beschloss man, ihn zur nationalen Gedenkstätte zu machen und Place des Martyrs (Platz der Märtyrer) zu nennen. Die 1838 eingeweihte Gedenkstätte besteht aus der Krypta, aus der das Monument der »Patria«, den belgischen Löwen zu ihren Füßen, emporsteigt. Der

Sockel glorifiziert die Ereignisse von 1830, die Tafeln in der Krypta verzeichnen die Namen der **445 Gefallenen**. An zwei prominente Revolutionäre erinnern die Denkmäler für den Grafen de Merode von Henry van de Velde (Südseite) und den Dichter der belgischen Nationalhymne Jenneval (Nordseite). In den Gebäuden an den Stirnseiten hat die Flämische Gemeinschaft ihren Sitz.

★ Place Royale

E 7/8

Lage: oberhalb des Mont des Arts
Métro: Gare Centrale (1, 5)
Tram: Royale (92, 94)

1769 beschlossen der österreichische Gouverneur Karl von Lothringen und der Rat von Brüssel, die große Fläche hinter dem abgebrannten alten Herzogsschloss zu einem Paradefeld umzugestalten. Bald wurde daraus jedoch das Projekt eines wahrhaft »königlichen« innerstädtischen Platzes.

Schönster Neoklassizismus

Vorbild war u. a. die Place Stanislas in Nancy. Nachdem man zunächst ein Architektengremium beauftragt hatte, erhielten 1774 schließlich die Pläne von Barnabé Guimard den Zuschlag, der ein streng symmetrisches, **repräsentatives Platzensemble** im schönsten neoklassizistischen Stil schuf. Auch wenn heute der Verkehr über die Place Royale (Koningsplein) braust, hat sie kaum an Großzügigkeit verloren. An der Südostseite stehen Stadtpalais, die durch schöne Torbögen über die Einmündungen hinweg miteinander verbunden sind; in einem von ihnen, dem Palais Altenloh, hat das neue ▸ Musée Magritte eröffnet. Unmittelbar daneben liegen die ▸ Musées Royaux des Beaux-Arts.

Denkmal für Gottfried von Bouillon

Die Mitte des Platzes nimmt das etwas groß und martialisch geratene Reiterbild von Gottfried von Bouillon, Herzog von Niederlothringen, ein. Ursprünglich stand an dieser Stelle ein bescheideneres Denkmal für Karl von Lothringen, von Verschaffelt geformt, in Mannheim gegossen und auf dem Wasserweg nach Brüssel gebracht. Die auch in Brabant erfolgreichen französischen Revolutionäre stürzten es am 13. Juli 1794, schmolzen es ein und schlugen Münzen aus dem Metall. An seiner Stelle errichteten sie den **Freiheitsbaum**, doch der überlebte nur bis 1814, als er angezündet wurde. 1848 bezog das jetzige Denkmal von Eugène Simonis seinen Platz. Es zeigt Gottfried von Bouillon, »Vogt und Beschützer des Heiligen Grabes«, wie er im Jahr 1096 zum ersten, von ihm mit initiierten Kreuzzug aufbricht, in dessen Verlauf er 1099 Jerusalem eroberte.

Den Platz dominiert die in die umgebenden Palais einbezogene königliche Hofkirche **St-Jacques-sur-Coudenberg**. Diese Kirche ist die Nachfolgerin der herzoglichen Kapelle auf dem Coudenberg, wurde 1776 begonnen und 1787 geweiht. Die Grundpläne zeichnete Louis-Joseph Montoyer. Während der Französischen Revolution wurde sie für einige Jahre zum **»Tempel der Vernunft«** umfunktioniert. Auch die Kirche präsentiert sich im streng klassizistischen Stil, der Portikus zeigt sechs korinthische Säulen, ein Giebelfeld und eine kupfergedeckte Kuppel. Von Olivier de Marseille geschaffene Statuen von Moses und David flankieren den Eingang. Der Innenraum beeindruckt weniger durch bedeutende Kunstwerke als durch seine feierliche Größe. Hier wurden die österreichischen Kaiser Joseph II. (1781) und Léopold II. (1791) gekrönt, ebenso Wilhelm I. als König der Vereinigten Niederlande (1815) und schließlich Léopold I. als erster König der Belgier (1831).

Kreuzritter: Gottfried von Bouillon

Place St-Géry

D 7

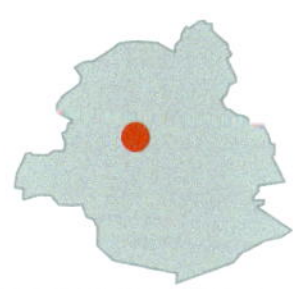

Lage: westlich vom Blvd. Anspach
Tram/Prémétro): Bourse (3, 4, 31, 32)

Wer wissen will, wo Brüssel seinen Anfang nahm, sollte an der Place St-Géry (St.-Goriksplein) vorbeischauen. Der Platz ist auch genau richtig für Leute, denen wichtig ist, was gerade in der Bar- und Clubszene Brüssels angesagt ist.

Der Ursprung Brüssels

An diesem Ort stand seit dem 10. Jh. die Burg Karls von Niederlothringen mit einer dem hl. Gaugerich (Géry) geweihten Kapelle. Hier bietet sich zudem die einzige Möglichkeit, einen Blick auf die zwar kanalisierte, aber nicht überdeckelte Senne zu werfen – und zwar, wenn man durch die Einfahrt neben der Bar Le Lion St-Géry (Nr. 22) in den Hof geht (▶ Abb. S. 26). Die **Wandlung zum Szeneviertel** hat die Restaurierung der Markthalle von 1881 eingeläutet – in ihr und um sie herum öffnen und schließen laufend neue Bars und Boutiquen. Die Folge dieser Art von Sanierung: Die »kleinen Leute« ziehen aus, die »Trendsetter« kommen nach.

Ausstellungen in der Markthalle

In der Markthalle organisieren die Ämter für Denkmalschutz, Stadt- und Raumplanung und Umweltpolitik der Regionalregierung spannende Ausstellungen. Das Café des Halles hat vor der Tür die größte Terrasse am Platz, am Wochenende lockt der Club des Halles mit besten DJs in die imposanten Kellergewölbe.

Notre-Dame aux Riches Claires

Die Kirche südlich des Platzes wurde nach Plänen von Luc Fayd' Herbe im italo-flämischen Stil des 17. Jh.s für den Orden der Urbanisten errichtet und nach einem Brand 1989 gründlich restauriert. Ihr größter Schatz ist **der prächtige Altar** der Notre-Dame des Sept Douleurs mit einer »Maria mit dem Kind« (16. Jh.).

ⓘ So. 9.30 – 12.30 Uhr

Quartier Européen

F/G 7/8

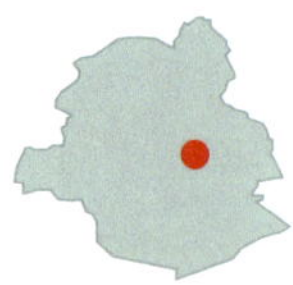

Lage: östlich des Stadtzentrums
Métro: Schuman (1, 5) zu EU-Kommission und -Ministerrat
ab Métro Trône, (2, 6) zum EU-Parlament
Bus: 21, 34, 54, 80, 95, 96

Brüssel ist ständiger Sitz der EU-Kommission und des EU-Ministerrats, hier tagen turnusmäßig die Abgeordneten des Europäischen Parlaments. Mit anderen Worten: Hier arbeiten mehr Eurokraten als in den anderen EU-Städten Luxemburg und Straßburg zusammen.

Die Organe der EU

Die Organe der EU sind der **Präsident des Europäischen Rates** (seit 1. Januar 2010 der belgische Ex-Premierminister Herman van Rompuy), der die Gipfeltreffen der Staats- und Regierungschefs anberaumt und leitet; der **Ministerrat**, dem die jeweiligen Ressortminister aller Mitgliedsstaaten angehören – er ist das oberste und wichtigste Gremium; die **EU-Kommission**, die Exekutive, die die Einhaltung der Verträge überwacht und ein ausgedehntes Initiativ- und Vorschlagsrecht gegenüber dem Ministerrat hat; sowie das **Europäische Parlament**, das abwechselnd in Brüssel und Straßburg tagt – sein Generalsekretariat sitzt in Luxemburg – und Gesetzesvorhaben des Rats berät, ohne jedoch alle Befugnisse eines nationalen Parlaments zu haben (▶ Baedeker Wissen S. 260).

Geschichte der EU

1951 wurde auf Anregung des französischen Außenministers **Robert Schuman** ein Vertrag über die Gründung einer Europäischen Gemeinschaft für Kohle und Stahl (**Montanunion**) unterzeichnet, die Vorstufe zur späteren EWG. 1957 folgten in Rom die Verträge zur Europäischen Wirtschaftsgemeinschaft (**EWG**) und der Europäischen Atomgemeinschaft (EAG bzw. EURATOM), die am 1. Januar 1958 in Kraft traten. Gründungsmitglieder dieser drei Gemeinschaften waren Belgien, die Bundesrepublik Deutschland, Frankreich, Italien, Luxemburg und die Niederlande. Sie verpflichteten sich zur Einhaltung der 248 Artikel der Römischen Verträge, deren Grundlagen das Prinzip des freien Warenverkehrs, ein gemeinsamer Außenzoll sowie freier Personen- und Kapitalverkehr sind. Als 1985 mit der Einheitlichen Europäischen Akte die Römischen Verträge erweitert wurden, war aus EWG, Montanunion und EURATOM die **Europäische Gemeinschaft** (EG) geworden, die sich um Dänemark, Irland, Großbritannien (1973) und Griechenland (1981) vergrößert hatte. 1986 folgten Spanien und Portugal. Seit Inkraftreten des Maastrichter Vertrags am 1. November 1993 heißt die Gemeinschaft **Europäische Union**, 1995 um Schweden, Finnland und Österreich erweitert. 2004 sind Polen, Tschechien, die Slowakei, Ungarn, Slowenien, Estland, Lettland, Litauen, Malta und Zypern hinzugekommen, 2007 Bulgarien und Rumänien. 2013 folgt Kroatien, während seit 2005 mit der Türkei zähe Beitrittsverhandlungen geführt werden.

! BAEDEKER TIPP

Besuch im EU-Parlament

Das Europäische Parlament bietet Mo.–Do. 10.00 und 15.00, Fr. nur 10.00 Uhr Audioführungen an (nicht an Sitzungstagen!), ab Besuchereingang des Gebäudes »Paul Henri Spaak«, 43, Rue Wiertz (links vom Haupteingang). Wer bei Sitzungen zuschauen will, sollte sich ebenfalls dort einfinden und einen Ausweis dabei haben (mind. 15 Min. früher kommen wg. Sicherheits-Check!). Infos: www.europarl.eu.int/abc/visit/visit_de.htm.

Rund um den Rond Point Schuman

Die Gebäude der EU verteilen sich auf zwei dicht beieinander liegende Areale. Zunächst baute die Gemeinschaft rund um den Rond Point Schuman und an der Rue de la Loi, kurz vor dem ▶ Parc du Cinquantenaire. Hier steht das altbekannte architektonische Wahrzeichen der Union, das **Palais Berlaymont**, benannt nach dem Kloster Berlaymont, an dessen Ort es 1963 bis 1968 nach Plänen von Lucien Devestel als Sitz der Kommission erbaut wurde. Ungewöhnlich wie der Grundriss auf unregelmäßigem Kreuz war auch die übrige Gestaltung: Im Zentrum befanden sich ausschließlich fensterlose Sitzungssäle und es ließ sich auch keines der 3302 Fenster öffnen. 1992 musste das Gebäude geräumt werden, weil zu viel Asbest verwendet worden war. Im Herbst 2004 ist es renoviert mit schönen und ökologisch die Temperatur regelnden Lamellenfenstern

Die Europäische Union

Ob Eurokrise oder (angebliche) Überbürokratie: Die EU ist für viele ein Schreckgespenst. Aber wofür gibt sie ihr Geld eigentlich aus? In Brüssel wird der europäische Gedanke Schritt für Schritt in die Wirklichkeit umgesetzt.

27 MITGLIEDS-STAATEN 3 EURO PRO JAHR KOSTET DEN EU-BÜRGER DIE ARBEITSFÄHIGKEIT D
EUROPÄISCHEN PARLAMENTS VERTRAG ÜBER EUROPÄISCHE UNION 19
3 500 000 000 EINWOHNEF
1957 VERTRAG ZUR GRÜNDUNG DER EUROPÄISCHEN WIRTSCHAFTSGEMEINSCHAFT EV
ARBEITSSPRACHEN IN DER EUROPÄISCHEN KOMMISSIO
1952 ERRICHTUNG DER EUROPÄISCHEN GEMEINSCHAFT FÜR KOHLE UND STAHL
(EGKS/MONTANUNION) AMTSSPRACHEN IN DER EUROPÄISCHEN KOMMISSION 2

▶ **Einnahmen der EU**
120,48 Mrd. € in 2010
Die Werte für Einnahmen und Ausgaben stimmen nicht immer überein, da über manche Ausgaben erst zu einem späteren Zeitpunkt entschieden wird.

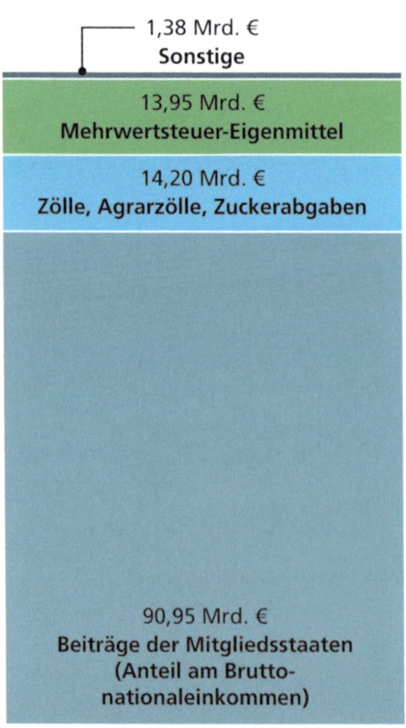

▶ **Ausgaben der EU**
141,5 Mrd € in 2010

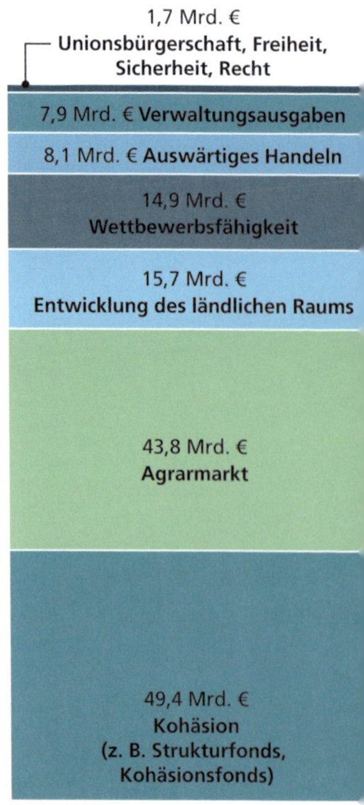

1 Europäische Kommission

2 Ministerrat

3 Ausschuss der Regionen

4 Europäisches Parlament

5 Europäischer Rat

▶ Institutionen der EU

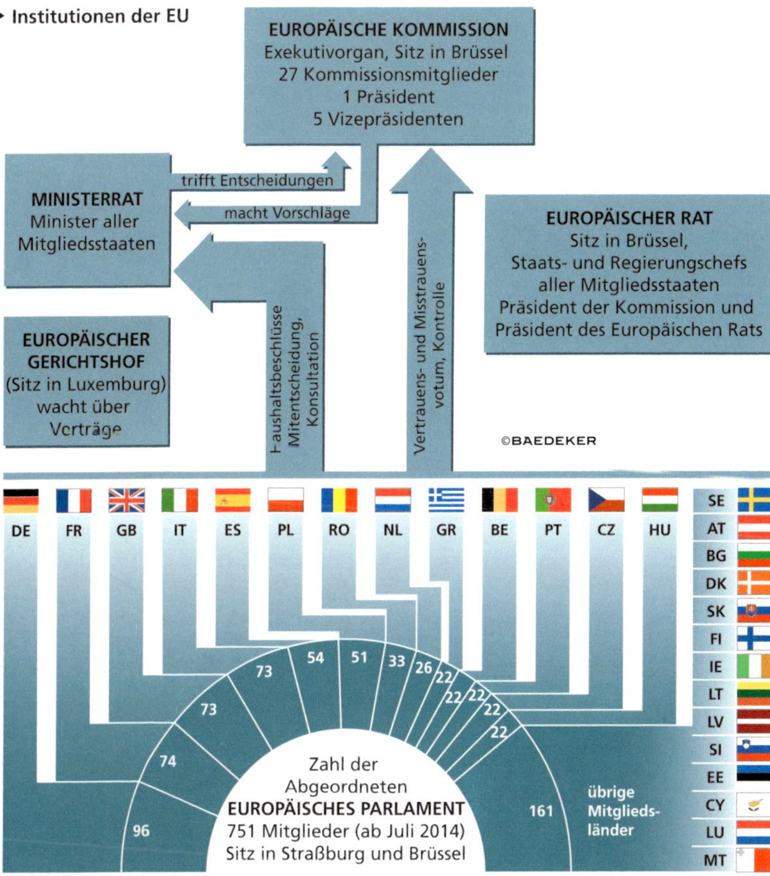

wieder eröffnet worden und nun erneut Arbeitsplatz der EU-Kommissare. Eine ästhetische, symbolische und technische Meisterleistung der Architekten Steve Beckers und Pierre Lallemand ist die dicke Glaswand zwischen Palais und Straße: transparent und zugleich sicher (► Abb. S. 35).
Als die Erweiterung der Union den Platz im Berlaymont zu eng werden ließ, wurden westlich davon das Gebäude **»Charlemagne«** Rue de la Loi 170, ein Entwurf des deutschen Architekten Helmut Jahn, und auf der gegenüberliegenden Seite der Rue de la Loi (Nr. 145) das ovale **»Lex«**-Gebäude von Michel Jaspers und das Gebäude für den Präsidenten des Europäischen Rates von Philippe Samyn, Studio Valle Progettazioni und Buro Happold Ltd., errichtet, Letzteres an der Vorderseite des alten **Résidence Palace** (Nr. 155). Das war eines der schönsten und schicksten Appartementhäuser seiner Zeit (erbaut 1923 – 1926 nach Plänen von Michel Polak). Die Eingangshalle mit Mosaik und Springbrunnen, das Schwimmbad und das Theater, wunderbare Beispiele des Art déco, sind noch erhalten. An der Ecke Rue de la Loi/Rue Froissart ragt der mit rosa Granit verkleidete Klotz des **»Justus Lipsius«** auf, der Sitz und Tagungsort des Ministerrats.

Espace Léopold

Das zweite EU-Areal liegt südlich der Rue de la Loi im einstigen Gründerzeit-Wohnviertel Quartier Léopold. Herausragend im Wortsinn sind die 1993 eröffneten Gebäude des Europäischen Parlaments (EP), die sich als gewaltiger Riegel zwischen das völlig eingeklemmte alte Bahnhofsgebäude des Gare Léopold (bzw. dessen Fassade) und den Parc Léopold geschoben haben. Die EU-Bauten werden nicht nur wegen ihrer architektonischen Gigantomanie bespöttelt – die 72 m hohe Glaskuppel des Hauptgebäudes **»Paul-Henri Spaak«** heißt bei den Brüsselern doppeldeutig **»Caprice des Dieux«**, »Laune der Götter«, erinnert sie doch auch sehr an die Schachtel des gleichnamigen französischen Weichkäses. Vor allem die Kostenexplosion – von einer Milliarde DM 1989 auf 2,5 – 4 Milliarden bis 1996 – hat viele EU-Parlamentarier und Brüsseler empört, zumal sich Spekulanten eine goldene Nase verdienten und dafür das Quartier Léopold den Baggern zum Opfer fiel. Nur noch an manchen Stellen mag man erahnen, wie dieses schöne bürgerliche Viertel einmal ausgesehen hat, etwa an der **Place du Luxembourg** und in der Rue Vautier.

Parlamentarium

In einem der Seitengebäude ist das Parlamentarium untergebracht, ein 5400 Quadratmeter großes **Besucherzentrum**, das vom deutschen »Atelier Brückner« entworfen worden ist. 1400 Fotos, 90 Filme, zahllose Dokumente und Aufnahmen veranschaulichen die europäische Integration nach dem Zweiten Weltkrieg. Der Besucher kriegt einen Audioguide, multimediale Installationen führen in die Arbeit des Europäischen Parlaments ein und stellen alle Abgeordneten vor. 100 interaktive Terminals stillen den Wissensdurst, wobei

Das andere Gesicht von Brüssel: die Stahl- und Glasarchitektur des EP

bürgernahe Themen – von der Anerkennung der Diplome über Lebensmittelsicherheit und Naturschutz bis zur Verteidigung der Menschenrechte – stark betont werden, Krisen werden daher eher weniger beleuchtet ... Zum Schluss kann der Besucher seine eigenen Wünsche und Träume dem Computer anvertrauen. Der Shop führt u. a. witzige Postkarten, lustige Servietten und pfiffige Spiele.

ℹ Willy-Brandt-Gebäude, Eingang Ecke Place du Luxemburg/Rue de Trêves, Mo. 13.00 – 18.00, Di./Mi. 9.00 – 20.00, Do./Fr. 9.00 – 18.00, Sa./So. 10.00 – 17.00 Uhr, Eintritt: frei, www.europarl.europa.eu/visiting/de/parlamentarium.html

Parc Léopold

Eine **Erholung für das Auge** ist in der kalten Stahl- und Glasarchitektur der 1852 angelegte, zu einem Teich steil abfallende Parc Léopold. Er war als Zoologischer Garten gedacht, wurde aber ab 1893 mit Instituten der Universität bebaut. An seine Südseite grenzt das ▶ Muséum des Sciences Naturelles.

Rue Royale

E/F 6/7

Verlauf: von der Place Royale zur Place de la Reine
Tram: 92, 94

Die Rue Royale – der Name sagt es – war bei ihrer Anlage 1776 als »königliche« Promenade für die Oberstadt gedacht. Sie verbindet die Place Royale und das Palais Royal mit der Place de la Reine in Schaerbeek und passiert den Parc de Bruxelles.

Colonne du Congrès Die 47 m hohe Kongresssäule (Colonne du Congrès, Kongreszuil), steht **an der Place du Congrès** etwa auf halber Strecke zwischen dem Park und der Porte de Schaerbeek. Sie wurde 1859 zum Andenken an den Nationalkongress errichtet, der nach der Revolution von 1830 die belgische Verfassung verkündete. Die Grundsteinlegung erfolgte in Gegenwart von König Léopold I. im September 1850, der Bau wurde Joseph Poelaert anvertraut, dem späteren Architekten des Justizpalasts. Auf dem Sockel sind die Namen der 237 Kongressmitglieder sowie die wichtigsten Verfassungsartikel eingemeißelt. Darüber flankieren Allegorien der Versammlungsfreiheit, der Pressefreiheit, der Religionsfreiheit und der Freiheit der Lehre eine 25 m hohe Säule mit einem Bildnis von König Léopold I. Am Fuß des Denkmals brennt die **Ewige Flamme zu Ehren des Unbekannten Soldaten**.

! BAEDEKER TIPP

Blumiger Jugendstil

Daniel Ost ist so etwas wie der Star-Florist Belgiens – schließlich hat er u. a. den Blumenschmuck für die Hochzeiten der belgischen Prinzen geliefert. Er hat in Brüssel ein standesgemäßes Geschäft: 13, Rue Royale, ein herrlicher Jugendstilladen, 1896 nach Plänen von Paul Hankar gebaut.

Cité Administrative Ein klassisches Beispiel für die Brüsseler Kahlschlagarchitektur ist die hinter der Kongresssäule sich öffnende, fast unwirtlich anmutende Esplanade, flankiert von den Gebäuden der Cité Administrative. Diese wird derzeit, nach Asbestbeseitigung, völlig neu gestaltet. Immerhin freuen sich die Inlineskater über die weiten Flächen und die Touristen über den **Ausblick auf die Brüsseler Unterstadt**.

Le Botanique Wo im Mittelalter die Pestkranken zu leben hatten – im ehemaligen Stadtgraben –, wurde 1826 – 1829 von der Société d'Horticulture an der Porte de Schaerbeek der Nationale Botanische Garten angelegt. Um 1850 entdeckte hier der Gartenmeister Frans Bresiers, dass eine Chicoréesorte im Dunkeln weiß und fest wurde. Ab 1867 wurden dieseChicons, flämisch treffend Witloof genannt, zu einem **Lieblingsgemüse und Exportschlager des Landes**. 1870 verkaufte die Gesellschaft den Garten an den belgischen Staat. Zwar ist das Gelände noch immer eine ansehnliche Gartenanlage, doch hat es den offiziellen Rang des Nationalen Botanischen Gartens 1958 an die Domäne Bouchout abgegeben. Die alten Gewächshäuser wurden in den 1980er-Jahren renoviert und beherbergen seitdem das **Kulturzentrum der Französischen Gemeinschaft »Le Botanique«**, das neben Ausstellungen hervorragende Chanson-, Pop- und Rockkonzerte bietet. Vom ursprünglichen **Skulpturenschmuck** sind u. a. noch die Allegorien auf den Frühling (von Le Roy), auf Sommer und Herbst (beide von Meunier) und auf den Winter (von Braecke) vor der Südfassade übrig geblieben.

Kultur hinter Glas und ein Garten zum Flanieren: Le Botanique

Sainte-Marie à Schaerbeek

Trotz der großen Entfernung zeigt der Blick von der Porte de Schaerbeek die Rue Royale hinauf nach Norden die **gewaltigen Ausmaße** der Kirche Sainte-Marie (Sint-Mariakerk) in Schaerbeek. Architekt Louis van Overstraeten, der 1849, nur vier Jahre nach Beginn der Bauarbeiten, jung an der Cholera starb, nahm sich byzantinische Kirchen zum Vorbild, was besonders in der mächtigen Kuppel auf achteckigem Grundriss zum Tragen kommt, und verband diese mit Elementen der Gotik wie Spitzbögen, Türmchen und Fensterrosette.

* Saint-Jean-Baptiste au Béguinage

E 6

Lage: Place du Béguinage
Métro: Ste-Catherine (1, 5)

Die nur wenig nördlich vom Fischmarkt (▸ Marché aux Poissons) gelegene Kirche Saint-Jean-Baptiste au Béguinage (Begijnhofkerk van Sint Jan de Doper) ist einer der schönsten flämisch-italienischen Barockbauten.

Geschichte

Wie der Name sagt, war sie die Kirche eines Beginenkonvents, der um 1250 gegründet, 1579 von den Calvinisten geplündert und 1584 abgerissen wurde. Erst 1657 begann der Neubau – möglicherweise nach Plänen von Luc Fayd'Herbe –, der 1667 vollendet war. Grundriss und Konstruktion des Baus waren im Geist der Gotik geplant,

Ornamentik und Ausstattung sind jedoch in barocken Formen gehalten. Am deutlichsten tritt dies an der **prachtvollen dreigeteilten Fassade** hervor. Unter deren Fenster stellen zwei Reliefs das Heilige Abendmahl bzw. Jesus auf dem Ölberg dar; über dem Portal steht eine Statue der hl. Begga, der Begründerin des Ordens. Selbst im Turm der Kirche wird die gotische Durchdringung des Barocks als typisch belgisches Merkmal spürbar.
Der Kirchenraum besitzt ein schönes Backsteingewölbe und eine reiche barocke Ausstattung, unter denen neben den vielen Grabplatten besonders die geschnitzte Kanzel (1757) des Mechelner Bildhauers Parent sowie einige Gemälde herausragen, darunter sieben Bilder von Theodor van Loon.

Hospice Pachéco

Hinter der Kirche liegt an einem stillen Platz das 1713 gegründete Armenhaus und heutige Altersheim Hospice Pachéco, das 1824 bis 1826 **anstelle des alten Beginenhofs** errichtet wurde.

Vlaamse Schouwburg

Vom Hospiz aus führt die Rue de Laeken hinauf zum 1887 gegründeten Flämischen Theater (Koninklijke Vlaamse Schouwburg bzw. Théâtre Royal Flamand), in dem **ausschließlich Stücke in flämisch-niederländischer Sprache** aufgeführt werden. Die Büsten an der Hauptfassade stellen Joost van den Vondel (1587 – 1679), Pieter Langendyk (1683 – 1756) und Willem Ogier (1618 – 1689) dar, drei berühmte Vertreter des flämischen Theaters.

ℹ Tickets online über www.kvs.be oder an der Kasse, Quai au Pierres de Taille, Di. – Fr. 12.00 – 19.00, Sa. 17.00 – 19.00 Uhr, die Abendkasse öffnet eine Stunde vor Beginn der Vorstellung

** Saint-Michel

E 7

Lage: Place Ste-Gudule
Métro: Gare Centrale (1, 5)
ℹ Kathedrale: Mo. – Fr. 7.00 – 18.00, Sa. 8.30 – 15.30, So. 14.00 – 17.00 Uhr, Ausgrabungen tgl. 8.00 – 18.00 Uhr, Krypta (nur nach vorheriger Anmeldung, Tel. 02 219 75 30), Schatzkammer: Mo. – Fr. 10.00 – 12.30 und 14.00 – 17.00, Sa. bis 15.00, So. 14.00 – 17.00 Uhr
Eintritt: Kathedrale frei, Ausgrabungen 1 €, Krypta 2,50 €, Schatzkammer 1 €, Kombiticket: 3 €
www.cathedralestmichel.be

Weiß leuchtend erhebt sich die Kathedrale St-Michel (Sint-Michielskathedraal) majestätisch am Hang zwischen Unter- und Oberstadt. Sie ist zwar nicht das größte, aber wohl das schönste und geschichtsträchtigste Gotteshaus Brüssels.

Wunderbare Gotik: St-Michel

Ihre Vorgängerin war eine dem Erzengel Michael, dem Schutzpatron der Stadt, geweihte karolingische Taufkirche. Im Jahr 1047 wurden jedoch mit dem Umzug des Hofs und der damit verbundenen Gründung eines Frauenstifts die **Reliquien der hl. Gudula** († 712), die bis dahin in der Kapelle auf der Senne-Insel aufbewahrt worden waren, hierher gebracht. Michael und Gudula waren dann jahrhundertelang die gemeinsamen Patrone der nunmehrigen Kollegiatskirche, die im 15. Jh. zur Nationalkirche wurde. **Alle großen Persönlichkeiten des Landes hörten hier die Messe**, von Herzog Philipp dem Guten von Burgund über Kaiser Karl V., die Generalstatthalter Albert und Isabella sowie Napoleon I. bis hin zu den Mitgliedern des belgischen Königshauses. Mit der Erhebung zum Sitz des Erzbischofs von Mechelen-Brüssel 1962 erhielt das Gotteshaus offiziell den Namen Cathédrale Saint-Michel; Gudula musste ausscheiden, da sie keine offizielle Heilige der katholischen Kirche ist, trotzdem werden oft beide genannt. Das heutige Bauwerk wurde Anfang des 13. Jh.s begonnen und Ende des 15. Jh.s fertiggestellt; es zeigt Stilelemente vom Übergang der Romanik zur Gotik (Chor und Chorumgang) über die Früh- und Hochgotik (Chor und Schiffe) bis zur Spätgotik in den 69 m hohen, helmlosen Türmen. Jan van Ruysbroeck, Baumeister des Rathausturms, wirkte ebenfalls mit. Die breite Freitreppe kam erst 1860 dazu.

Hauptfassade

Die Hauptfassade zeigt im Vergleich zu anderen gotischen Kathedralen wenig Skulpturen, besticht mehr durch **feine Gliederung** und himmelwärts strebende Linien. Über dem Mittelportal sieht man die Heiligen Drei Könige; die übrigen Skulpturen zeigen Apostel.

Hauptschiff

Der in hellem Licht erstrahlende Innenraum beeindruckt vor allem durch seine einzigartigen Kirchenfenster. Ein Großteil der in 16 Fenstern angebrachten ****1200 Glasgemälde** stammt noch aus dem 16. Jahrhundert. Das monumentale Glasfenster über dem Hauptpor-

Cathédrale St-Michel • St-Michielskathedraal

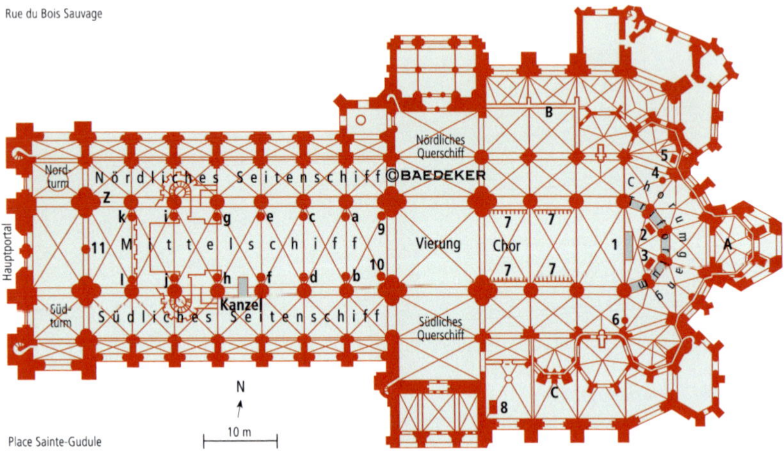

Kapellen

- A Madeleine (Magdalena)
- B Saint-Sacrement de Miracle (Sakramentswunder)
- C Notre-Dame de la Délivrance (Unsere Liebe Frau der Erlösung)

1 Hauptaltar
2 Grabmal der Herzöge von Brabant
3 Grabmal des Erzherzogs Ernst von Österreich
4 Statue des Jan Ruysbrœck
5 Gedenktafel für Rogier van der Weyden über seinem Grab
6 Muttergottes von Artus Quellinus d.Ä.
7 Chorgestühl (aus der ehem. Abtei Forest)
8 Grabmal des Grafen Friedrich von Merode
9 Holzfigur der hl. Gudula
10 Holzfigur des hl. Michael
11 Statue des hl. Michael

Apostelfiguren

- a Petrus
- b Paulus
- c Andreas
- d Jakobus der Ältere
- e Johannes
- f Thomas
- g Jakobus der Jüngere
- h Philippus
- i Bartholomäus
- j Matthäus
- k Simon
- l Thaddäus

Z Zugang zu den romanischen Überresten

tal stellt das **Jüngste Gericht** dar. Unklar ist, wer es entworfen und ausgeführt hat. Gestiftet wurde es 1527 vom Lütticher Fürstbischof Evrard de la Marck, vermutlich zum Dank dafür, dass Kaiser Karl V. 1521 seine Erhebung zum Kardinal bewirkt hatte. De la Marck kniet am unteren Rand vor einer allegorischen Figur. Christus thront als Richter auf einem Regenbogen, Maria, Johannes der Täufer und die Apostel flankieren ihn. Unter Christus leuchtet das Kreuz auf, darunter schwingt der hl. Michael zwischen einer Engelschar das Schwert. Mit dem linken Fuß stützt er sich auf eine Waage. Der Erzengel Michael und die hl. Gudula begegnen immer wieder in Statuen, Bildern und Kirchenfenstern aus den verschiedensten Zeiten. Und noch ein Thema wiederholt sich: die **Legende vom Sakramentswunder**. Demnach soll die heilige Hostie 1370 gestohlen und von Juden in der Synagoge mit Faustschlägen traktiert worden sein, worauf sie zu bluten begonnen habe. Die angeblichen Täter wurden zum Feuertod verurteilt. Die Legende war schlichtweg erfunden, dennoch hielt sie sich über Jahrhunderte und ist in zahlreichen Kunstwerken in der Kirche dargestellt. Eine Bronzeplatte in der Chapelle du St-Sacrement weist darauf und auf den antisemitischen Charakter hin. Die Säulen des Hauptschiffs (14./15. Jh.) tragen **zwölf lebensgroße Apostelfiguren** (17. Jh.), die u. a. von Luc Fayd'Herbe (Simon, Jakobus d. Ä. und evtl. Johannes) und Jérôme Duquesnoy d. J. (Paulus, Bartholomäus, Thomas und Judas Thaddäus) stammen. Die prachtvolle holzgeschnitzte Kanzel von Henri-François Verbruggen (1669) zeigt die Vertreibung aus dem Paradies (► S. 271). Das Schnitzwerk an ihrem Aufgang (Tierdarstellungen von J.-B. van der Haeghen) wurde erst 1708 angebracht. Zwischen Kanzel und Hauptportal sind 1937 Reste der romanischen Vorgängerkirche freigelegt worden, zu denen man vom linken Seitenschiff aus hinabsteigen kann.

Glasfenster

Die großartigen Glasfenster im **Querschiff** wurden in der ersten Hälfte des 16. Jh.s **von Bernard van Orley** entworfen und von dem Antwerpener Glasbaumeister Jan Haeck ausgeführt. Das Nordfenster zeigt Kaiser Karl V., den Stifter des Bildes, und seine Gemahlin Isabella von Portugal, vor dem Schrein des hl. Sakraments vom Mirakel kniend, mit ihren Schutzpatronen Karl dem Großen und der hl. Elisabeth; im Südfenster sieht man König Ludwig II. von Ungarn und seine Gemahlin Maria, die Schwester Karls V. und Regentin der Niederlande, vor der Heiligen Dreifaltigkeit kniend, mit ihren Schutzpatronen Ludwig dem Heiligen und der Muttergottes.
Die Glasgemälde der **Seitenschiffe** zum Sakramentswunder sind in der zweiten Hälfte des 19. Jh.s nach Zeichnungen von Charles De Groux von J.-B. Carponnier geschaffen worden. Die beiden ersten Fenster im südlichen Seitenschiff (nahe dem Querschiff) zeigen die Wappen der königlichen Familien Sachsen-Coburg und Orléans sowie des Königreichs Belgien und des Hauses Habsburg.

Chor

Der Chor (1215 – 1265) mit dem Triforium von 1273 ist **der beeindruckendste Teil der Kirche**. Links und rechts des Hochaltars (Ende 19. Jh.) befinden sich die Grabdenkmäler des Herzogs Johann von Brabant und seiner Gemahlin Margarete von York († 1312 bzw. 1322) sowie des Erzherzogs Ernst von Österreich († 1592), Generalstatthalter der Niederlande und Bruder Kaiser Rudolfs II. Das Chorgestühl stammt aus der ehemaligen Benediktinerabtei Forest; der Altar mit den Pelikanen ist ein Werk von Simon Levy. Die fünf Glasfenster wurden im 16. Jh. vom Hofglasmaler Nikolaus Rombouts angefertigt und zeigen Personen aus der Geschichte der Niederlande. Im **Chorumgang** (13. Jh.) stehen u. a. eine Muttergottesstatue von Artus Quellinus d. Ä. (1645) und eine Bildhauerarbeit der Brabanter Schule des 16. Jh.s, das Heilige Grab und die Auferstehung darstellend. Links von der Chapelle de Ste-Madeleine **ist der Brüsseler Stadtmaler Rogier van der Weyden begraben**.

Chapelle de Ste-Madeleine Die Apsis der Magdalenenkapelle, 1282 erbaut und 1675 barockisiert, birgt einen **italienischen Alabasteraltar** aus der Abbaye de La Cambre (▶ Ixelles) von 1538 sowie eine Büste der Muttergottes mit dem Jesuskind, vermutlich von Konrad Meyt (16. Jh.).

Chapelle du St-Sacrement Die Fenster der Chapelle du St-Sacrement du Miracle (Sakramentswunder; 1534 – 1539) wurden von Karl V. und seiner Familie zu Ehren der hl. Hostie gestiftet. Sie zeigen in der oberen Hälfte Bildnisse der Stifter und Szenen des Sakramentswunders. Die ersten drei (von links nach rechts) sind nach Entwürfen von Bernard van Orley (1490 – 1541) ausgeführt worden; das verloren gegangene vierte, das fünfte und sechste Fenster wurden 1848 von J.-B. Craponnier ersetzt. Unter dem Alabasteraltar (19. Jh.) **sind die spanischen Generalstatthalter Albert und Isabella bestattet** († 1621 bzw. 1633), deren Porträts, Kopien nach Rubens, links hängen.

Chapelle de Notre-Dame de la Délivrance Rechts vom Chor befindet sich die Kapelle Unserer Lieben Frau der Erlösung (Notre-Dame de la Délivrance), 1649 – 1655 im gotischen Stil erbaut, mit schönen Glasfenstern, die der **Rubens-Schüler Thomas van Thulden** entwarf. Sie stellen die Wohltäter der Kirche mit deren Schutzpatronen und darüber Episoden aus dem Leben der Jungfrau Maria dar. Unter den Grabdenkmälern ragt das Grabmal des Grafen Frédéric de Mérode heraus, eine Arbeit des belgischen Bildhauers Guillaume Geefs aus dem Jahr 1835.

Ausgrabungen, Krypta Bei der Restaurierung der Kathedrale in den 1980er-Jahren entdeckte man Überreste des romanischen Vorgängerbaus. Am Beginn des nördlichen Seitenschiffs können u. a. der Narthex und der Eingang von 1047 besichtigt werden, in der Krypta unter dem Chor imposante Säulen-, Graffiti- und Freskenreste. Zum Teil werden sie auf das Ende des 8. Jahrhunderts datiert und gelten damit als die **ältesten Siedlungsspuren in der Stadt**.

Auf der Nordseite des Hauptschiffs hängt seit 2000 die monumentale **Schwalbennestorgel**. Sie wurde vom in Barcelona tätigen Deutschen Gerhard Grenzing gebaut. Regelmäßig geben hier die besten in- und ausländischen Organisten Konzerte. Im Chor steht ein zweites, kleineres Instrument des Brüsseler Orgelbauers Patrick Collon.

Schnitzwerk an der Kanzel: die Vertreibung aus dem Paradies

* Saint-Nicolas

E 7

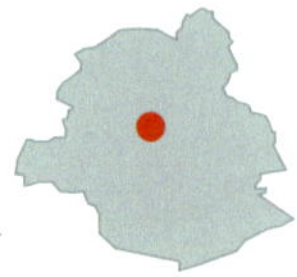

Lage: Rue de Tabora/
Rue au Beurre
Tram/Prémétro: Bourse (3, 31, 32)
ℹ Mo. – Fr. 8.00 – 18.30,
Sa. 9.00 – 18.00,
So. 8.00 – 19.30 Uhr
Eintritt: frei

Eines der ansprechendsten Gotteshäuser Brüssels, die kleine Kirche Saint-Nicolas (Sint Niklaaskerk), entdeckt man unweit der Grand'Place und der Börse.

Schutzpatron der Kaufleute

Eng verbunden mit den Anfängen der Stadtentwicklung, wurde sie von den Kaufleuten zu Ehren des hl. Nikolaus, eines ihrer Schutzheiligen, im 11. und 12. Jh. als **Marktkirche** errichtet. Der gotischen Erneuerung im 14. und 15. Jh. folgten die Zerstörungen während der großen Religionskriege des 16. Jh.s sowie die Bombardierung von 1695, doch wurde sie jedes Mal erneut aufgebaut. Nur der im Lauf der Zeit dreimal eingestürzte bzw. abgebrannte große Belfried wurde nicht wieder errichtet. An die Kirche lehnen sich rundum Geschäftshäuser an, die zum Teil lediglich aus zwei übereinanderliegenden Räumen bestehen.

Reiche Ausstattung

Der Innenraum strahlt eine warme, einladende Atmosphäre aus und besitzt eine reiche Ausstattung aus holzgetäfelten Wänden, klassizistischem Hochaltar, holzgeschnitzten Beichtstühlen, Kanzel und schönem schmiedeeisernem Chorgitter, alles im 18. Jh. gefertigt. Auf dem linken Seitenaltar steht eine Friedensmadonna aus dem 15. Jh., am rechten Chorpfeiler ein spanischer Christus aus dem 16. Jahrhundert. Der in Deutschland gefertigte Kupferschrein der Märtyrer von Gorcum (1868) vor der Kanzel erinnert an die 1572 in Brielle bei Rotterdam den Geusen in die Hände gefallenen und hingerichteten Katholiken. Ein Souvenir von 1695 ist die in der Wand gegenüber stecken gebliebene Kanonenkugel. Ferner enthält die Kirche beachtenswerte Gemälde – etwa im linken Seitenschiff »Christus unter den Schriftgelehrten« von Jan van Orley, am Pfeiler gegenüber dem Eingang **das Rubens zugeschriebene Bild »Schlafendes Jesuskind«** – sowie ein schönes Kirchenfenster von Guy Chabrol (1956). In der Eingangshalle rechts und im Hauptschiff sieht man noch romanische Baureste, die zu den ältesten Bauzeugnissen in Brüssel gehören.

> **! BAEDEKER TIPP**
>
> *Brüsseler Leckereien*
>
> ... das sind zum Beispiel köstlicher Spekulatius und und das leckere Pain Greque. In bester Qualität und feinem Ambiente gibt es dies und noch viel mehr seit 1826 bei Dandoy in der Nachbarschaft von Saint-Nicolas (31, Rue au Beurre).

Saints-Jean-et-Étienne-aux-Minimes

E 8

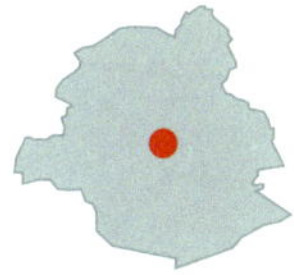

Lage: 57, Rue des Minimes
Tram: Sablon, Poelart (92, 94)
tgl. 10.00 – 13.00 Uhr
Eintritt: frei
www.minimes.net

Der Franziskanerorden der Minderbrüder ließ das Gotteshaus 1700 – 1715 erbauen. Es illustriert den Übergang vom flämisch-italienischen Barock (Fassade) zum Klassizismus (Innenraum). Der Architekt ist allerdings nicht bekannt.

Reiches Musikprogramm

In napoleonischer Zeit wurde die Basilika Pfarrkirche der ► Marollen. 1815 befahl König Wilhelm I. der Niederlande, sie zu schließen. Die erzürnten »marolliens« besetzten sie kurzerhand. Der Monarch wagte es nicht, sie durch das Militär räumen zu lassen. Die **Noelemans-Orgel** von 1680 ist die älteste von Brüssel, sie wurde 1807 hier aufgestellt. 2003 wurden die aus einer Erweiterung im 19. Jh. stammenden Pfeifen in postmodernen Acrylglaskästen (Entwurf Charles Vandenhove) neu aufgestellt. In der Kirche singt jeden Sonntagvormittag (10.30 Uhr) ein Amateurchor Bach-Kantaten. Die Philharmonische Gesellschaft nutzt den Raum für Konzerte mit Renaissance- und Barockmusik. Im Juli und August gibt sie den Rahmen für die Mittagskonzerte des Festivals **Midi-Minimes** ab.

Théâtre Royal de la Monnaie

E 7

Lage: Place de la Monnaie
Métro/Prémétro: De Brouckère (1, 5 bzw. 3, 4, 31, 32)
Karten: Di. – Sa. 12.00 –18.00 Uhr und ab 1 Std. vor Beginn der Vorstellung
www.lamonnaie.be

Das Théâtre Royal de la Monnaie (Muntschouwburg) ist für die Belgier gleich in zweierlei Hinsicht von Bedeutung, ist es doch zum einen die wichtigste Opernbühne des Landes und zum anderen ein Symbol ihres Unabhängigkeitskampfes.

Ort revolutionärer Umtriebe

Hätte hier am **25. August 1830** Mozarts »Così van tutte« oder eine ähnliche Oper auf dem Spielplan gestanden, wer weiß, vielleicht wäre Belgien erst viel später oder gar nicht unabhängig geworden. Doch

Hat eine revolutionäre Vergangenheit: die Brüsseler Oper

es wurde **»Die Stumme von Portici«** von Daniel François Esprit Auber gegeben, ein pathetisches Stück über eine Revolte neapolitanischer Fischer, deren Aufführung die holländische Obrigkeit zeitweise sogar verboten hatte. Sie traf den Nerv des Publikums, das sich nicht nur im Opernhaus, sondern auch auf dem Platz davor versammelt hatte. Als der Tenor Lafeuillade in der Rolle des Masaniello zum Duo **»Amour sacré de la patrie«** (»Heilige Liebe zum Vaterland«) anhob, gab es kein Halten mehr: Die Menge stürzte, patriotische Parolen ausrufend, nach draußen, stürmte die Amtsstuben des Justizministers und des Polizeichefs und danach zum ► Parc de Bruxelles. Das war **der entscheidende Impuls für die Revolution**, die die Unabhängigkeit Belgiens bringen sollte.

Belgiens führende Opernbühne

Das Opernhaus verdankt seinen Namen dem **Hôtel d'Ostrevant**, in dem im 15. Jh. das Herzogtum Brabant seine Münzen schlagen ließ und das 1531 abgerissen wurde. 1698 erwarb Jean-Paul Bombarda, der Schatzmeister des Generalgouverneurs der Niederlande, das Gelände und ließ ein Schauspielhaus mit 1200 Plätzen errichten. Dieses hatte zunächst keinen großen Erfolg. 1810 wurde der Umbau beschlossen und im Mai 1819 das neue Haus eröffnet. Architekt Damesme schuf ein Theater im neoklassizistischen Stil, umgeben von einer überdachten Galerie und mit einer dreieckigen Giebelwand über den acht ionischen Säulen an der Schauseite, die das allegorische Flachrelief »Harmonie der menschlichen Leidenschaften« trug. Am 31. Januar 1855 zerstörte ein Brand dieses Theater; nur die Säulen und das Flachrelief blieben verschont und zieren heute noch den von Joseph Poelaert geleiteten Neubau. König Léopold I. eröffnete das Haus, das fortan Oper und Ballett vorbehalten war. 1963 rückte es zur Nationaloper auf; von 1967 bis 1987 feierte der französische Choreograf **Maurice Béjart** mit seiner berühmten Tanztruppe **»Ballett des 20. Jahrhunderts«** hier überwältigende Erfolge. Mitte der 1980er-Jahre kamen der postmoderne Bühnenaufbau und die von Sol LeWitt und Sam Francis gestaltete Eingangshalle hinzu sowie im ersten Stock der von Charles Vandenhove, Daniel Buren und Giulio Paolini hinreißend ausgeschmückte Salon Royal. Der Zuschauerraum von Poelaert ist unverändert.

> ! BAEDEKER TIPP
>
> *Theaterbesuch ohne Theater*
>
> Im Juni und von September bis Dezember kann man samstags ab 12.00 Uhr bei einer Führung im Théâtre Royal de la Monnaie einen Blick hinter die Kulissen und auf die Bretter, die die Welt bedeuten, werfen.

Place de la Monnaie

Vor dem Theater breitet sich die zwar **immer belebte**, aber keine städtebauliche Glanzleistung darstellende Place de la Monnaie aus, was vor allem dem hoch aufragenden Centre Monnaie zu schulden ist, für das die im 19. Jh. erbaute Hauptpost weichen musste. Derzeit wird er z. T. neu angelegt. Im 19. Jh. war der Platz ein beliebter Treffpunkt der Brüsseler, vor allem für die Opernbesucher, die nach Ende der Vorstellung den Abend in den benachbarten Etablissements ausklingen ließen, die gerade erst – für damalige Zeiten eine Sensation – Gaslicht erhalten hatten. Hier feierte man die Stars der Epoche wie Mademoiselle Mars, Mademoiselle Duchesnois oder die Malibran.

★ Villa Empain

G 11

Lage: 67, Avenue Franklin D. Roosevelt
Tram: Solbosch (25, 94)
Di. – So. 10.00 – 18.30 Uhr
Eintritt: 10 €
www.villaempain.com

Edouard Empain gehörte zu den herausragenden Figuren der Gründerzeit. In Belgien legte er das Schmalspurbahnnetz an (chemins de fer vicinaux), in Kairo gehörte ihm die Straßenbahn, in Paris die von ihm gebaute Métro.

Geschmackvoller Luxus

Für seinen Sohn Louis errichtete Michel Polak 1930 – 1935 die Villa Empain. Ihre klaren Linien passen zum vorherrschenden Internationalen Stil. Die Rundungen der Hausecken, die mit Pergolen überdachten Erker an den beiden Seiten, schließlich die Bekleidung der Fassade mit grauem Granit und die Einfassung der Fenster mit vergoldeten Messingleisten (beides Anspielungen auf das Palais Stoclet) sowie das prächtige Portal sind jedoch dem **Art déco** zuzurechnen. Der herrscht auch innen vor. Die zentrale Halle mit Galerie im ersten Stock und Glasdach ist verschwenderisch in verschiedenen grauen Marmorsorten gehalten, Türen und Bar sind aus symmetrisch gemaserten, tropischen Edelholzsorten, die Schmiedeeisengitter vor den Heizkörpern und das Treppengeländer greifen die afrikanisch inspirierten geometrischen Muster des Portals auf. »Luxe, calme et volupté« gipfeln im gigantischen Swimmingpool, der sich an Wintergarten und Terrasse anschließt und von einer Pergola gesäumt wird.

Louis Empain bewohnte das Traumhaus gerade mal ein Jahr, 1937 schenkte er es dem belgischen Staat mit der Auflage, darin ein Designmuseum unterzubringen. Dazu kam es aber nicht. 1943 zog die Gestapo ein, 1947 die Botschaft der UdSSR, 1973 RTL. 2006 erwarben die aus Armenien stammenden Diamant- und Edelsteinhändler Albert und Jean Boghossian die Villa und ließen sie von Philippe De Bloos und Francis Metzger restaurieren, das Ergebnis wurde **2011 mit dem Preis Europa Nostra ausgezeichnet**.

Seit 2010 organisiert ihre Stiftung, die sich dem west-östlichen Dialog verschrieben hat, regelmäßig spannende Ausstellung zu eben diesem Thema sowie Konzerte und Vorträge. Die Conciergerie am Ende des Gartens wurde für Stipendiaten aus Kunst, Literatur, Musik und Wissenschaft eingerichtet.

** Waterloo

außerhalb

Lage: 18 km südlich
Bus: TEC-Linie W ab Blvd. du Midi
Besucherzentrum: April – Okt. tgl. 9.30 – 18.30, Nov. – März tgl. 10.00 – 17.00 Uhr
Schlachtfeld-Tour: im Sommer tgl. 10.45, 11.45, 13.30, 14.30, 15.30, 16.30 u. 17.30, im Winter nur am Wochenende 10.45, 11.45, 13.30, 14.30 u. 15.30 Uhr
Eintritt: Pass für alles 12 €, Pass ohne Schlachtfeld-Tour 8,70 €, Schlachtfeld-Tour 5,50 €, Besucherzentrum/Löwenhügel 6 €
www.waterloo1815.be

Südlich von Brüssel ist am 18. Juni 1815 Weltgeschichte geschrieben worden: In der berühmten Schlacht beim Dorf Waterloo entschied sich nicht nur das Schicksal Frankreichs und seines Kaisers Napoleon I., sondern auch die Zukunft Europas. Was für den britischen Feldherrn Herzog von Wellington die »Schlacht bei Waterloo« war, war für den preußischen Feldmarschall Blücher die »Schlacht bei Belle-Alliance«, denn die beiden Heerführer trafen sich nach dem errungenen Sieg beim Wirtshaus dieses Namens.

Vorgeschichte

Nach Napoleons Rückkehr von Elba und seinem triumphalen Einzug in Paris waren die europäischen Mächte entschlossen, dem Spuk des Emporkömmlings ein für allemal ein Ende zu bereiten. Ihre Armeen sollten Frankreich in einer großen Bogenbewegung besetzen: die Engländer und Preußen über das zu den Niederlanden gehörende Belgien, die Österreicher über den Oberrhein, die Russen über den Mittelrhein und die österreichisch-sardinischen Verbände über die Alpen. Napoleon sah seine einzige Chance, die Vereinigung dieser Armeen zu verhindern, darin, dass er einen raschen Sieg gegen eine von ihnen errang.
Wie kaum eine zweite Schlacht in der Geschichte ist Waterloo zur Legende geworden. Hier ging der Stern Napoleons unter und mit ihm sein Kaiserreich; erst hier, vor den Toren von Brüssel, hatten die europäischen Mächte die Französische Revolution endgültig besiegt. Nach Waterloo hat sich aber auch der Mythos des Schlachtfelds und der heldenmütigen Schlachtenlenker mehr und mehr aus dem Bewusstsein der Völker verabschiedet, wie Friedrich Sieburg formulierte: **»Die Frage: ›Warum, wozu und für wen?‹ wird von nun ab nicht mehr verstummen.«**

BAEDEKER TIPP !

Waterloo live

Alljährlich um den 18. Juni herum treffen sich verschiedene Traditionsvereine und »spielen« Waterloo. Alle fünf Jahre wird dann mit großem Aufwand die ganze Schlacht nachgestellt (2015 ...), unter den kritischen Blicken zahlreicher Schaulustiger.

Schlachtfeld

Das einstige Schlachtfeld liegt südlich des Städtchens Waterloo hauptsächlich auf der Gemarkung der Gemeinde Braine l'Alleud und zeigt sich heute als friedliche Weide- und Ackerlandschaft. Im Besucherzentrum am Fuß des Löwenhügels informieren Schautafeln, Computerbildschirme und ein Film über die Ereignisse, dazu gibt es allerlei Bücher und Souvenirs. Der Rundbau beim Besucherzentrum enthält das 1912 enthüllte, 12 m hohe und 110 m Länge messende **Panorama de la Bataille** (Rundpanorama), das der französische Militärmaler Louis Dumoulin geschaffen hat. Es zeigt den Stand der Schlacht gegen 17.00 Uhr; zu erkennen sind u. a. die polnischen Lanzenreiter der französischen Kavallerie, Napoleon und sein Stab sowie Wellington. Für die rechte Atmosphäre sorgt die Untermalung mit Schlachtenlärm.

Butte du Lion

Weithin sichtbar erhebt sich der Butte du Lion, der Löwenhügel, über dem einstigen Schlachtfeld. Er wurde von 1823 bis 1826 an der Stelle errichtet, an der der **Prinz von Oranien, der Führer des niederländischen Kontingents**, schwer verwundet wurde. Der an der Basis 520 m ummessende Hügel wurde aus 32 000 m³ Erde des Schlachtfelds über einer stützenden Backsteinkonstruktion 40 m hoch aufge-

Die Schlacht bei Waterloo

Am Sonntag, dem 18. Juni 1815 standen sich auf den vom Regen aufgeweichten Feldern Brabants zwei gewaltige Armeen gegenüber.

Franzosen
124 000 Mann mit 384 Geschützen; die 35 000 Mann des Marschalls Grouchy kamen nicht. 33 000 Tote.

Briten und Verbündete
Briten, Holländer, Belgier, Hannoveraner, Braunschweiger und Nassauer (geführt von Wellington): 97 000 Mann, 186 Geschütze. 15 000 Tote.

Preußen
117 000 Soldaten und 312 Geschütze. Ein Teil dieser Armee griff am Nachmittag ein. 7000 Tote.

1 Straße Brüssel–Charleroi
Wo die schwersten Kämpfe tobten, braust heute der Verkehr auf der N 5.

2 Braine l'Alleud

3 Dorf und Hof Mont St-Jean
Wellingtons Befehlsstand war der Hof.

4 Heutiger Butte du Lion
Hier wurde der Prinz von Oranien verwundet.

5 Ferme de Hougoumont
Mit dem Angriff auf dieses Gehöft, wo die Briten waren, begann die Schlacht.

6 Ferme de la Haye-Sainte
Um dieses Gehöft wurde erbittert gekämpft.

7 Hohlweg von Ohain
Die Kämpfe dort waren die verlustreichsten der ganzen Schlacht.

8 Wirtshaus von Belle-Alliance
Hier trafen sich Wellington und Blücher.

9 Ferme du Caillou
Hier war Napoleons Quartier; sein Gefechtsstand lag nicht weit davon.

10 Ferme de la Papelotte
An dieser Stelle griffen die Preußen ein.

11.30 Uhr: Beginn der Schlacht: Angriff auf Hougoumont.

13.00 Uhr: Die Franzosen eröffnen mit 80 Kanonen das Feuer auf das Zentrum der Briten. Die ersten Preußen unter Bülow treffen ein.

13.30 Uhr: Die Franzosen beginnen den Hauptangriff am Hohlweg von Ohain. Ihr Durchbruch kann durch einen Gegenangriff der britischen Kavallerie verhindert werden.

15.00 Uhr: Der Hauptangriff kommt nicht voran. Marschall Ney erhält den Befehl zum Angriff auf La Haye-Sainte. Dier Artilleriebeschuss lässt die britischen Linien zurückweichen. Napoleon ordnet sofortige Kavallerieangriffe an.

16.00 Uhr: Die von Wellington sehnlichst erwarteten Preußen (»Ich wollte, es wäre Nacht und die Preußen kämen«) unter Zieten greifen den rechten Flügel der Franzosen an.

17.00 Uhr: Der Fehlschlag der französischen Kavallerieattacke zeichnet sich ab.

19.00 Uhr: Napoleon schickt seine letzte Reserve in die Schlacht – die kaiserliche Garde. Sie bildet ein Karree um ihn.

21.00 Uhr: Die Franzosen geraten in Panik. Wellington und Blücher treffen sich. Napoleon flieht.

Räumen Dokumente, Waffen und Gegenstände, die der flüchtende Kaiser zurücklassen musste, darunter sein Feldbett.

ⓘ tgl. April – Okt. 10.00 – 18.00, Nov. – März 10.30 – 17.00 Uhr, Eintritt: 2 €

In Waterloo

In Waterloo selbst sollte man das **Hauptquartier des Herzogs von Wellington** am Hauptplatz besuchen (Musée Wellington). Hier, in einer einstigen Herberge, wird noch einmal der Schlachtverlauf dokumentiert und viele persönliche Gegenstände des britischen Feldherrn sind ausgestellt, darunter auch sein Regenschirm-Säbel. Ebenfalls am Platz steht die **Chapelle Royale**, 1690 erbaut und ursprünglich dem spanischen König Karl II. gewidmet. 1817 erklärte man sie zur Gedenkstätte für die Schlacht und stattete sie mit Grabtafeln alliierter Gefallener aus. Diese sind heute in der angrenzenden Kirche Saint-Joseph zu sehen.

ⓘ tgl. April – Sept. 9.30 – 18.30, Okt. – März 10.30 – 17.00 Uhr, Eintritt: 5 €

PRAKTISCHE INFORMATIONEN

Wo gibt es am schnellsten die erforderliche Auskunft?
Wie funktioniert das mit den öffentlichen Verkehrsmitteln?
Und mit welcher Sprache kommt man am besten durch?

Anreise · Reiseplanung

ANREISE

Mit dem Auto **Von Norden**: Ruhrgebiet – Venlo – Eindhoven – Antwerpen – Brüssel (A 21 / A 67 / E 34 und A 1 / E 19). **Von Osten**: Köln – Aachen – Lüttich – Brüssel (A 3 / E 40). **Von Süden und Südosten**: Saarbrücken – Luxemburg – Arlon – Namur – Brüssel (A 4 / E 411). Alle Autobahnen münden in den Autobahnring R 0.

Mit Bahn und Bus Aus dem deutschsprachigen Raum kommt man per Bahn am schnellsten via Köln – Aachen – Lüttich in die belgische Hauptstadt (ab Köln knapp 2 Std. nach Bruxelles-Midi). Von Köln aus fährt auch der Hochgeschwindigkeitszug **Thalys** nach Brüssel (und weiter nach Paris). Für Reisende aus Süddeutschland und der Schweiz bietet sich die Verbindung Basel – Paris – Brüssel (Thalys) bzw. Basel – Straßburg – Luxemburg – Brüssel an (Dauer ca. 6 bzw. 7 Std.). Die Busse der **Deutschen Touring Gesellschaft** steuern von vielen größeren Städten Deutschlands Brüssel an.

Mit dem Flugzeug Die Deutsche Lufthansa fliegt von Berlin, Frankfurt, Hamburg, München und Stuttgart direkt nach Brüssel, von Berlin startet auch easyjet; Germanwings fliegt von Berlin, Bremen, Hannover, Stuttgart und Wien aus nach Brüssel; SN Brussels Airline fliegt von Berlin, Hamburg und München sowie von Basel, Genf und Zürich; Swiss ebenfalls von Basel, Genf und Zürich; Austrian Airlines fliegt von Wien aus.

FLUGHAFEN

Bruxelles National/ Brussel Nationaal

Lage: 13 km nordöstlich bei Zaventem
Bus: Airport Line 12 über NATO, Germinal, Genève bis Métro Schuman (tgl. ab 5.00 Uhr) bzw. bis Bahnhof Luxembourg bis zu 4-mal in der Stunde; Preis: 3,00 €.
Bahn: Der Brussels Airport Express fährt über Bruxelles Nord und Bruxelles Centrale nach Bruxelles Midi 4-mal in der Stunde; die Fahrt dauert ca. 25 Minuten. Karten (2. Klasse 3,00 €) kann man auch im Zug kaufen, aber mit Zuschlag.
Taxi: Taxen mit einem orangeroten Aufkleber mit Flugzeug bieten einen Sondertarif an.

Auskunft

Tel. 02 753 42 21, 02 723 31 11
www.BrusselsAirport.be
Flugzeiten: Tel. 90 07 00 00

FLUGGESELLSCHAFTEN

SN Brussels Airline

Flughafenschalter: Tel. 02 723 23 23
www.flysn.com

Lufthansa
Reservierungen: Tel. 02 7 45 44 55
Flughafenschalter: Tel. 02 720 22 26
www.lufthansa.com

Austrian Airlines
Reservierungen: Tel. 02 6 42 25 70
Flughafenschalter: Tel. 02 7 20 22 26
www.austrian.com

Swiss
Reservierungen: Tel. 078 15 53 19
www.swiss.com

Easyjet
www.easyjet.com

Germanwings
www.germanwings.com

BAHNHÖFE

Gare du Nord (Nordbahnhof)
Rue du Progrès
Tram/Prémétro: 3, 4, 25, 31, 32, 55, 56

Gare Centrale (Zentralbahnhof)
Carrefour de l'Europe; Métro: 1, 5
Unterirdischer Bahnhof, nur fünf Gehminuten von der Grand'Place. Nur wenige Fernzüge halten hier!

Gare du Midi (Südbahnhof)
Boulevard de l'Europe
Métro: 2, 6; Tram/Prémétro: 3, 4, 25, 31, 32, 55, 56
Wichtigster Fernbahnhof der Stadt. Verbindungen nach Frankreich und Großbritannien: Eurostar nach London, Thalys nach Paris, TGV ins übrige Frankreich.

Gare du Luxembourg
Place du Luxembourg
Überwiegend Nahverkehrsbahnhof; einige Fernzüge aus der Schweiz, Ostfrankreich und Luxemburg

ZUGAUSKUNFT

Belgien und Ausland
Tel. 02 5 55 25 55 (ndl.)
Tel. 02 5 55 25 25 (frz.), www.b-rail.be

Thalys
Auskunft und Fahrscheine (immer mit Platzreservierung) bei der Deutschen Bahn und unter www.thalys.com

BUS

Deutsche Touring Gesellschaft
Am Römerhof 17, 60486 Frankfurt/M.
Tel. 069 79 03 50
www.deutsche-touring.com

REISEPLANUNG

Reisedokumente

Deutsche, österreichische und Schweizer Bürger benötigen bei einem Aufenthalt bis zu drei Monaten einen gültigen **Reisepass oder einen Personalausweis**; seit Mitte 2012 ist ein eigener biometrischer Ausweis auch für Kinder erforderlich. Nationaler **Führerschein und Kraftfahrzeugschein** sind mitzuführen; die Internationale Grüne Versicherungskarte wird unbedingt empfohlen. Kraftfahrzeuge müssen ein EU-Schild oder das Nationalitätskennzeichen tragen. Wer **Haustiere** (Hund, Katze) nach Belgien mitnehmen will, muss deren Tollwutimpfzeugnis vorweisen. Die Impfung darf nicht weniger als 30 Tage vor der Einreise stattgefunden haben und (je nach verwendetem Impfstoff) nicht länger als 6 bis 12 Monate zurückliegen.

Krankenversicherung Auch im EU-Ausland müssen die gesetzlichen Krankenkassen die Kosten für ärztliche Leistungen erstatten. Voraussetzung ist, dass dem behandelnden Arzt die **Krankenversicherungskarte** vorgelegt wird. Auch mit dieser Karte sind in vielen Fällen ein Teil der Behandlungskosten bzw. Ausgaben für spezielle Medikamente zunächst selbst zu bezahlen. Gegen Vorlage der Quittungen übernimmt die Krankenkasse im Heimatland dann ggf. die Erstattung der Kosten. Da die Kosten für ärztliche Behandlung und Medikamente in der Regel aber teilweise vom Patienten zu tragen sind und die Kosten für einen evtl. Rücktransport nicht übernommen werden, empfiehlt sich der Abschluss einer zusätzlichen Reisekrankenversicherung.

Zollbestimmungen Im **EU-Binnenmarkt** ist der private Warenverkehr weitgehend zollfrei. Innerhalb der EU-Länder gelten lediglich noch obere Richtmengen (z. B. für Reisende über 17 Jahre 800 Zigaretten, 10 l Spirituosen und 90 l Wein). Für Reisende aus **Nicht-EU-Ländern** wie der Schweiz gelten folgende Freimengengrenzen: 250 g Kaffee, 100 g Tee, 200 Zigaretten oder 50 Zigarren oder 250 g Tabak, 2 l Wein oder andere Getränke bis 22 % Alkoholgehalt sowie 1 l Spirituosen mit mehr als 22 % Alkoholgehalt. Souvenirs dürfen in die Schweiz bis zu einem Wert von 300 sFr zollfrei eingeführt werden.

Auskunft

IN DEUTSCHLAND

Belgien Tourismus
Cäcilienstr. 46, 50667 Köln
Tel. 0221 2 77 59-0
www.belgien-tourismus.de

Tourismus Flandern-Brüssel
Cäcilienstr. 46, 50667 Köln
Tel. 0221 2 70 97 70
www.flandern.com

IN BRÜSSEL

Bruxelles International
Hôtel de Ville, Grand'Place
1000 Bruxelles
Tel. 02 5 13 89 40
www.bruxelles-tourisme.be
tgl. 9.00 – 18.00 (Sonntag: Jan. – Ostern geschlossen, Okt. – Dez. nur 10.00 bis 14.00 Uhr)

BIP Brussels Info Place, 2–4 Rue Royale
Tel. 02 5 63 63 99
www.biponline.be
tgl. 9.00 – 18.00 Uhr
Flughafen: in der Ankunftshalle
tgl. 6.00 – 21.00 Uhr
Südbahnhof (Gare du Midi):
Sommer tgl. 8.00 – 20.00, Fr. bis 21.00; im Winter Mo. – Fr. 8.00 – 17.00, Sa. 9.00 – 18.00, So. bis 14.00 Uhr

BRÜSSELER WEBSITES

www.agenda.be
Theater, Konzerte, Feste – so ziemlich alles, was stattfindet in Brüssel.

www.bruesselrundschau.be
Für deutschsprachige Brüsseler mit vielen Tipps.

www.bruxelles.irisnet.be
Umfangreiche Seite der Region Brüssel-Hauptstadt mit vielen Links zu Tourismus und Kultur.

www.visitbrussels.be
Ansprechend aufgemachte englischsprachige Internetseite mit vielen relevanten Informationen.

www.brusselsmuseums.be
Alle Brüsseler Museen. Suchfunktionen nach Alphabet, Themen und Ort.

europa.eu/index_de.htm
Alles Wissenswerte über die EU bis in die Details hinein.

www.manneken-pis.com
Alles über Manneken Pis, witzig gemacht. Auch mit Informationen zu Museen, Hotels, Shopping etc.

www.monarchie.be
Für Freunde der belgischen Krone.

www.stib.be
Der Brüsseler öffentliche Nahverkehr mit Strecken- und Fahrplänen.

BOTSCHAFTEN IN BRÜSSEL

Deutschland
8–14, Rue de Lalaing
1014 Bruxelles
Tel. 02 787 18 00
www.bruessel.diplo.de

Österreich
5, Place du Champs de Mars, bte. 5
1050 Bruxelles
Tel. 02 289 07 00, Fax 02 513 66 41

Schweiz
26, Rue de la Loi, bte. 9
1040 Bruxelles
Tel. 02 285 43 50, Fax 02 230 37 81

BELGISCHE BOTSCHAFTEN

In Deutschland
Jägerstr. 52–53
10117 Berlin
Tel. 030 20 64 20, Fax 030 20 64 22 00

In Österreich
Wohllebengasse 6
1040 Wien
Tel. 01 502 07-0, 01 502 07-22

In der Schweiz
Jubiläumsstrasse 41
3000 Bern 6
Tel. 031 350 01 50, 031 350 01 65

In Brüssel ist immer was los!

Elektrizität

Das belgische Stromnetz führt 220 V Wechselspannung bei einer Frequenz von 50 Hz. Europa-Norm-Gerätestecker sind verwendbar, aber die Mitnahme eines Adapters (ndl. adapter, frz. adaptateur) zur Sicherheit kann nicht schaden.

Etikette

Kompromiss-fähigkeit

Zwar lautet das Motto in Belgiens Staatswappen »L'union fait la force« (»Einigkeit macht stark«), aber viel gängiger im Alltag ist das **»On s'arrange«** – salopp übersetzt bedeutet das so viel wie »Das kriegen wir schon irgendwie hin«. Dieser Spruch drückt am besten die sehr ausgeprägte Fähigkeit der Belgier zum Kompromiss aus, denn anders würde ihr kompliziertes Staatsgebilde vielleicht gar nicht funktionieren, gilt es doch, zwei sich nicht gerade freundlich gesonnene Volksgruppen, die Flamen hier und die Wallonen dort, unter einen Hut zu bringen und dabei auch die dritte Gruppe, nämlich die Deutschen, nicht zu vernachlässigen. Brüssel ist das Paradebeispiel dafür: Die Hauptstadt besteht aus 19 eigenständigen Stadtbezirken, liegt nahe der Sprachgrenze Französisch/Niederländisch und ist nicht zuletzt deswegen eine von drei eigenständigen Regionen des Landes und die einzige offiziell zweisprachige – wenn das nicht Kompromissbereitschaft erfordert!

Über den König wird nicht diskutiert

Für den Besucher der Stadt bedeutet das – obwohl Brüssel zu 95 Prozent Französisch spricht – zweisprachige Straßenschilder, zweisprachige Speisekarten, zweisprachig beschriftete Erläuterungstäfelchen im Museum, zweisprachige Haltestellenverzeichnisse an den Ticketautomaten etc. etc. und meistens zweisprachige Kassierer, Kellner, Taxifahrer, Schaffner ... Man staunt, wie problemlos die meisten von der einen in die andere Sprache wechseln – jedenfalls diejenigen, die »Publikumskontakt« haben. Ganz anders kann das in Vierteln wie Anderlecht oder Molenbeek aussehen, wo hauptsächlich Flämisch gesprochen wird und man mit Französisch nicht immer sehr weit kommt, wobei man manchmal nicht weiß, ob der Gesprächspartner nun nicht kann oder einfach nicht will. Man sollte auch nicht unbedingt das Gespräch über das (Miss-)Verhältnis zwischen Flamen und Wallonen und das komplizierte belgische Staatsgebilde suchen, und wenn doch, kann es durchaus sein, dass man auf mehr oder weniger heftig zum Ausdruck gebrachte Empfindlichkeiten stößt. Da schimpft man lieber gemeinsam auf die Eurokraten, die die Mieten in die Höhe treiben und ganze Stadtviertel mit Glaspalästen zustellen: Wie gut, dass es einen Sündenbock gibt. Über eine Person allerdings wird nicht diskutiert: Der König ist die institutionelle Klammer. Ohne ihn, sagen manche, gäbe es den Staat Belgien schon nicht mehr. So weit muss man nicht gehen, aber ohne den König wäre das Verhältnis zwischen Flamen und Wallonen sicher schlechter.

Fundbüros

Kein zentrales Fundbüro

Ein zentrales Fundbüro gibt es in Brüssel nicht. Je nach Ort des Verlusts muss man sich an unterschiedliche Stellen wenden.

STRASSE/TAXI

Beim Polizeikommissariat des Stadtbezirks oder direkt an die Polizeidirektion:
30, Rue du Marché-au-Charbon
Tel. 02 2 79 79 79

FLUGHAFEN

Im Flugzeug zurückgelassen:
Avia Partners, Tel. 02 7 23 07 07
Im Flughafen verloren:
Flughafen-Fundbüro, Tel. 02 7 53 68 20

BAHN

Falls Nummer und Bestimmungsort des Zuges bekannt sind, wendet man sich am besten an den nächsten Bahnhof oder an die Endstation.
Andernfalls: Tel. 02 2 24 55 91

METRO, TRAM, BUS

S.T.I.B.-Fundbüro. Station
Porte de Namur, Tel. 02 5 15 23 94
Mo. – Fr. 8.30 – 16.30 Uhr

Geld

Euro

Belgien gehört zu den Euro-Ländern. Auf der Rückseite der belgischen Euro-Münzen ist König Albert II. abgebildet (Umrechnungskurs derzeit: 1 sFr = 0,83 Euro, 1 EUR = 1,20 sFr).

Banken

Banken sind in der Regel Mo. – Fr. 9.00 – 15.30 Uhr geöffnet und alle verfügen über **Geldautomaten** (ndl. geldautomaat, frz. guichet automatique). Die gängigen **Kreditkarten** werden von Banken, Hotels, vielen Restaurants und zahlreichen Geschäften akzeptiert.

Verlustmeldung

In Deutschland gibt es seit einigen Jahren schon eine einheitliche Notrufnummer für die Verlustmeldung verschiedener Karten. Unter Tel. **11 61 16** (aus dem Ausland mit Vorwahl 0049!) kann man verloren gegangene Bank- und Kreditkarten, Handys und Krankenkassenkarten sperren lassen. Die Nummern der zu sperrenden Karten sollte man dabei bereithalten.

Gesundheit

Apotheken Belgische Apotheken (ndl. apotheek; frz. pharmacie) sind durch ein grünes Kreuz gekennzeichnet. Die Deutsche Botschaft hält eine Liste mit deutschsprachigen Ärzten bereit.

Medizinischer Notdienst
Tel. 100

Rotes Kreuz
Tel. 105

Ärztlicher Notdienst
Tel. 02 479 18 18

Zahnärztlicher Notdienst
Tel. 02 426 10 26

Apothekennotdienst
Tel. 0900 1 05 00

Literaturempfehlungen

Pierre Mertens: Ein Fahrrad, ein Königreich und der Rest der Welt. Aufbau-Verlag, Berlin 1996.
Der zwölfjährige Raymon wird auf seinem Fahrrad von einem Ferrari angefahren – am Steuer sitzen König Léopold III. und Sohn Baudouin. Ein skurriler, tragikomischer Belgien-Roman – natürlich auch mit Radsporthelden (leider nur noch antiquarisch erhältlich).

Alice Castle: Schokoherz. Ullstein TB, Berlin 2011.
Als Chocolatière in Brüssel zu arbeiten ist für Bella ein absoluter Traumjob, denn Süßes isst sie für ihr Leben gern. Doch damit sind ihre persönlichen Probleme, insbesondere die mit Tom, natürlich nicht behoben.

Ernst W. Heine: Brüsseler Spitzen. btb-Verlag, München 1999.
Vier Eurokraten unterschiedlicher Nationalität und Temperament suchen gemeinsam eine Geliebte. Der Roman eröffnet gleichzeitig auch einen nach wie vor aktuellen satirischen Blick auf das politische Ränkespiel.

Eric-Emmanuel Schmitt: Das Kind von Noah. Fischer TB 2010.
Dieses Buch ist ein bewegendes Denkmal für die vielen Menschen im belgischen Widerstand, die beherzt jüdische Kinder versteckten und retteten. Hier helfen ein Pater, eine Atheistin und andere Leute dabei, den kleinen Joseph vor der Deportation zu bewahren.

Medien

Zeitungen

Ein breites Spektrum internationaler Presse erhält man im International Press Centre, 1, Ave. Charlemagne. In Brüssel erscheinen sechs Tageszeitungen: die französischsprachigen La Libre Belgique (katholisch-monarchistisch), Le Soir (unabhängig) und La Dernière Heure (unabhängig) sowie die flämischen Het Laatste Nieuws (liberal), De Standaard (katholisch-konservativ) und De Morgen (links).

Stadtmagazine

Sehr informativ, was Veranstaltungen, Kneipen etc. betrifft, sind die Stadtmagazine »Kiosque« und »The Bulletin/What's on« (Englisch).

Fernsehen

In kaum einem Hotelzimmer fehlt ein Fernsehgerät, mit dem neben den belgischen auch französische, niederländische und deutsche TV-Sender empfangen werden können.

Notrufe

Polizei
Tel. 101

Feuerwehr und medizinischer Notdienst
Tel. 100

Rotes Kreuz
Tel. 105

Europäische Notfallnummer
Tel. 112

Post und Telekommunikation

Post

Brüssels **Postämter** haben im Allgemeinen Mo. – Fr. 9.00 – 16.00/ 17.00 Uhr geöffnet. Ausnahmen sind das Postamt Bruxelles X an der Gare du Midi (tgl. 7.00 – 23.00 Uhr) und das Postamt im Centre de Monnaie (Sa. 9.00 – 15.00 Uhr). Das **Porto** für Postkarten und Briefe bis 20 g in EU-Staaten beträgt 0,80 €, ins übrige Ausland 0,90 €. Briefmarken erhält man in Postämtern, Souvenirläden und an Kiosken.

Telefon

Öffentliche Telefone funktionieren i. d. R. mit »Telecards« (erhältlich in Postämtern, Kiosken und Teleboutiquen der Belgacom). **Mobiltelefone** (ndl. mobiel(tje), frz. portable) wählen sich automatisch über Roaming in das entsprechende Partnernetz ein. Eine vor Ort erworbene Prepaid-Karte kann günstiger sein.

VORWAHLEN

Von Deutschland, Österreich und der Schweiz nach Brüssel:
00 32 2

Innerhalb Belgiens
02 (die 02 muss auch bei Gesprächen innerhalb Brüssels mitgewählt werden!)

Von Brüssel
nach Deutschland 00 49
nach Österreich 00 43
in die Schweiz 00 41

AUSKUNFT

Auskunft
national: 1307 (ndl.) / 1407 (frz.)
international: 1304 (ndl.) / 1404 (frz.)

Preise · Vergünstigungen

Brussels Card

Für Museumsfans: Mit der Brussels Card hat man kostenlosen Eintritt in 30 Brüsseler Museen, freie Fahrt in den öffentlichen Verkehrsmitteln und leichte Nachlässe bei diversen Touristenattraktionen sowie in manchen Shops und Cafés, sie ist erhältlich bei Tourismusbüros, in Museen und Metrostationen; nähere Infos erhält man unter www.visitbrussels.be. Für 24 Std. kostet sie 24 €, für 48 Std. 30 € und für 72 Std. 40 € pro Person.

BAEDEKER WISSEN

? *Was kostet wie viel?*

- 1 Glas Bier: ab 2,50 €
- 1 Tasse Kaffee ab 3,50 €
- Einfache Mahlzeit ab 6 €
- Menü ab 25 €
- Doppelzimmer ab 50 €
- 1 Métrofahrschein (Jump) 2 €

Preise für Restaurants S. 86
Preise für Hotels S. 129

Restaurant: Bedienung und Mehrwertsteuer sind prinzipiell im Preis inbegriffen. **Hotel:** Zimmermädchen, Portier etc. freuen sich über einen kleinen Betrag. **Taxi:** am besten den Fahrpreis aufrunden.

Sprache

Brüssel ist zweisprachig

Brüssel ist offiziell zweisprachig, tatsächlich aber eine weitgehend französische Sprachinsel im flämisch-niederländischen Sprachgebiet. Ca. 95 Prozent aller Brüsseler sprechen Französisch. Das belgische Französisch unterscheidet sich in Details vom französischen Französisch – franz. quatre-vingt-dix (neunzig) ist z. B. belg. nonante –, doch mit Schulfranzösisch kommt man ohne Weiteres zurecht. Das Flämische, ein Dialekt des Niederländischen, wird mehr und mehr von der auch an den Schulen gelehrten niederländischen Hochsprache verdrängt. Eine Brüsseler Eigenheit ist das **Marollien**, ein Gemisch aus Französisch und Flämisch mit spanischen Einsprengseln, entstanden in der Zeit der spanischen Herrschaft, heute auf offener Straße aber kaum mehr zu hören.

SPRACHFÜHRER BELGIEN

Auf einen Blick

Ja./Nein.	Oui./Non.	Ja./Nee.
Vielleicht.	Peut-être.	Misschien
Bitte.	S'il vous plaît. S'il te plaît.	(Sie) Alstublieft. (du) Alsjeblieft.
Vielen Dank!	Merci beaucoup!	Dank u wel.
Gern geschehen.	De rien.	Graag gedaan.
Entschuldigung!	Excusez-moi!	Neemt u mij niet kwalijk.
Wie bitte?	Comment?	Wat zegt u?
Ich verstehe Sie/dich nicht.	Je ne comprends pas.	Ik begrijp u/je niet.
Ich spreche nur wenig ...	Je parle un peu français	Ik spreek alleen maar 'n beetje nederlands.
Können Sie mir bitte? helfen?	Vous pouvez m'aider, s.v.p.?	Kunt u mij alstublieft helpen?
Ich möchte ...	J'aimerais ...	Ik wil .../Ik zou graag ...
Wie viel kostet es?	Combien ça coute?	Hoe duur is het?/Hoeveel kost het?
Wie viel Uhr ist es?	Quelle heure est-il?	Hoe laat is het?

Kennenlernen

Guten Morgen!	Bonjour!	Goedemorgen!
Guten Tag!	Bonjour!	Dag!/Goedendag!
Hallo! Grüß dich!	Salut!	Hallo!/Dag!
Mein Name ist ...	Je m'apelle ...	Mijn naam is ...
Wie ist Ihr Name, bitte?	Comment vous appelez-vous?	Wat is uw naam?
Wie heißt du?	Comment tu t'apelles?	Hoe heet je?
Wie geht es Ihnen/dir?	Comment allez-vous/ vas-tu?	Hoe gaat het met u/jou?
Danke, gut. Und Ihnen/ dir?	Bien, merci. Et vous-mêmes? toi?	Prima. En met u/jou?
Auf Wiedersehen!	Au revoir!	Tot ziens!

Auskunft

links/rechts	à gauche/à droite	links/rechts
geradeaus	tout droit	rechtdoor
nah/weit	près/loin	dichtbij/ver
Bitte, wo ist ...	Pardon, où se trouve ...	Waar is ...

... der Hauptbahnhof?	... la gare centrale	... het centraal station?
... der Flughafen?	... l'aéroport	... de luchthaven?
Wie weit ist das?	C'est à combien de kilomètres d'ici?	Hoe ver is dat?

Panne

Ich habe eine Panne.	Je suis en panne.	Ik heb pech.
Würden Sie mir bitte einen Abschleppwagen schicken?	Est-ce que vous pouvez m'envoyer une dépanneuse, s.v.p.?	Wilt u mij alstublieft de sleepdienst/takeldienst sturen?
Wo ist hier in der Nähe eine Werkstatt?	Est-ce qu'il y a un garage près d'ici?	Waar is hier in de buurt een garage?

Tankstelle

Wo ist bitte die nächste Tankstelle?	Où est la station-service la plus proche?	Waar is het dichtsbijzijnde pompstation?
Ich möchte ... Liter ...	... litres, s.v.p. ...	Ik wil graag ... liter ...
... Super./Diesel.	... du super./du diesel.	... super./diesel.

Unfall

Hilfe!	Au secours!	Help!
Achtung!	Attention!	Let op!/Pas op!
Rufen Sie bitte schnell ...	Appelez vite ...	Belt u direct ...
... einen Krankenwagen.	... une ambulance.	... een ziekenwagen.
... die Polizei.	... la police.	... de politie.
... die Feuerwehr.	... les pompiers.	... de brandweer.
Es war meine/Ihre Schuld.	C'est moi qui suis en tort C'est vous qui êtes en tort.	Het was mijn/uw´ schuld
Geben Sie mir bitte Ihren Namen und Ihre Anschrift.	Vous pouvez me donner votre nom et votre adresse?	Geeft U mij alstublieft uw naam en uw adres.

Post

Was kostet ...	Quel es le tarif pour affranchir ...	Hoeveel kost ...
... ein Brief ...	... une lettre	... een brief ...
... eine Postkarte ...	... une carte postale ...	... een briefkaart ...
... nach Deutschland?	... pour l'Allemagne?	... naar Duitsland?
Briefmarke	timbre(-poste).	postzegel

Übernachtung

Können Sie mir bitte ... empfehlen?	Vous pourriez recommander ...	Kunt u mij ... aanbevelen?
... ein gutes Hotel ...	... un bon hôtel?	... een goed hotel...
... eine Pension	... une pension?	... een pension ...

Haben Sie noch Zimmer frei?	Est-ce que vous avez des chambres libres?	Heeft u nog kamers vrij?
ein Einzelzimmer	une chambre pour une personne	een eenpersoonskamer
ein Doppelzimmer	une chambre pour deux personnes	een tweepersoonskamer
mit Dusche/Bad	avec douche/salle de bains	met douche/bad
für eine Nacht	pour une nuit	voor een nacht
für eine Woche	pour une semaine	voor een week
Was kostet das Zimmer mit Frühstück?	Quel est le prix de la chambre, petit déjeuner compris?	Hoeveel kost logies met ontbijt?

Arzt

Können Sie mir einen guten Arzt empfehlen?	Vous pourriez recommander un bon médecin?	Kunt u mij een goede dokter/arts aanbevelen?
Ich habe hier Schmerzen.	J'ai mal ici.	Ik heb hier pijn.
Ich habe Fieber.	J'ai de la fièvre.	Ik heb koorts.

Einkaufen

Wo finde ich ...	Où est-ce que je trouve ...	Waar vind ik ...
... eine Apotheke?	... une pharmacie?	... een apotheek?
... eine Metzgerei?	... une boucherie?	... een slagerij?
... eine Bäckerei?	... une boulangerie?	... een bakkerij?
... ein Kaufhaus?	... un grand magasin?	... een warenhuis?
... ein Lebensmittelgeschäft?	... une épicerie?	... een kruidenier?
... einen Markt?	... un marché?	... een markt?
Haben Sie ...?	Est-ce que vous avez ...?	Heeft u ...?

Zahlen

0	zéro	nul
1	un, une	een
2	deux	twee
3	trois	drie
4	quatre	vier
5	cinq	vijf
6	six	zes
7	sept	zeven
8	huit	acht
9	neuf	negen
10	dix	tien
11	onze	elf

12	douze	twaalf
13	treize	dertien
14	quatorze	veertien
15	quinze	vijftien
16	seize	zestien
17	dix-sept	zeventien
18	dix-huit	achttien
19	dix-neuf	negentien
20	vingt	twintig
21	vingt et un	eenentwintig
22	vingt-deux	tweeëntwintig
30	trente	dertig
31	trente et un	eenendertig
40	quarante	veertig
50	cinquante	vijftig
60	soixante	zestig
70	septante	zeventig
80	quatre-vingt	tachtig
90	nonante	negentig
91	nonante et un	eenennegentig
100	cent	honderd
101	cent un	honderd een
200	deux cents	tweehonderd
1000	mille	duizend
2000	deux milles	tweeduizend
1.	premier (-ière)	eerste
2.	deuxième	tweede
1/2	un demi	een half
1/4	un quart	een kwart, een vierde

Essen

Wo gibt es hier ...	Vous pourriez m'indiquer ...	Waar is hier ...
... ein gutes ...	... un bon restaurant ...	... een goed ...
... ein nicht zu teures ...	... un restaurant pas trop	... een niet te duur ...
... Restaurant?	... cher?	... restaurant?
Reservieren Sie uns bitte für heute Abend einen Tisch für vier Personen.	Je voudrais réserver une table pour ce soir, pour quatre personnes.	Wilt u (voor ons) voor vanavond een tafel voor vier personen reserveren?
Die Speisekarte, bitte!	La carte, s.v.p.!	De kaart, graag!
Auf Ihr Wohl!	A votre santé!	Proost!/Op uw gezondheid!
Die Rechnung, bitte.	L'addition, s.v.p.	De rekening, alstublieft.
Wo sind bitte die Toiletten?	Où sont les W.C., s.v.p.?	Waar is het toilet?

Eine der Nationalspeisen: Muscheln bzw. moules bzw. mosselen

Speisekarte	carte	kaart
Frühstück	petit déjeuner	ontbijt
Mittagessen	déjeuner	lunch
Abendessen	dîner, souper	diner
Weinkarte	carte des vins	wijnkaart
Suppe	potage, soupe	soep
Fleischbrühe	consommé	bouillon
gebraten/gekocht	frit/cuit	gebakken/gekookt
gegrillt	grillé	gegrild
Vorspeisen	hors-d'œuvre	voorgerecht
Fisch	poisson	vis
Aal	anguille	aal, paling
Barsch	perche	baars
Flunder	flet	bot
Forelle	truite	forel
Hecht	brochet	snoek
Hering	hareng	haring
Kabeljau	cabillaud	kabeljauw
Lachs	saumon	zalm
Seezunge	sole	zeetong
Seeschnecken	caricoles	caricollen (zeeslakken)
Schalentiere	crustacés	schelp- en schaaldieren
Austern	huîtres	oesters
Hummer	écrevisse	kreeft
Krabben	crevettes	garnalen
Languste	langouste	langoest
Muscheln	moules	mosselen
Fleischspeisen	viandes	vleesgerechten
Braten	rôti	gebraden vlees
Hammel	mouton	schaap
Kalb	veau	kalf
Kalbsschnitzel	escalope de veau	kalfsoester

Lamm	agneau	lam
Rind	bœuf	rund
Schwein	porc	varken
Schmorbraten	bœuf en daube	gestoofd vlees
Leber	foie	lever
Nieren	rognons	nieren
Wurst	saucisson, saucisse	worst
Schinken	jambon	ham
Geflügel/Wild	volaille/gibier	gevogelte/wild
Gans	oie	gans
Huhn	poule, poulet	kip
Ente	canard	eend
Kaninchen	lapin	konijn
Reh	chevreuil	ree
Wildschwein	marcasson	wild zwijn
Gemüse	légume	groente
Blumenkohl	chou-fleur	bloemkool
Bohnen	haricots	bonen
Chicoree	chicon	witloof
Erbsen	pois	(dop)erwten
Gurke	concombre	komkommer
Hopfen	houblon	hop
Kartoffeln	pommes de terre	aardappelen
Kohl	chou	kool
Rosenkohl	chou de Bruxelles	spruitjes
Spinat	épinard	spinazie
Nachtisch	dessert	nagerecht
Eis	glace	ijs
Käse	fromage	kaas
Pudding	flan	pudding
Schlagsahne	crème chantilly	slagroom
Obst	fruits	fruit
Apfel	pomme	appel
Apfelsine	orange	sinaasappel
Birne	poire	peer
Erdbeere	fraise	aardbei
Himbeere	framboise	framboos
Kirsche	cérise	kers
Pfirsich	pêche	perzik
Pflaume	prune	pruim
Weintrauben	raisins	druiven
Nudeln	nouilles, pâtes	macaroni
Reis	riz	rijst
Salat	salade	sla, salade

Brot	pain	brood
Weißbrot	pain blanc	wit brood
Brötchen	pistolet, petit pain	broodje
Kuchen	gâteau	koek
Torte	tarte	taart, gebak
Gebäck	pâtisserie	gebak
Butter	beurre	boter
Marmelade	confiture	jam
Honig	miel	honing
Ei	œuf	ei
hart	dur	hard gekookt
weich	à la coque	zacht gekookt
Rühreì	œufs brouillés	roerei
Spiegelei	œufs sur la plat	spiegelei (gebakken ei)
Salz	sel	zout
Pfeffer	poivre	peper
Zucker	sucre	suiker
Essig	vinaigre	azijn
(Speise-)Öl	huile alimentaire	(spijs)olie
Getränke	boissons	dranken
Bier	bière	bier
Kaffee	café	koffie
Milch	lait	melk
Mineralwasser	eau minérale	mineraalwater
mit Kohlensäure	gazeuse	spuitwater
ohne Kohlensäure	non gazeuse	natuurlijk
Kaffeesahne	crème	room
Tee	thé	thee
Wasser	eau	water
Wein	vin	wijn
Weißwein	vin blanc	witte wijn
Rotwein	vin rouge	rode wijn

Toiletten

Toiletten gibt es in Gare Centrale, Gare du Midi, Gare du Nord, den Metrostationen De Brouckère, Louise und Rogier, in den Einkaufspassagen Centre Monnaie, City 2 und Galerie Agora sowie in den meisten Parkhäusern. Blau-weiße Schilder mit stilisiertem Mann bzw. entsprechender Frau schildern sie aus, »Madame Pipi« verlangt 0,20 bis 0,50 €. Zunehmend werden auch ovale »sanisettes« aufgestellt, chemische Toiletten mit automatischen Türen.

Blau-weiß ausgeschildert

Verkehr

Öffentlicher Nahverkehr

Der öffentliche Nahverkehr wird von den Brüsseler Verkehrsbetrieben S.T.I.B./M.I.V.B. bestritten und besteht aus vier **Metrolinien**, der **Tram** (im Zentrum unterirdisch verkehrend: Prémétro) und **Buslinien**; Verkehrslinienplan ▶Umschlag hinten, Innenseite. In der Nacht zwischen 0.30 und 5.30 Uhr verkehrt die Métro allerdings nicht. In die Vor- und Nachbarorte fahren Nahverkehrszüge der Belgischen Staatsbahnen und Busse von TEC und De Lijn. Alle Betriebe sind in einem Verbundnetz mit einem Tarifsystem zusammengefasst. **Fahrkarten** erhält man außer in den Métro-Stationen an Automaten auch an vielen anderen Stellen mit der Kennzeichnung KIOSK, BOOTIK oder SHOP, in Straßenbahnen und Bussen beim Fahrer (dann wird es aber teurer!). Eine Jump-Einzelkarte kostet 2 €. Günstiger fährt man mit Mehrfahrtenkarten. Es gibt sie für fünf bzw. zehn Fahrten oder als Tages- bzw. Dreitageskarte. Die Fahrscheine müssen vor Fahrtbeginn an einem Entwerter in den Métro-Stationen, in der Tram oder in den Bussen entwertet werden. Métro-Stationen sind durch ein großes weißes »M« auf blauem Grund gekennzeichnet, Straßenbahn- und Bushaltestellen durch rot-weiße oder blau-weiße Schilder. An Bedarfshaltestellen (»sur demande«) hält der Bus nur auf Zeichen. Wer dort aussteigen möchte, muss sich rechtzeitig bemerkbar machen.

ÖFFENTLICHER NAHVERKEHR

S.T.I.B./M.I.V.B.
Hotline Tel. *070 23 20 00
(0,30 Ct/Min.)
www.stib.be
14, Ave. de la Toison d'Or
(Mo.–Fr. 10.00–18.00 Uhr) sowie im Anspach Center und in den Metrostationen Midi, Porte de Namur und Rogier

Verkehrsverbund
Zentrale Auskunftstelle in der Gare du Midi (Südbahnhof), Schalterhalle
(Mo.–Fr. 7.30–17.30, erster und letzter So. im Monat 8.30–16.30 Uhr)

Busbahnhof
Place Rouppe bei der Gare du Midi

AUTOMOBILKLUBS UND PANNENHILFE

Die belgischen Automobilklubs verlangen bei Pannenhilfe von Nichtmitgliedern einen Jahresbeitrag und eine Gebühr.

Royal Automobile Club de Belgique (R.A.C.B.)
53, Rue d'Arlon
1040 Bruxelles
Tel. 02 287 09 00
Pannentelefon 078 15 20 00

Touring Club de Belgique (T.C.B.)
44, Rue de la Loi
1040 Bruxelles
Tel. 02 233 22 11
Pannentelefon 070 34 47 77

TAXI

Autolux
Tel. 02 4 11 12 21

Taxis Bleus
Tel. 02 2 68 00 00

Taxis Oranges
Tel. 02 3 49 43 43

Taxis Verts
Tel. 02 3 49 49 49

Reklamationen
Transports Taxi, Manhattan Centre
Tel. *0800 1 47 95
(Taxinummer merken!)

Straßenverkehr

Die Nichtbeachtung der geltenden Fahrvorschriften wird mit **hohen Geldstrafen** geahndet. Diese werden von der Polizei oft an Ort und Stelle erhoben.

In Belgien herrscht **Rechtsverkehr**. **Kinder** bis zum zwölften Lebensjahr müssen auf den Rücksitzen Platz nehmen. **Parkverbot** besteht an Bordsteinen mit gelber Markierung. Insbesondere am Wochenende wird häufig abgeschleppt, was richtig teuer ist. Bei Pannen auf Landstraßen muss das **Warndreieck** mit einem Abstand von mindestens 30 m, auf Autobahnen mindestens 100 m hinter dem Fahrzeug aufgestellt werden. Die Höchstgrenze für den Blutalkoholgehalt beträgt **0,5 Promille**. Zum Telefonieren sollte man eine **Freisprechanlage** haben, denn wer mit dem Handy erwischt wird, zahlt mindestens 100 Euro.

Höchstgeschwindigkeiten: innerorts in der Regel 50 km/h; auf Autobahnen und Straßen mit mindestens zwei Fahrstreifen in jeder Richtung für Kfz bis 7,5 t (auch mit Anhänger) 120 km/h, auf Landstraßen 90 km/h; für Kfz über 7,5 t (auch mit Anhänger) 90 km/h bzw. 60 km/h. Höchstgeschwindigkeit **beim Abschleppen** 25 km/h; das gilt auch auf Autobahnen, daher ist die nächste Ausfahrt zu nehmen! Mit dem Auto nach Brüssel hineinfahren sollte nur, wer direkt sein Hotel ansteuert. Dort lässt man es am besten stehen, denn man braucht es eigentlich nicht.

Taxi

Der Grundpreis beträgt 2,40 € am Tag bzw. 4,40 € bei Nacht, pro gefahrenem Kilometer kommen 1,23 € bei Fahrten innerhalb der 19 Stadtbezirke Brüssels bzw. 2,46 € bei Fahrten außerhalb hinzu. Für Fahrten zum Flughafen gibt es oft Sondertarife.

Zeit

Es gilt im Winter die Mitteleuropäische Zeit (MEZ), in der Zeit von Ende März bis Ende Oktober die Sommerzeit (MEZ + 1 Std.).

Register

Verzeichnis der Karten und Grafiken

Bildnachweis

akg-images S. 29, 53, 54, 60, 279 Mitte, rechts und unten
Ancienne Belgique/Tom Verbruggen S. 77
Baedeker-Archiv S. 14, 125, 279 links
Brülnt S. U3 unten, 154/155
Brussels Greeters S. 20
Centre Belge de la Bande Dessinée S. 170
dpa S. 159
Dumont Bildarchiv S. 2 links oben, 56, 70, 122, 154, 171, 265
Dumont Bildarchiv/Kiedrowski S. U2, 2 rechts unten, 3 rechts oben, 12, 21 unten, 35, 46, 96, 102, 108, 138, 146, 156, 168, 208, 222, 247, 282, U7
Eisenschmid S. 1, 3 links oben, 3 rechts Mitte und unten, 6, 26, 42, 94, 179 oben links, 185, 231, 251, 255, 267, 271, 280
Fotolia.com/fox17 S. U3 oben, 5 unten, 95
Glowimages S. 134
Miquel Gonzalez/laif S. 82 Mitte
Hackenberg S. 41, 257
istockphoto/Cybermama S. 83 unten
istockphoto/hipkrat S. 92
istockphoto/Justhavealook S. 106
istockphoto/LauriPatterson S. 78
istockphoto/Michael Luhrenberg S. 5 oben
istockphoto/sbossert S. 91, 297
istockphoto/smpics S. 69
istockphoto/WEKWEK S. 7
istockphoto/zeynepogan S. 119
JARRY/TRIPELON/laif S. 4 oben, 5 Mitte, 131, 220
laif S. 120
laif/Hahn S. 2 links unten, 2 rechts oben, 4 unten, 10, 16, 23, 75, 111, 126, 133, 153, 155, 164, 176, 181, 183, 186, 188, 194, 203, 206, 214, 225, 241, 242, 274, 282, U5
Jung/laif S. 100
mauritius-images S. U4, 134
Muséum des Sciences Naturelles de Begique S. 235
Pierre Luminet S. 64
picture alliance S. 82 oben
picture alliance/CHROMORANGE/gourmet-vision S. 82 unten
Photocase/Carlos G. S. 64, 287
Alain RIVIERE-LECOEUR/TOP/laif S. 83 oben
Sackermann S. 9, 21 oben, 24, 36, 39, 49, 179 rechts oben und unten, 180, 217, 263
Gerhard Westrich/laif S. 114
Zaabär S. 105
Zegers S. 3 links unten, 81, 179 oben Mitte, 238, U8

Titelbild: Getty Images / AWL / Images / Ken Scicluna – Europäisches Parlament

? BAEDEKER WISSEN

atmosfair

nachdenken • klimabewusst reisen
atmosfair

Reisen verbindet Menschen und Kulturen. Doch wer reist, erzeugt auch CO_2. Der Flugverkehr trägt mit bis zu 10% zur globalen Erwärmung bei. Wer das Klima schützen will, sollte sich nach Möglichkeit für die schonendere Reiseform entscheiden (wie z.B. die Bahn). Gibt es keine Alternative zum Fliegen, kann man mit atmosfair klimafördernde Projekte unterstützen.
atmosfair ist eine gemeinnützige Klimaschutzorganisation unter der Schirmherrschaft von Klaus Töpfer. Flugpassagiere spenden einen kilometerabhängigen Betrag und finanzieren damit Projekte in Entwicklungsländern, die den Ausstoß von Klimagasen verringern helfen. Dazu berechnet man mit dem Emissionsrechner auf **www.atmosfair.de** wieviel CO_2 der Flug produziert und was es kostet, eine vergleichbare Menge Klimagase einzusparen (z.B. Berlin – London – Berlin 13 €).
atmosfair garantiert die sorgfältige Verwendung Ihres Beitrags. Alle Informationen dazu auf www.atmosfair.de. Auch der Karl Baedeker Verlag fliegt mit atmosfair.

Impressum

MAIRDUMONT GmbH & Co KG –
VERLAG KARL BAEDEKER

Ausstattung:
136 Abbildungen, 25 Karten und grafische Darstellungen, eine große Reisekarte
Text:
Rainer Eisenschmid; mit Beiträgen von Sven-Claude Bettinger und Reinhard Strüber
Überarbeitung:
Sven-Claude Bettinger
Bearbeitung:
Baedeker Redaktion (Isolde Bacher)
Kartografie:
Christoph Gallus, Hohberg;
MAIRDUMONT Ostfildern (Reisekarte)
3D-Illustrationen:
jangled nerves, Stuttgart
Infografiken:
Golden Section, Berlin
Gestalterisches Konzept:
independent Medien-Design, München
Chefredaktion:
Rainer Eisenschmid, Baedeker Ostfildern
12. Auflage 2013
Völlig überarbeitet und neu gestaltet

© MAIRDUMONT GmbH & Co KG;
Ostfildern
Der Name Baedeker ist als Warenzeichen geschützt. Alle Rechte im In- und Ausland sind vorbehalten. Jegliche – auch auszugsweise – Verwertung, Wiedergabe, Vervielfältigung, Übersetzung, Adaption, Mikroverfilmung, Einspeicherung oder Verarbeitung in EDV-Systemen ausnahmslos aller Teile des Werkes bedarf der ausdrücklichen Genehmigung durch den Verlag.

Anzeigenvermarktung:
MAIRDUMONT MEDIA
Tel. 0049 711 4502 333
Fax 0049 711 4502 1012
media@mairdumont.com
http://media.mairdumont.com

Printed in China

Trotz aller Sorgfalt von Redaktion und Autoren zeigt die Erfahrung, dass Fehler und Änderungen nach Drucklegung nicht ausgeschlossen werden können. Dafür kann der Verlag leider keine Haftung übernehmen.
Kritik, Berichtigungen und Verbesserungsvorschläge sind jederzeit willkommen. Schreiben Sie uns, mailen Sie oder rufen Sie an:

Verlag Karl Baedeker / Redaktion
Postfach 3162
D-73751 Ostfildern
Tel. 0711 4502-262
info@baedeker.com
www.baedeker.com

Die Erfindung des Reiseführers

Als **Karl Baedeker** (1801 – 1859) am 1. Juli 1827 in Koblenz seine Verlagsbuchhandlung gründete, hatte er sich kaum träumen lassen, dass sein Name und seine roten Bücher einmal weltweit zum Synonym für Reiseführer werden sollten.

Das erste von ihm verlegte Reisebuch, die 1832 erschienene **Rheinreise,** hatte er noch nicht einmal selbst geschrieben. Aber er entwickelte es von Auflage zu Auflage weiter. Mit der Einteilung in die Kapitel »Allgemein Wissenswertes«, »Praktisches« und »Beschreibung der Merk-(Sehens-)würdigkeiten« fand er die klassische Gliederung des modernen Reiseführers, die bis heute ihre Gültigkeit hat. Der Erfolg war überwältigend: Bis zu seinem Tod erreichten die zwölf von ihm verfassten Titel 74 Auflagen! Seine Söhne und Enkel setzten bis zum Zweiten Weltkrieg sein Werk mit insgesamt 70 Titeln in 500 Auflagen fort.

Bis heute versteht der Karl Baedeker Verlag seine große Tradition vor allem als eine Kette von Innovationen: Waren es in der frühen Zeit u. a. die Einführung von Stadtplänen in Lexikonqualität und die Verpflichtung namhafter Wissenschaftler als Autoren, folgte in den 1970ern der erste vierfarbige Reiseführer mit professioneller Extrakarte. Seit 2005 stattet Baedeker seine Bücher mit ausklappbaren 3D-Darstellungen aus. Die neue Generation enthält als erster Reiseführer Infografiken, die (Reise-) Wissen intelligent aufbereiten und Lust auf Entdeckungen machen.

In seiner Zeit, in der es an verlässlichem Wissen für unterwegs fehlte, war Karl Baedeker der Erste, der solche Informationen überhaupt lieferte. In der heutigen Zeit filtern unsere Reiseführer aus dem Überfluss an Informationen heraus, was man für eine Reise wissen muss, auf der man etwas erleben und an die man gerne zurückdenken will. Und damals wie heute gilt für Baedeker: Wissen öffnet Welten.

Baedeker Verlagsprogramm

- Ägypten
- Algarve
- Allgäu
- Amsterdam
- Andalusien
- Argentinien
- Athen
- Australien
- Australien • Osten
- Bali
- Baltikum
- Barcelona
- Bayerischer Wald
- Belgien
- Berlin • Potsdam
- Bodensee
- Brasilien
- Bretagne

- Brüssel
- Budapest
- Bulgarien
- Burgund
- Chicago • Große Seen
- China
- Costa Blanca
- Costa Brava
- Dänemark
- Deutsche Nordseeküste
- Deutschland
- Deutschland • Osten
- Djerba • Südtunesien
- Dominik. Republik
- Dresden
- Dubai • VAE
- Elba
- Elsass • Vogesen
- Finnland
- Florenz
- Florida
- Franken
- Frankfurt am Main
- Frankreich
- Frankreich • Norden
- Fuerteventura
- Gardasee
- Golf von Neapel
- Gomera
- Gran Canaria
- Griechenland
- Griechische Inseln
- Großbritannien
- Hamburg
- Harz
- Hongkong • Macao
- Indien
- Irland
- Island
- Israel
- Istanbul
- Istrien • Kvarner Bucht
- Italien
- Italien • Norden
- Italien • Süden
- Italienische Adria
- Italienische Riviera
- Japan
- Jordanien
- Kalifornien
- Kanada • Osten
- Kanada • Westen
- Kanalinseln
- Kapstadt • Garden Route
- Kenia
- Köln
- Kopenhagen
- Korfu • Ionische Inseln
- Korsika
- Kos
- Kreta
- Kroatische Adriaküste • Dalmatien
- Kuba
- La Palma
- Lanzarote
- Leipzig • Halle
- Lissabon
- Loire
- London
- Madeira
- Madrid
- Malediven
- Mallorca
- Malta • Gozo • Comino

- Marokko
- Mecklenburg-Vorpommern

- Menorca
- Mexiko
- Moskau
- München

- Namibia
- Neuseeland
- New York
- Niederlande
- Norwegen
- Oberbayern
- Oberital. Seen • Lombardei • Mailand
- Österreich
- Paris
- Peking
- Piemont
- Polen
- Polnische Ostseeküste • Danzig • Masuren
- Portugal
- Prag
- Provence • Côte d'Azur
- Rhodos
- Rom
- Rügen • Hiddensee
- Ruhrgebiet
- Rumänien
- Russland (Europäischer Teil)
- Sachsen
- Salzburger Land
- St. Petersburg
- Sardinien
- Schottland
- Schwäbische Alb
- Schwarzwald
- Schweden
- Schweiz
- Sizilien
- Skandinavien
- Slowenien
- Spanien
- Spanien • Norden • Jakobsweg
- Sri Lanka
- Stuttgart
- Südafrika
- Südengland
- Südschweden • Stockholm
- Südtirol
- Sylt
- Teneriffa
- Tessin
- Thailand
- Thüringen
- Toskana
- Tschechien
- Tunesien
- Türkei
- Türkische Mittelmeerküste
- Umbrien
- Ungarn
- USA

- USA • Nordosten
- USA • Nordwesten
- USA • Südwesten
- Usedom
- Venedig
- Vietnam
- Weimar
- Wien
- Zürich
- Zypern

BAEDEKER ENGLISH

- Berlin
- Vienna

Viele Baedeker-Titel sind als E-Book erhältlich: shop.baedeker.com

Kurioses Brüssel

Auch in Brüssel kursieren Geschichten und Anekdoten, die sich mit der Stadt und ihren Bewohnern verbinden.

▸ Kunst oder Falschmünzerei?
1953 druckten René Magritte und sein Bruder Paul 500 falsche 100-Francs-Banknoten, die sie in Badeorten in Umlauf brachten. 1998 zierte das Konterfei des Falschmünzers den letzten belgischen 500-Francs-Schein.

▸ Bezahlen, bitte!
1950 nahm sich Monique Serf, die spätere Chansonnière Barbara, ein Zimmer im Hôtel Métropole. Als die Direktion auf Bezahlung drängte, versuchte sie, als Prostituierte an Geld zu kommen.

▸ Bonbons oder Pralinen?
»Les Bonbons«, die Jacques Brel im Chanson einer Geliebten mitbringt, sind keine Bonbons, sondern Pralinen. Nur heißen die belgischen »pralines« in Frankreich »bonbons«.

▸ So kann man sich irren ...
Der größenwahnsinnige Maler Antoine Wiertz veröffentlichte 1840 die Schmähschrift »Bruxelles capitale, Paris province«. Er konnte nicht ahnen, dass Brüssel einmal Hauptstadt Europas werden und gegenüber seinem Atelier und Wohnhaus das Europaparlament gebaut werden würde.

▸ Kaiserliche Vorliebe
Napoleon liebte die angeblich stärkenden, in Cognac eingelegten Mandarinen. 1892 stieß der Brüsseler Weinhändler Antoine Fourcroy darauf und kreierte den Likör »Mandarine Napoléon« – bis heute ein Exportschlager.

▸ Viel Arbeit!
In Brüssels Regionalregierung gibt es einen Landwirtschaftsminister. Er ist zuständig für 21 Höfe mit 1.300 Hektar Äcker und Weiden und sogar drei Weinbergen.

▸ Wiederverwertung
Die hypermoderne Kläranlage von Brüssel reduziert täglich den Klärschlamm von 275 000 Kubikmetern Abwässern auf 15 Tonnen »Techno-Sand«, ein recht begehrter Grundstoff der Backsteinindustrie – sogar in Dubai.